Das 1x1 der Nähmaschine

Alles, was Sie wissen müssen

IMPRESSUM

Produktmanagement: Anna Bender
Übersetzung: Britta John
Lektorat: Claudia Schmidt
Covergestaltung: Petra Theilfarth
Fotos: Sherry Heck (Inhalt); Lichtpunkt, Michael Ruder (Cover)

Die Originalausgabe erschien unter dem Titel
Sewing Machine Secrets

Diese Ausgabe wurde vermittelt durch Anja Endemann, Berlin, Germany

1. Auflage 2013

ISBN 978-3-7724-6328-0

Hilfestellung zu allen Fragen, die Materialien und Bücher betreffen:
Frau Erika Noll berät Sie. Rufen Sie an: 05052 / 911 858 (normale Telefongebühren)

Das 1x1 der Nähmaschine

Alles, was Sie wissen müssen

Nicole Vasbinder

Inhalt

Zu diesem Buch

Ich nähe seit rund dreißig Jahren und zähle mich zu den fortgeschrittenen Näherinnen. Meine Projekte sind meist recht unkompliziert: Kleidung, Handtaschen und Wohnaccessoires, bei denen es hauptsächlich um Nähte, Säume, Knopflöcher und Reißverschlüsse geht. Ich zögerte zunächst, auf meiner Standardnähmaschine Verzierungstechniken auszuprobieren. Dann stellte ich fest, dass eine größere Auswahl an Nähfüßen und Zubehör durchaus beeindruckende Designtechniken ermöglicht, die auf jeder Standardnähmaschine mühelos auszuführen sind.

Zu wissen, welche Nähmaschine zu einem selber passt, ist der erste wichtige Schritt, das Nähen zu erlernen. Um die Maschine optimal einzusetzen und noch mehr aus ihr herauszuholen, müssen Sie die Nähmaschine bis ins Detail kennen lernen, um sie für Techniken einzusetzen, von denen die meisten glauben, dass nur hochwertige Maschinen sie ausführen können. In diesem Buch erfahren Sie alles über Nähmaschinenfüße und Zubehör und wie man diese nicht nur für die ihnen zugedachten Nähaufgaben einsetzt, sondern auch für Aufgaben, die Ihnen vermutlich noch nie in den Sinn gekommen sind!

Dieses Buch ist in zwei Teile gegliedert. Teil Eins zeigt, wie Sie die für Sie optimale Maschine auswählen, sie benutzen und pflegen, ergänzt durch praktische Tipps, damit Sie lange Freude an ihr haben. Ich stelle verschiedene Nähmaschinen sowie die Nähtechniken vor, für die sie am besten geeignet sind. Ich erkläre mechanische und computergesteuerte Nähmaschinen, ihre Vorteile und Anwendungsgrenzen. Ebenso verrate ich, wie man Nähmaschinen reinigt, ölt und pflegt, damit sie stets gut erhalten bleiben und nicht zur Reparatur müssen. Ferner zeige ich, welche Maschinenteile bei Verschleiß leicht ausgetauscht werden können.

Teil Zwei basiert auf den unterschiedlichen Techniken und ist in verschiedene, den einzelnen Nähaufgaben gewidmeten Kapitel unterteilt, z. B. Reißverschlüsse, Säume und Stickmuster. Jedes Kapitel zeigt die vielseitigsten und gebräuchlichsten Nähfüße und bietet Ihnen Schritt-für-Schritt-Anleitungen für alle mit diesen Nähfüßen möglichen Ergebnisse. Ich erkläre, wie die Füße eingesetzt und so verwendet werden, dass Sie Ihre Nähkenntnisse verfeinern, und verrate praktische Tricks und Tipps. Die Anleitungen sind nach verschiedenen Fähigkeitsstufen aufgeschlüsselt, Illustrationen zeigen, wie das fertige Projekt aussehen sollte.

Egal, ob Sie gerade erst zu nähen beginnen oder bereits fortgeschritten sind und Ihre Kenntnisse ausbauen möchten – dieses Buch bietet praktische Hinweise und Insider-Tipps, damit Sie lange Freude an Ihrer Maschine haben und ein breites Spektrum von Techniken meistern können. Ich hoffe sehr, dass Ihnen dieses Buch zur Quelle der Inspiration wird und zu noch mehr Kreativität und Selbstvertrauen verhilft.

Viel Spaß beim Nähen!

Kennzeichnung der Anleitungen

Anfänger

Fortgeschrittene

Profi

Symbol „Fertiggestellt“

Glossar

Absteppen
Naht nah an der Kante oder einer anderen Naht, meist ca. 6 mm von der Stoffkante entfernt.

Applikation
Eine Technik, bei der ein Stück Stoff auf einen zweiten Stoff genäht wird. Bezieht sich auch auf vorgefertigte Applikationen.

Auszacken
Die Versäuberung von Nähten durch das Beschneiden der Stoffkanten mit der Zickzackschere verhindert ein Ausfransen.

Besatz
Ein Stück Stoff, das auf eine Kante genäht und umgeschlagen wird, einen sauberen Abschluss bildet und Nahtzugaben kaschiert.

Drehtechnik (Pivot)
Eine Technik, um Ecken zu nähen. Dabei bleibt die Nadel im Stoff stecken, nur der Nähfuß wird angehoben, während der Stoff in die neue, gewünschte Richtung gedreht wird.

Fadenlauf
Die parallel zur Webkante verlaufenden Kettfäden eines Gewebes, bezeichnet jedoch auch die Markierungen auf dem Schnittmusterbogen.

Heftstich
Temporäre Naht mit sehr langer Stichlänge. Kann durch Ziehen an den Unterfäden zum Raffen des Stoffes verwendet werden. Die Heftstiche werden entfernt, wenn sie nicht mehr benötigt werden.

Kantenversäuberung
Verhindert bei unversäuberten Stoffkanten das unerwünschte Auftrennen oder Ausfransen. Gebräuchliche Versäuberungstechniken sind der Zickzackschnitt, Zickzacknähte, Besatz oder die Overlocknaht.

Kettfäden
Parallel zur Kante verlaufende Fäden im gewebten Stoff.

Knappkantiges Steppen
Sehr nah an der Kante oder Naht nähen, meist 3 mm oder weniger.

Linke Seite
Die Stoffseite, die nach Fertigstellung des Nähprojektes innen liegt und somit nicht sichtbar ist.

Nähfuß
Der Druck des Nähfußes presst den Stoff gegen den Transporteur, sodass sich der Stoff bewegen kann. Erhältlich sind Standardfüße sowie spezielle Füße für besondere Nähaufgaben.

Nähfußhalter
Halterung zum Einsetzen der Nähfüße. Es gibt Nähfüße mit kurzem, hohem oder abgewinkeltem Schaft. Einige Füße sitzen fest am Schaft, andere werden mit einem Klicksystem am Schaft befestigt.

Nähstabilisatoren
Material zur Versteifung, Stärkung und Stabilisierung von Stoffen. Erhältlich zum Aufbügeln oder Einnähen.

Naht
Mit einer Naht werden zwei Stoffteile miteinander verbunden.

Nahtzugabe
Die Distanz zwischen Naht und Stoffkante. Die meisten Schnittmuster beinhalten bereits die Nahtzugabe, in der Regel 16 mm.

Offene/nicht versäuberte Stoffkante
Die nicht vernähte oder nicht versäuberte Kante des Stoffes.

Overlocknaht
Mit dem Kettenstich einer Overlockmaschine gefertigte Naht. Kann als Verbindungsnaht oder zum Versäubern eingesetzt werden.

Plattstickerei
Technik zum Vernähen bzw. Übersticken von Kordeln oder Garn als dekoratives Element.

Rechte Seite
Die Seite eines Stoffes, die nach Fertigstellung des Nähprojekts außen liegt und sichtbar ist.

Rückstich
Rückwärts verlaufender Stich an Nahtanfang und -ende, um Faden und Naht zu sichern.

Satinstich
Enger Zickzackstich. Wird für Stickmuster, Monogramme oder zum Aufnähen von Applikationen verwendet.

Saumzugabe
Die im Schnittmuster angegebene Gesamtmenge des Stoffes für einen Saum.

Schrägband
Ein schmaler Stoffstreifen, für mehr Dehnung im schrägen Fadenlauf geschnitten, der zur Versäuberung um eine Stoffkante gelegt wird. Wird an Ausschnitten, Armausschnitten oder Säumen sowie bei Nahtzugaben eingesetzt.

Schräger Fadenlauf
Der 45-Grad-Winkel zwischen den Kett- und Schussfäden; die diagonale Dehnung des Gewebes.

Schussfäden
Die von Webkante zu Webkante verlaufenden Fäden im gewebten Stoff.

Strichrichtung
Fasern auf der erhabenen Oberfläche eines Stoffes, wie beispielsweise Samt, die alle in eine Richtung zeigen. Bei diesen Textilien muss beim Zuschneiden auf die Strichrichtung geachtet werden.

Transporteur
Kleine Zähnchen unter der Stichplatte, die den Stoff während des Nähens gleichmäßig transportieren.

Überwendlichstich
Stich zur Versäuberung von Kanten und Nahtzugaben, bei dem die Fäden über die Kante verlaufen.

Vorsteppen
Eine kantenstabilisierende Naht, die einen Stretcheffekt verhindert.

Webkante
Die Kanten der Stoffbahn. Häufig sind hier Herstellerinformationen aufgedruckt. Die Webkanten sind oft fester gewebt als der restliche Stoff und werden daher nicht verwendet.

Kenmore
PATTERN
LENGTH
STRETCH

TEIL 1

AUSWAHL DER NÄHMASCHINE UND DES ZUBEHÖRS

Die Auswahl an unterschiedlichen Nähmaschinen ist vielfältig, von mechanischen Basismodellen bis hin zu computergesteuerten Hightech-Stickmaschinen. Einige Funktionen sind unerlässlich, andere erweisen sich als nützlich. Wenn Sie Ihre Maschine gut pflegen, werden Sie lange Freude an ihr haben.

1 Nähmaschinentypen

Nähmaschinen

Alle Nähmaschinen haben etwas gemeinsam: Mit einem Steppstich werden mit Ober- und Unterfaden zwei Stoffteile miteinander vernäht. Jede Nähmaschine hat einen Transporteur zum Bewegen des Stoffes, einen Nähfuß, der den Stoff gegen den Transporteur drückt, sowie eine Nadel, die die Fäden miteinander verbindet.

Nähmaschinen-Basismodelle

AUF EINEN BLICK

- Fertigen eine Steppnaht durch die Verbindung von Ober- und Unterfaden
- Arbeiten mechanisch oder computergesteuert
- Mit seitlich oder von oben einzulegender Spule
- Spule mit rotierendem oder oszillierendem Haken

INSIDER-TIPP

Bei allen Nähmaschinen ist der Ablauf der Fadenführung gleich: Garnrollenstifte, Oberfadenführung, Fadenspannungsscheiben, Fadengeber, Unterfadenführung und Nadel.

Die Nähmaschine bietet entweder einen Standard-Geradstich, mehrere Standardnutzstiche oder aber eine Vielzahl von Nutz- und Zierstichen. Die Stichlänge und ggf. verschiedene Stiche, die Stichbreite und Nadelposition sind regulierbar.

Nähmaschinen arbeiten mechanisch oder computergesteuert. Mechanische Geräte funktionieren mittels eines Getriebes, Treibriemen und Nockenscheiben, um die Stiche zu variieren und die Maschine in Bewegung zu setzen. Wählknöpfe und Hebel bieten Einstellmöglichkeiten. Bei computergesteuerten Maschinen werden die Funktionen per Knopfdruck angewählt.

Nähmaschinen verfügen entweder über eine seitlich **(a)** oder von oben **(b)** einzusetzende Spule. Der Spulmechanismus funktioniert über einen rotierenden oder oszillierenden Greifer. Spulen mit rotierendem Greifer sind häufig bei älteren Maschinen zu finden, aber auch bei neuen Hightech-Maschinen. Sie drehen sich kontinuierlich im Kreis. Sie arbeiten meist leise und verursachen nur selten ein Verheddern der Fäden. Oszillierende Greifer werden oft bei preiswerteren Modellen eingesetzt und rotieren hin und her. Sowohl rotierende als auch oszillierende Greifer werden bei Maschinen mit seitlich oder von oben einsetzbaren Spulen verwendet.

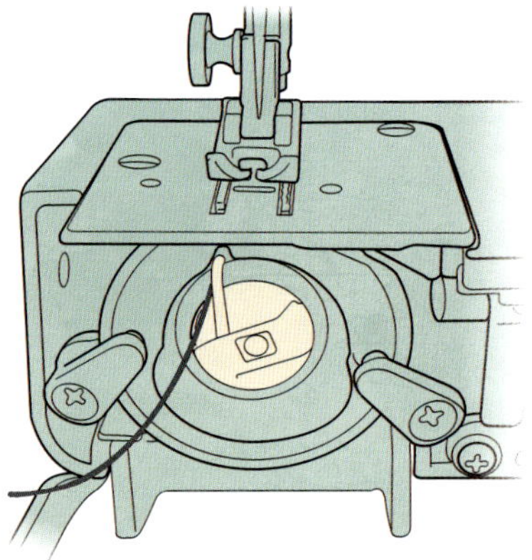

a

b

Stickmaschinen

AUF EINEN BLICK

- Erhältlich sind kombinierte Sticknähmaschinen und reine Stickmaschinen
- Fertigen auf Knopfdruck aufwändige Designs
- Das Arbeiten mit einem Stickrahmen zum Transportieren des Stoffes ist möglich
- Motive sind auf Karten, auf CDs oder im Internet erhältlich

INSIDER-TIPP

Viele Standard-Zierstiche und Monogramme lassen sich mit speziellen Nähfüßen auch auf einer Standardnähmaschine fertigen. In Kapitel 14 werden diese Spezialfüße vorgestellt:

Zierstichfuß
Applikationsfuß
Offener Applikationsfuß
Patchworkfuß
Freihandnähfuß
Blumenstickfuß
Kreisnähvorrichtung

Stickmaschinen sind computergesteuert und können auf Knopfdruck aufwändige Motive und Designs fertigen. Erhältlich sind kombinierte Sticknähmaschinen und reine Stickmaschinen. Wenn Sie bereits eine Nähmaschine besitzen und damit gerne arbeiten, können Sie den Kauf einer reinen Stickmaschine in Erwägung ziehen, diese sind preisgünstiger als kombinierte Sticknähmaschinen.

Wie auch Nähmaschinen nähen Stickmaschinen einen Steppstich aus Ober- und Unterfaden. Gestickt wird mit einem an der Maschine befestigten Stickrahmen. Der Rahmen transportiert den Stoff, während die Nadel das Motiv ausarbeitet. Stickmaschinen verfügen über Digitaldisplays zur Einstellung der verschiedenen Funktionen, einige Maschinen bieten sogar ein großes Touchscreen, über das Motive editiert, also z. B. vergrößert, gedreht und gespiegelt, werden können. Die Speicherfunktion erlaubt es, verschiedene Motive zu speichern oder zu kombinieren. Bei Stickmaschinen sind bereits eine Vielzahl von Motiven im Programmmodul gespeichert, zusätzliche Motive werden durch einsetzbare Speicherkarten oder Disketten hinzugefügt. Die meisten Stickmaschinen haben einen USB-Port, sodass ein Computer an die Maschine angeschlossen und Designs aus dem Internet heruntergeladen werden können.

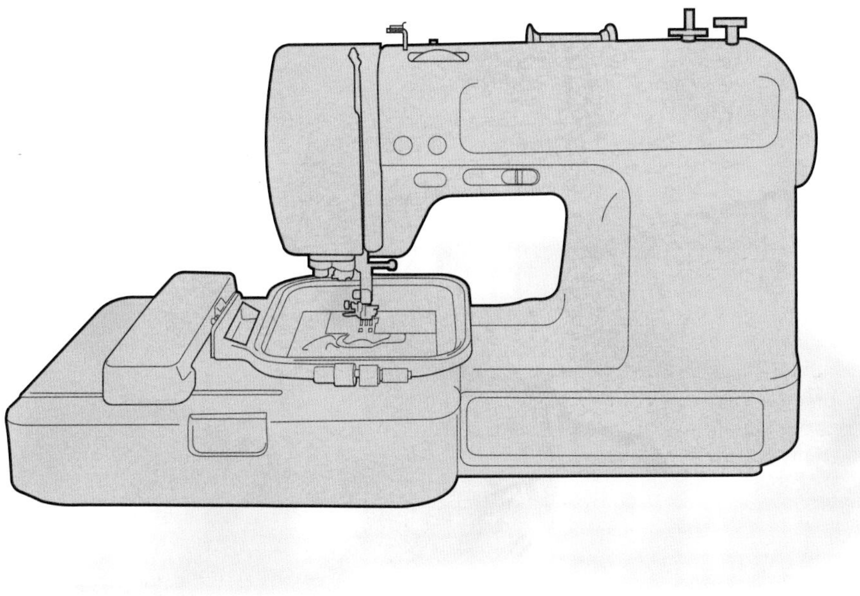

Overlockmaschinen

AUF EINEN BLICK

- Verwenden Greifer statt Spulen
- Nähen einen dehnbaren Kettenstich
- Fertigen 2-, 3-, 4- oder 5-fädige Nähte
- Werden zum Vernähen und Versäubern einer Naht in einem Arbeitsschritt eingesetzt
- Erhältlich als mechanische oder computergesteuerte Maschinen

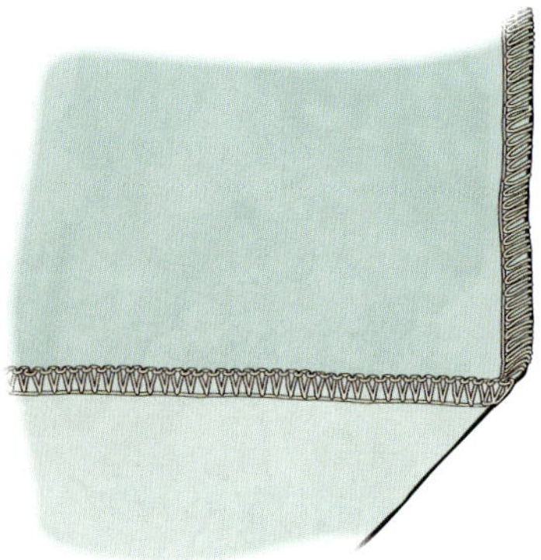

a

INSIDER-TIPP

Overlockmaschinen können nicht zum Einnähen von Reißverschlüssen oder für Knopflöcher eingesetzt werden, sie ergänzen also eine herkömmliche Nähmaschine. Viele Funktionen einer Overlockmaschine können mit einer herkömmlichen Nähmaschine imitiert werden.

Overlockmaschinen werden auch als Serger, Overlocker oder Overlocknähmaschinen bezeichnet **(b)**. Sie fertigen einen Kettenstich, schneiden sowie säubern den Stoff und die Nahtzugabe in nur einem Arbeitsschritt **(a)**. Sie können für Nähte, Säume und zum Versäubern eingesetzt werden. Overlockmaschinen sind aufgrund des dehnbaren Kettenstichs auch beim Nähen von Strickwaren sehr hilfreich. Sie arbeiten schneller als herkömmliche Nähmaschinen und liefern sehr professionelle Ergebnisse.

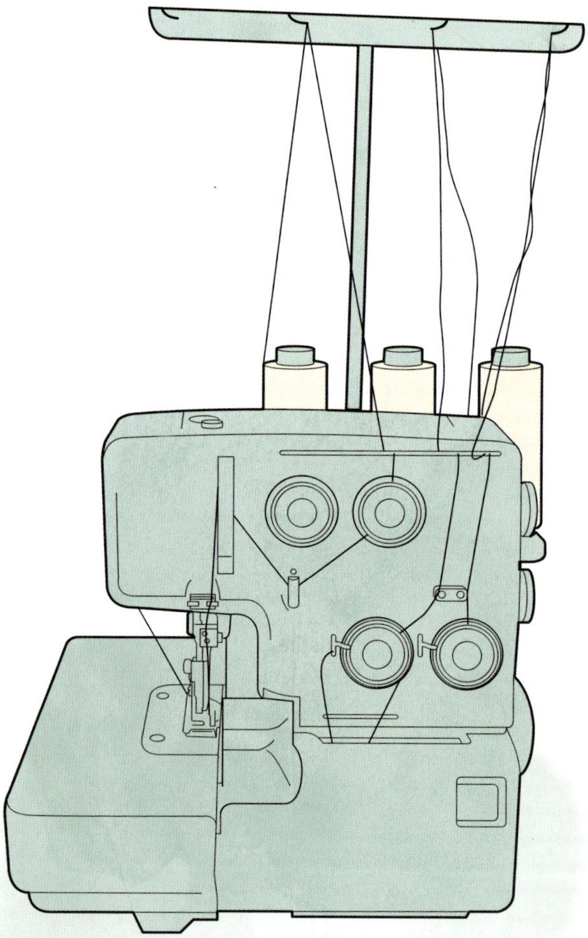

b

Covermaschinen

AUF EINEN BLICK

- Verwenden Greifer statt Spulen
- Fertigen 2- oder 3-Nadel-Covernähte
- Fertigen einen 2-fädigen Kettenstich
- Hochwertige, 5-fädige Overlockmaschinen können für Coverfunktionen umgebaut werden
- Sollten für das Nähen von Ärmeln und Hosenbeinen über eine Freiarmfunktion verfügen

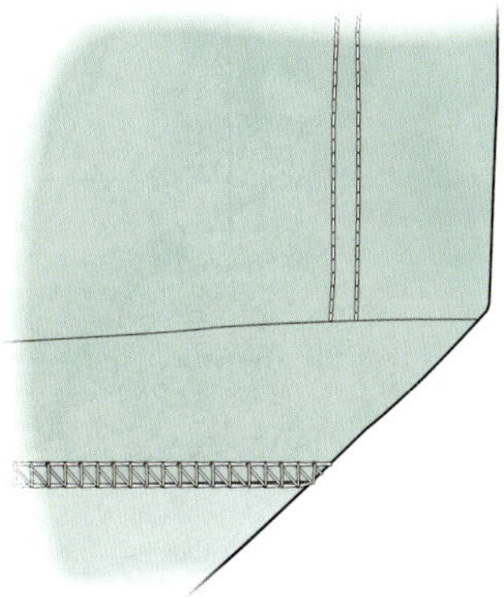

a

INSIDER-TIPP

Mit einer Zwillingsnadel lässt sich auch auf Standardnähmaschinen eine falsche Covernaht nähen. Der Unterfaden verläuft zwischen beiden Nadeln im Zickzack hin und her und bildet eine dehnbare Naht.

Eine Covermaschine **(b)** fertigt eine Covernaht (Deckstich) mit zwei Geradstichreihen auf der rechten und einem Kettenstich auf der linken Stoffseite **(a)**. Einige moderne Covermaschinen sind auch in der Lage, mit drei Nadeln und einem Greifer einen 3-fädigen Decksaum zu nähen. Die meisten Maschinen fertigen einen 2-fädigen Kettenstich zum Säumen. Hochwertige Covermaschinen haben eine variable Nadelposition, sodass Covernähte mit eng positionierten oder weiter auseinanderstehenden Nadeln genäht werden können. Viele 5-fädige Overlockmaschinen können für Coverfunktionen umgebaut werden.

Wie auch eine Overlockmaschine (Serger), arbeitet eine Covermaschine ohne Spulen und verfügt über Einstellungsmöglichkeiten für die Stichlänge. Durch den Differentialtransport können Raffungen gefertigt werden. Die Covermaschine hat keine Messer, der Stoff wird flach durch die Maschine transportiert. Für einige Maschinen gibt es Versäuberungszubehör, z. B. für Covernähte an Halsausschnitten bei T-Shirts. Ein Freiarm ermöglicht das einfache Säumen von Ärmeln und Hosen.

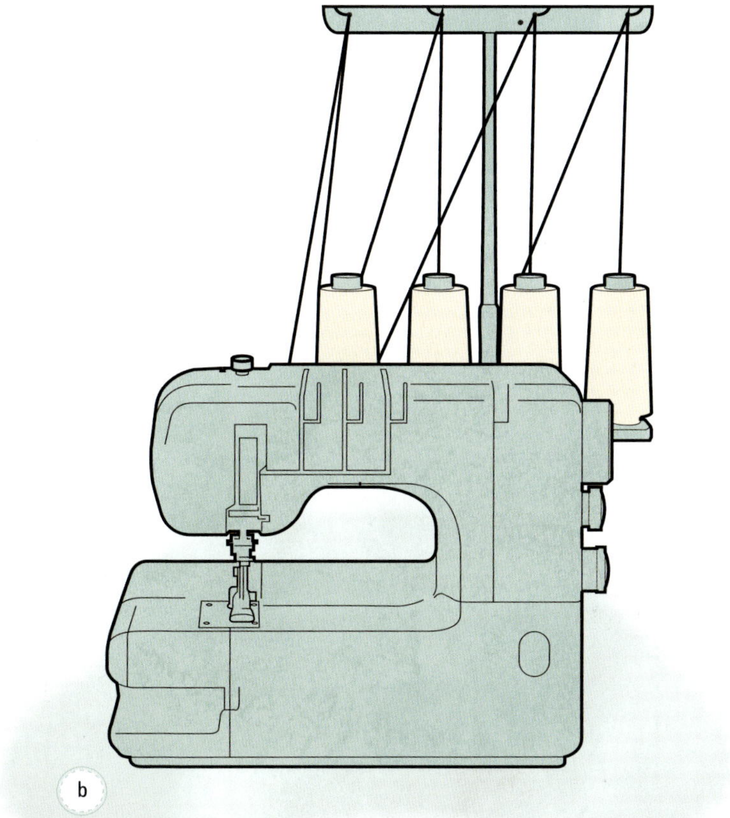

b

Kriterien zum Kauf einer Nähmaschine

Anatomie einer Nähmaschine

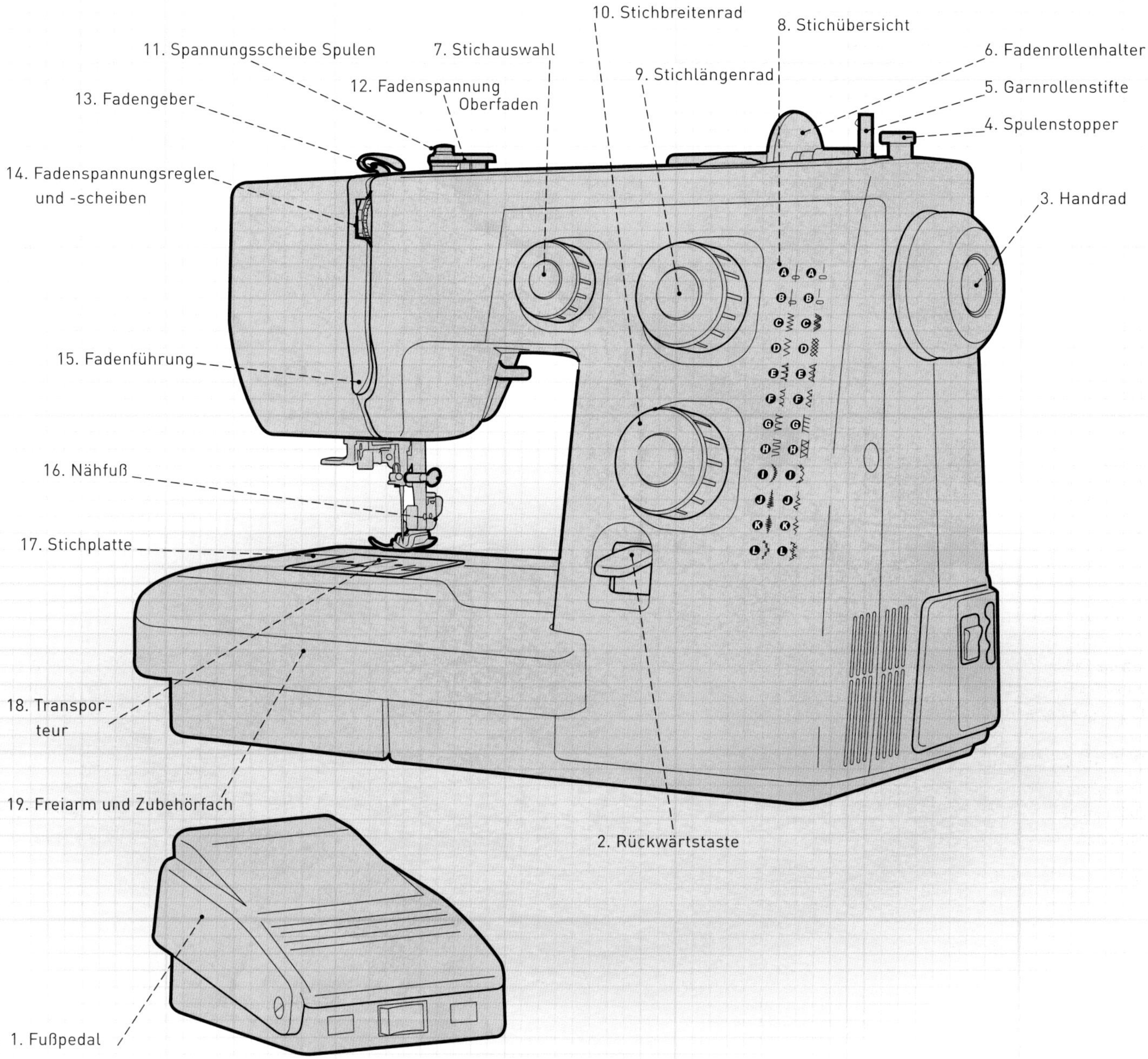

1. Fußpedal
Die Bedienung der Maschine erfolgt über den Druck auf das Fußpedal. Einige computergesteuerte Maschinen kommen ohne Fußpedal aus und funktionieren automatisch auf Knopfdruck.

2. Rückwärtstaste
Damit dreht sich der Transporteur in die entgegengesetzte Richtung und schiebt den Stoff beim Nähen in Ihre Richtung. Wird zum Vernähen einer Naht verwendet.

3. Handrad
Treibt die Maschine von Hand an, dreht sich jedoch auch bei Betätigung des Fußpedals. Computergesteuerte Maschinen schalten das Handrad beim Spulen automatisch ab, bei den meisten mechanischen Maschinen wird es manuell ausgeschaltet.

4. Spulenstopper
Stoppt den Spulvorgang, wenn die Spule voll ist.

5. Garnrollenstifte
Geben der Fadenrolle beim Spulen Halt.

6. Fadenrollenhalter
Sind vertikal oder horizontal angebracht und halten die Fadenrollen am Platz. Viele Maschinen haben zwei, sodass mit Zwillingsnadeln und zwei Fäden genäht werden kann.

7. Stichauswahl
Ermöglicht die Auswahl des gewünschten Stiches. Bei computergesteuerten Maschinen wird die Sticheinstellung über ein Display vorgenommen.

8. Stichübersicht
Einige Maschinen bieten nur eine kleine Auswahl an Stichen, viele hochwertige Modelle verfügen über hunderte von unterschiedlichen Stichen.

9. Stichlängenrad
Kontrolliert die Geschwindigkeit des Transporteurs im Verhältnis zur Nadel. Je länger der Stich, desto schneller bewegt der Transporteur den Stoff. Die gängigsten modernen Maschinen ermöglichen Längen von 0–4 mm, einige Profi-Maschinen bis zu 6 mm.

10. Stichbreitenrad
Reguliert, wie weit die Nadel von der Mitte aus nach links und rechts schwingt. Die meisten Maschinen fertigen Stichbreiten bis zu 4 mm, einige sogar bis zu 9 mm. Wird die Stichbreite verändert, kann sich beim Geradstich die Nadelstellung nach links oder rechts verschieben, sofern die Maschine nicht über einen separaten Nadelpositionsregler verfügt.

11. Spannungsscheibe Spulen
Das Garn verläuft durch die kleinen runden Scheiben, um beim Aufspulen eine gleichmäßige Spannung zu halten.

12. Oberfadenspannung
Der Oberfaden durchläuft von der Garnrolle aus die Fadenspannung, bevor er den Fadenspannungsregler erreicht.

13. Fadengeber
Der Faden verläuft durch die kleine Öse an der Vorderseite der Maschine, nachdem er die Spannungsscheiben passiert hat. Mit jeder Nadelbewegung schiebt sich der Fadengeber rauf und runter. Am Anfang und Ende einer Naht sollte sich der Fadengeber in der höchsten Position befinden, damit sich der Faden nicht verheddert.

14. Fadenspannungsregler und -scheiben
Der Faden verläuft durch die Seite an Seite liegenden Metallscheiben. Sie regulieren die Geschwindigkeit des Oberfadens. Der Regler ermöglicht meist einen Radius von 0–9: 0 ist die lockerste Spannung, 9 die höchste. Üblicherweise wird der Regler auf 4 eingestellt. Bei lockerer Spannung wird der Scheibenabstand erhöht, der Faden erhält mehr Raum und kann schneller passieren. Bei festerer Spannung liegen die Scheiben enger zusammen, der Faden verlangsamt sich.

15. Fadenführung
Alle Maschinen verfügen über eine Fadenführung direkt über der Nadel, um Faden und Nadel das problemlose Eindringen in den Stoff zu ermöglichen. Einige Maschinen haben zusätzliche Fadenführungen.

16. Nähfuß
Drückt den Stoff gegen den Transporteur.

17. Stichplatte
Die Stichplatte hat ein Loch für die Nadel und Markierungen für Nähte. Bei Maschinen mit von oben einsetzbaren Spulen können Teile der Stichplatte für den einfachen Spulentausch entfernt werden.

18. Transporteur
Bewegt sich elliptisch, die kleinen Zähnchen greifen den Stoff und schieben ihn während des Einstechens der Nadel nach oben.

19. Freiarm und Zubehörfach
Können zur Nutzung des Freiarms entfernt werden, z. B. beim Nähen von Hosenbeinnähten oder Ärmeln. Auch beim Spulentausch sollten beide für einfachen Zugang entfernt werden.

Die Qualität der Konstruktion

Der Preis einer Nähmaschine wird durch die Qualität der Konstruktion bestimmt. Hochwertige Maschinen halten bei guter Pflege und regelmäßiger Reinigung ein Leben lang.

Eine Maschine sollte folgende Eigenschaften aufweisen:

- Die Maschine besteht hauptsächlich aus Metallteilen und widerstandsfähigem Kunststoff. Minderwertiger Kunststoff wird mit der Zeit brüchig.
- Die Maschine läuft leise, auch bei Höchstleistung.
- Die Maschine verfügt über ein mehrteiliges Transporteursystem, dieses gewährleistet einen gleichmäßigen Druck und Transport des Stoffes.
- Das Handrad lässt sich leicht drehen, ohne zu schleifen oder zu stocken.
- Das Fußpedal spricht leicht auf Druck an und reagiert schnell. Es sollte nicht hin- und herrutschen.
- Der Druck des Nähfußes ist gleichmäßig, sowohl bei feiner Seide als auch bei dickeren Woll- oder Jeansstoffen. Einige Maschinen verfügen über eine Druckregulierung, andere über ein automatisches Federsystem.
- Ein guter Greifer verhindert das Einklemmen des Garns innerhalb der Spule am Nahtanfang.
- Ein ausgeklügelter Fadenverlauf und Spannungsscheiben verhindern, dass sich das Garn im oberen Fadenverlauf ausfädelt oder verhakt.
- Das Gewicht der Maschine verhindert, dass das Gerät auch bei höchster Leistungsstufe beim Nähvorgang über den Tisch wandert.
- Ober- und Unterfaden sind perfekt aufeinander abgestimmt. Dies reduziert Fehlstiche.

INSIDER-TIPP

Gute Maschinen gibt es zu jedem Preis. Eine teurere Maschine bedeutet nicht unbedingt eine bessere Qualität. Alte „Vintage“-Maschinen verfügen eventuell nicht über alle modernen Funktionen, die eine Maschine neuerer Generation zu bieten hat, sind jedoch meist solide gebaut, haben einen guten Wiederverkaufswert und sind noch dazu Sammlerstücke.

Motorleistung und Geschwindigkeit

Ein weiterer entscheidender Preisfaktor einer Maschine ist ihr Motor. Eine gute Maschine verfügt über einen starken Motor, der das Nähen durch mehrere Lagen Stoff ermöglicht. Ein schwacher Motor wird beim Nähen von zwei Lagen Quiltbaumwolle ein gutes Ergebnis liefern, bei dicken Materialien wie Möbelstoffen könnte er sich jedoch schwer tun.

Probieren Sie eine Nähmaschine immer vor dem Kauf aus. Nähmaschinenhändler halten üblicherweise verschiedene Maschinentypen zu Demonstrationszwecken und zum Ausprobieren bereit. Für die Nähprobe bieten Händler meist dünnen Baumwollstoff an, da alle Maschinen diesen Stoff mit guten Ergebnissen nähen. Wenn Sie also eine Maschine ausprobieren, bringen Sie am besten Ihren eigenen Stoff mit. Versuchen Sie, neun Lagen Jeansstoff zu nähen – das ist die Stoffmenge, die Sie beim Säumen einer Jeans nähen müssen.

Eine weitere Funktion, die es vor dem Kauf zu überprüfen lohnt, ist die Geschwindigkeit der Maschine: Einige sind sehr schnell, andere sehr langsam. Wenn Sie mehrere lange gerade Nähte fertigen, erleichtert ein kräftiger Motor die Aufgabe.

Die meisten Maschinen fertigen 600 Stiche pro Minute. Einige für Quilter und Profi-Näherinnen entwickelte Maschinen arbeiten sehr schnell und fertigen 1.600 Stiche pro Minute.

INSIDER-TIPP

Bei einigen Maschinen lässt sich die Nähgeschwindigkeit regulieren. Das ist hilfreich, wenn Sie gerne zu viel Druck auf das Fußpedal ausüben und zu schnell nähen. Stellen Sie die Geschwindigkeit einfach etwas niedriger ein. Selbst bei hohem Druck auf das Fußpedal näht die Maschine dann nur mit der maximal eingestellten Geschwindigkeit.

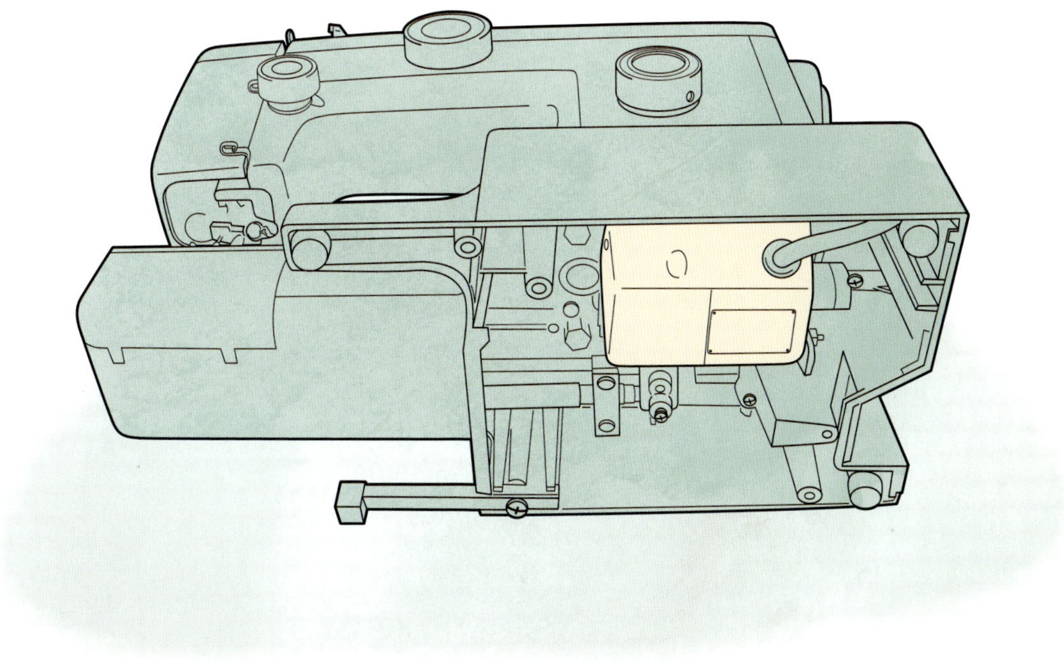

Gängiges Zubehör und Nähfüße

Manchmal gehören zahlreiche Accessoires und verschiedene Nähfüße zum Lieferumfang, bei einigen Maschinen muss man sie extra erwerben.

Wenn Sie eine Nähmaschine kaufen, bei der kaum Zubehör und wenige Nähfüße mitgeliefert werden, könnten Sie im Laufe der Zeit mehr Geld für diese Accessoires ausgeben, als wenn Sie gleich eine Maschine mit ausreichend Zubehör gekauft hätten.

Gehören die gewünschten Nähfüße und Zubehör nicht zum Lieferumfang, prüfen Sie, ob diese ohne großen Aufwand zu bestellen sind. Finden Sie heraus, ob Sie nur markenspezifische Füße oder auch ein preiswerteres No-Name-Produkt, das meist preiswerter ist, verwenden können.

INSIDER-TIPP

Zum Zubehör von Nähmaschinen gehören in der Regel auch ein Schraubenzieher, Nahttrenner, Ersatznadeln sowie einige Spulen.

Füße und Zubehör, bei den meisten Maschinen enthalten	Füße und Zubehör, bei hochwertigen Maschinen enthalten	Einzeln verkaufte Füße und Zubehör
Zickzack-/Allzweckfuß	Zickzack-/Allzweckfuß	Reißverschlussfuß für nahtverdeckte Reißverschlüsse
Reißverschlussfuß	Geradstichfuß	Kräuselfuß
Knopflochfuß	Zierstichfuß	Mehrstichkräusler
Knopfannähfuß	Reißverschlussfuß	Kapper
Rollsäumer	Knopflochfuß	Kantenschneider
Blindstichfuß	Knopfannähfuß	Offener Applikationsfuß
Überwendlichfuß	Rollsäumer	Applikationsfuß
	Blindstichfuß	Teflonfuß
	Überwendlichfuß	Rollenfuß
	Obertransportfuß	Strickwaren-/Trikotfuß
	Kantenführungslineal	Bandannähfuß
	Einfassfuß	Biesenfuß
	Freihandnähfuß	Paspel-/ Kederfuß
	Patchworkfuß (¼ Inch)	Pailletten- und Zierbandfuß
		Perlenfuß
		Fransenfuß
		Schmalkantenfuß
		Blumenstickfuß
		Kreisnähvorrichtung

Gebräuchliche Maschinenstiche

Viele Nähmaschinen verfügen über eine große Auswahl an Nutz- und Zierstichen, andere bieten nur einige wenige Standardstiche. Manche Stiche sind rein dekorativ, vermutlich werden Sie diese nicht so oft einsetzen. Hier die wichtigsten Maschinenstiche, die Sie am häufigsten verwenden werden.

Geradstich (a)

Dieser Standardstich kommt bei 99 Prozent aller Näharbeiten zum Einsatz. Er wird für einfache Nähte, Steppnähte, zum Ausbessern und Säumen verwendet. Der Geradstich ist nicht elastisch und daher für dehnbare Strickwaren ungeeignet.

Zickzackstich (b)

Der Zickzackstich kann für dekorative Nähte eingesetzt werden, zur Versäuberung von Nahtzugaben, um die Stoffkanten vor dem Ausfransen zu schützen, als Zierstich bei Applikationen und Monogrammen, zum Nähen von dehnbaren Strickwaren und zum Annähen von Knöpfen.

Knopflöcher (c)

Ein Knopfloch wird kastenförmig aus kleinen Zickzackstichen genäht. Ein Knopfloch lässt sich mit einem Zickzackstich fertigen, viel einfacher und schneller geht es jedoch mit dem Knopflochstich. Mechanische Nähmaschinen fertigen ein Knopfloch in vier Schritten, computergesteuerte Maschinen ein automatisches oder Einstufen-Knopfloch. Einige Maschinen bieten Knopflochvariationen, z. B. Augenknopflöcher oder spezielle Knopflöcher für Gestricktes.

Trikot-/Elastik-Zickzackstich (d)

Dieser Stich ist auch als dreistufiger Zickzackstich bekannt. Er ist zum Annähen von Gummibändern und für Strickwaren geeignet. Die Stiche sind kleiner als beim herkömmlichen Zickzackstich, deshalb werden seltener Fäden gezogen, jedoch ist dieser Stich sehr elastisch.

Gerader Stretchstich (e)

Bei diesem Stich wird ein Vorwärtsstich gesetzt, dann ein Rückwärts- und wieder ein Vorwärtsstich. Durch den Dreifachstich ist er sehr haltbar und wird deshalb häufig für stark beanspruchte Nähte eingesetzt. Der Stretchstich kann auch für Strickwaren verwendet werden; der Stich ist elastisch, da der Transporteur den Stoff beim Nähvorgang leicht dehnt.

Überwendlichstich (f)

Der Überwendlichstich verwendet sowohl Zickzack- als auch Geradstiche. Er wird zum Versäubern von Kanten eingesetzt, um ein Ausfransen zu verhindern.

Blindstich (g)

Der Blindstich kombiniert viele kleine und einen großen Zickzackstich. Er wird zum Säumen eingesetzt und ist auf der rechten Stoffseite praktisch unsichtbar.

Dekorative Stickmuster

Viele Maschinen bieten eine große Auswahl an dekorativen Zierstichen, wie z. B. Flachstiche, Blumen und Blätter, Kreuzstichmuster und vieles mehr.

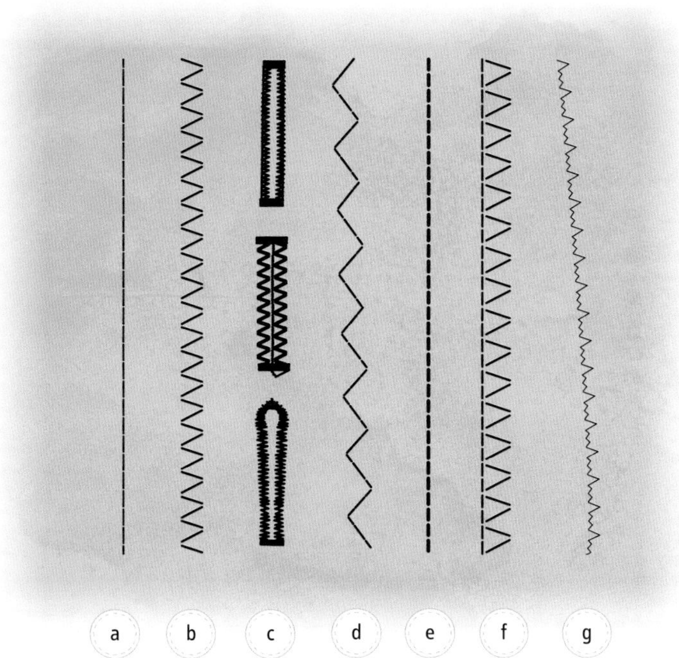

Nähmaschinenfunktionen

Die meisten Nähmaschinen bieten eine Vielzahl von Funktionen, um Nähaufgaben zu automatisieren und den Nähvorgang zu erleichtern. Viele dieser Merkmale waren bislang vor allem hochwertigen Maschinen vorbehalten, inzwischen zählen sie häufig auch bei modernen Maschinen zum Standard.

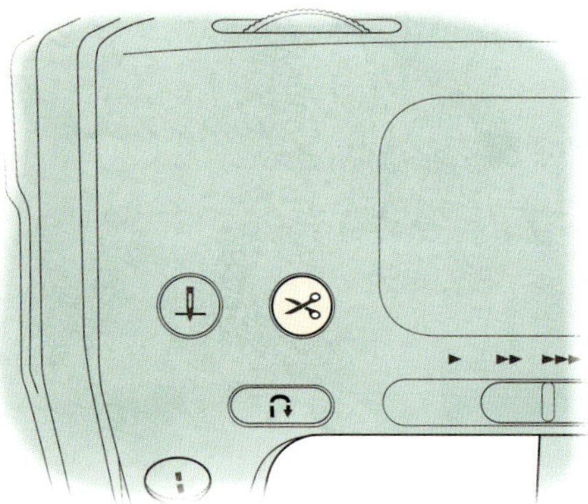

Fadenabschneider (optional)

Bei modernen Maschinen befindet sich der manuelle Fadenabschneider auf der linken Seite der Maschine, bei älteren Modellen auf der Rückseite der Nadelstange, knapp über der Nadel. Viele computergesteuerte Nähmaschinen sowie Stickmaschinen verfügen über einen automatischen Fadenabschneider, der Fäden auf Knopfdruck kappt.

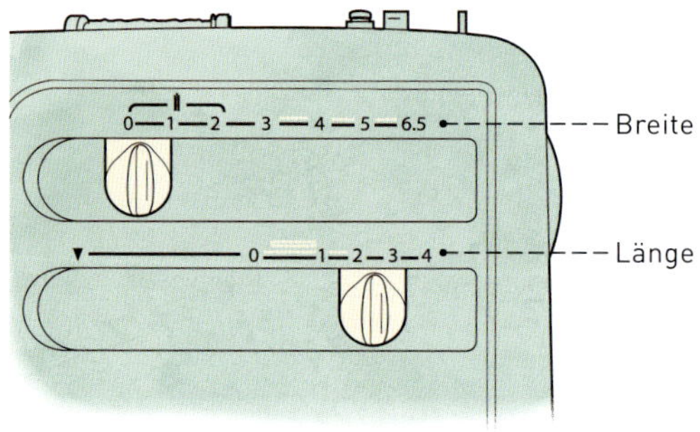

Stichlänge und -breite (unerlässlich)

Bei einer guten Nähmaschine sollten Stichlänge und -breite regulierbar sein. Die maximale Länge und Breite liegen häufig bei 4 mm, moderne Maschinen bieten jedoch Stichbreiten bis zu 9 mm und Stichlängen bis zu 7 mm. Zahlreiche computergesteuerte Maschinen regulieren Stichlänge und -breite automatisch, jedoch kann diese Einstellung auch manuell vorgenommen werden.

Anpassung der Nadelposition (unerlässlich)

Die mittige Nadelposition ist die Standardeinstellung. Bei Reißverschlüssen und Paspeln ist es üblich, die Nadel von der Mitte aus nach links zu positionieren. Einige Maschinen bieten auch eine Rechtsstellung, dies erleichtert das Kantennähen.

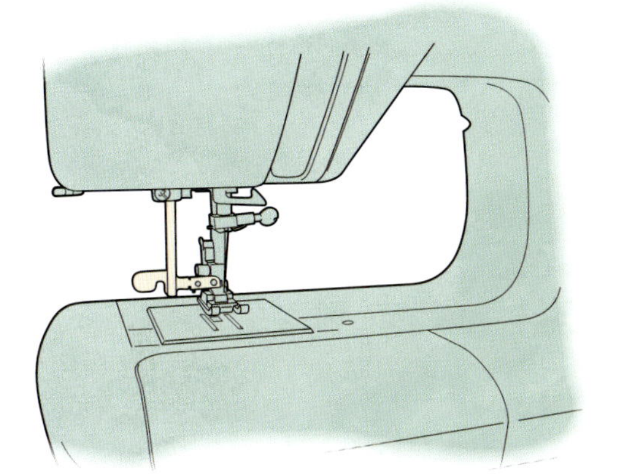

Einfädelhilfe (optional)

Da das Einfädeln in die Nadel eine Herausforderung sein kann, haben viele Nähmaschinen einen Nadeleinfädler. Der kleine Haken nimmt den Faden auf und führt ihn durch die Nadel. Einige Overlockmaschinen haben Jet-Air-Nadeleinfädler: Dabei wird der Faden in eine Öffnung geschoben, auf Knopfdruck schiebt ein Luftstoß den Faden durch die Fadenführung.

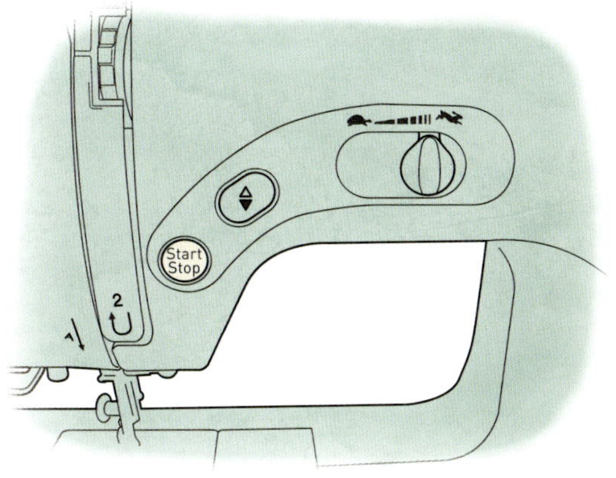

Start/Stopp (optional)

Bei computergesteuerten und Stickmaschinen kann das Fußpedal umgangen werden, der Nähvorgang beginnt auf Knopfdruck. Das entlastet den Fuß, z. B. bei langen Nähten und Stickmustern.

Nadelhebefunktion (optional)

Diese Funktion gewährleistet, dass sich die Nadel nach dem Nähvorgang immer in Tiefstellung befindet, das spart Zeit beim Nähen von Ecken und Kanten, wenn der Stoff um die Nadel gedreht wird, sowie bei Stickmustern. Auch die Einstellung, dass sich die Nadel für das Zusammenfügen vieler einzelner Stoffstücke (beim Patchwork) oder beim Säumen jeweils in Hochstellung befindet, ist möglich.

Nahtsicherung (optional)

Anstatt eine Naht an Anfang und Ende mit einem Rückstich zu sichern, können Sie eine Nahtsicherung nähen, die aus mehreren übereinanderliegenden Stichen besteht. Diese sind praktisch unsichtbar und werden für Zierstiche, bei Stickmustern und beim Quilten eingesetzt. Bei computergesteuerten Nähmaschinen ist die Nahtsicherung als Zusatzfunktion häufig integriert.

Mechanische Nähmaschinen

Mechanische und computergesteuerte Nähmaschinen haben ihre eigenen wunderbaren Eigenschaften, jedoch auch ihre jeweiligen Nachteile. Die Kenntnis der positiven und negativen Eigenschaften jedes Typs erleichtert die Auswahl der individuell richtigen Nähmaschine.

Vorteile

Standard
Mechanische Nähmaschinen sind einfach zu bedienen, bieten jedoch nur wenige Funktionen. Sie sind ideal für Anfänger und Kinder.

Erschwinglich
Diese Nähmaschinen sind oft sehr viel preiswerter als vergleichbare computergesteuerte Modelle mit ähnlicher Stichauswahl. Sie sind ideal als Zweitgerät, um sie z. B. zu Nähkursen mitzunehmen, oder als Ersatz, falls die hauptsächlich genutzte Maschine zur Reparatur muss.

Einfache Pflege
Da mechanische Nähmaschinen keine Computerteile und Schaltkreise haben, sind sie einfach zu reinigen und leicht selber zu reparieren. Wird eine mechanische Nähmaschine regelmäßig gereinigt und geölt, ist sie weniger reparaturanfällig. Sollte eine mechanische Nähmaschine doch einmal zur Reparatur müssen, ist das meist schnell erledigt und kostet nicht viel.

Widerstandsfähig
Mechanische Nähmaschinen sind meist sehr robust. Vor allem ältere Modelle bestehen hauptsächlich aus Metall. Sie sind gut verarbeitet und überstehen sogar ein paar Stöße und Kratzer, ohne dass ihr Innenleben Schaden nimmt.

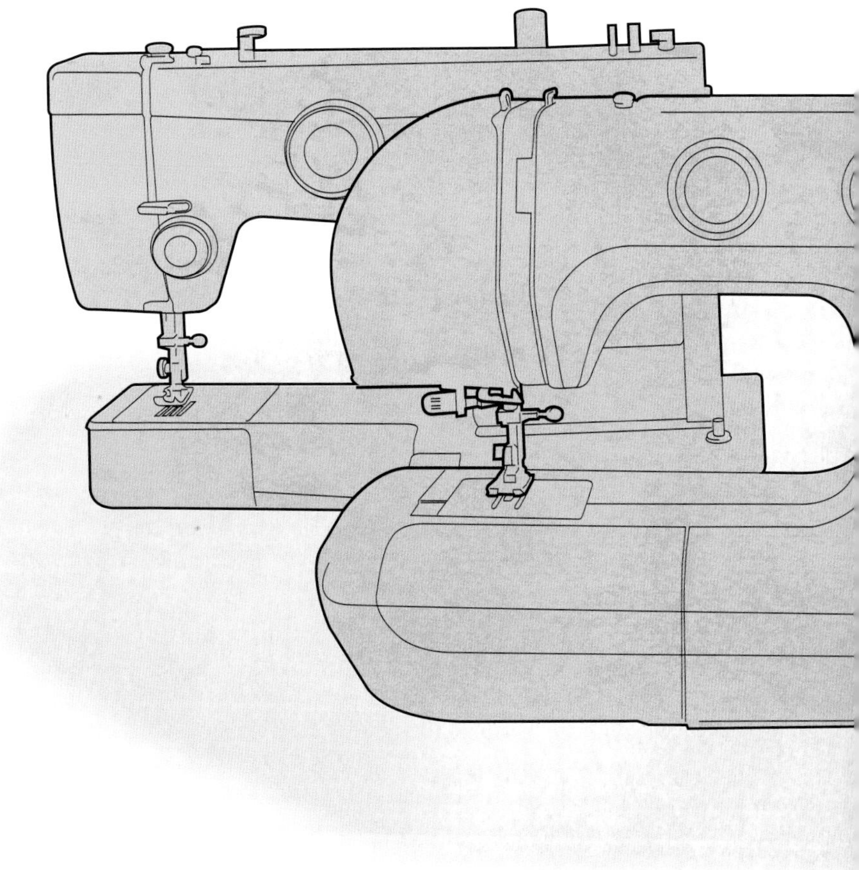

Nachteile

Gewicht

Mechanische Nähmaschinen können (müssen aber nicht) sehr schwer sein, einige transportable ältere Modelle wiegen sogar mehr als 14 Kilo. Wenn Sie die Nähmaschine öfter transportieren oder bewegen müssen, achten Sie darauf, dass Sie sie leicht anheben können.

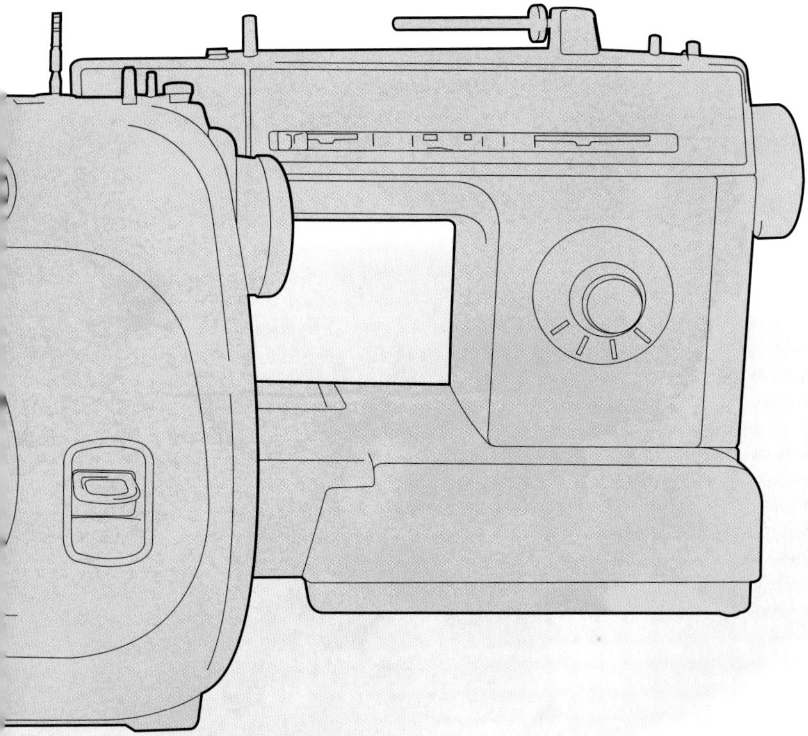

Kein automatisches Knopfloch

Die meisten mechanischen Nähmaschinen bieten keine Funktion für ein Einstufen-Knopfloch, dies erschwert das Arbeiten von identischen Knopflöchern bei Kleidungsstücken mit vielen Knöpfen. Mechanische Nähmaschinen nähen keine besonderen Knopflöcher.

Geringere Stichauswahl

Mechanische Nähmaschinen nähen nicht annähernd so viele Stiche wie eine computergesteuerte Standardnähmaschine.

Manuelle Einstellungen

Bei der Wahl einer besonderen Stichart muss bei mechanischen Nähmaschinen die Einstellung von Stichlänge und -breite von Hand erfolgen. Manchmal erfordert das langwieriges und zeitraubendes Ausprobieren.

Weniger Auswahl

Die meisten mechanischen Nähmaschinen bieten keine Zusatzfunktionen wie z. B. eine Nahtsicherung, Nadelhebefunktion oder eine Start/Stopp-Taste.

Geringe Anpassungsfähigkeit

Die meisten mechanischen Nähmaschinen verfügen über eine maximale Stichlänge und -breite von jeweils 4 mm, während computergesteuerte Nähmaschinen längere und breitere Stiche fertigen können und somit mehr Möglichkeiten bieten. Eventuell ist eine variable Nadelstellung integriert, aber das ist nicht unbedingt entscheidend.

Computergesteuerte Nähmaschinen

Vorteile

Geräuscharmer Betrieb

Sogar bei Höchstleistung arbeiten computergesteuerte Nähmaschinen sehr leise. Das ist vor allem bei Näharbeiten am späten Abend praktisch.

Bedienfreundlich

Dank der automatisierten Funktionen sind computergesteuerte Nähmaschinen sehr bedienfreundlich. Bei der Stichauswahl stellt die Maschine automatisch den Standardwert für Stichlänge und -breite sowie die Nadelposition ein. Bei fortschrittlichen Nähmaschinen wird auf dem Display der zu verwendende Nähfuß sowie eine Abbildung des gewählten Stiches gezeigt.

Umfangreiche Stichauswahl

Bei computergesteuerten Nähmaschinen stehen sehr viel mehr Zier- und Nutzstiche zur Verfügung als bei mechanischen Modellen. Auch sind sie bereits mit Alphabeten ausgestattet, die Monogramme zum Kinderspiel machen.

Stickmuster

Auch eine einfache computergesteuerte Nähmaschine ist mit einigen Stickstichen ausgerüstet, während hochwertige Sticknähmaschinen aufwändige Stickmuster fertigen können. Hochwertige Stickmaschinen können eine Zeichnung digitalisieren und das Motiv auf Knopfdruck nähen.

Speicherfunktion

Computergesteuerte Nähmaschinen verfügen häufig über eine Speicherfunktion, so können Stichmusterkombinationen gespeichert und wiederverwendet werden.

Knopflöcher

Computergesteuerte Nähmaschinen können grundsätzlich ein Einstufen-Knopfloch fertigen, einige Modelle sind mit unterschiedlichen Knopflochvarianten ausgestattet, z. B. für Strickwaren oder Augenknopflöcher.

Zusatzfunktionen

Funktionen wie Nadelhoch- und -tiefstellung, Start/Stopp und Rückstich sowie ein Nähgeschwindigkeitsregler gehören sogar bei einfachsten computergesteuerten Nähmaschinen zum Standard.

Nachteile

Preis

Dies ist der größte Nachteil der computergesteuerten Nähmaschinen: Sie sind fast immer teurer als vergleichbare mechanische Modelle. Vorsicht bei Schnäppchen oder zum reduzierten Preis angebotenen computergesteuerten Nähmaschinen, sie könnten einzelne Mängel aufweisen.

Reparatur

Computergesteuerte Nähmaschinen können nur schwer selbst repariert werden, da sie mit reparaturanfälligen Schaltkreisen und Computerchips ausgestattet sind. Ist eine Reparatur erforderlich, müssen die Maschinen zum Hersteller eingeschickt werden, so dauert die Reparatur oft viel länger als bei mechanischen Nähmaschinen. Wenn Sie keine Ersatzmaschine haben, stehen Sie eventuell wochenlang ohne Nähmaschine da.

Anfälligkeit

Viele computergesteuerte Nähmaschinen, vor allem Modelle mit geringer Qualität, bestehen aus leichtem Kunststoff. Dünne Teile, wie Garnrollenhalter oder Nadeleinfädler, können leicht abbrechen.

4 Nähmaschinennadeln

Anatomie einer Nähnadel

Alle für gängige Nähmaschinen entwickelten Nadeln können für alle Nähmaschinen-Marken und -modelle verwendet werden und entsprechen der Kennzeichnung 130/705 H oder 15 x 1 H. Es gibt unterschiedliche Nähmaschinennadeln, die für verschiedene Fäden, Stoffe und Aufgaben bestimmt sind. Nähmaschinennadeln haben unterschiedliche Nadelöhrgrößen, Spitzen und Hohlkehlen.

Aufbau einer Nadel

Kolben
Nadeln für gängige Maschinen haben einen flachen Kolben auf der Rückseite.

Schaft
Die Nadelgröße wird durch den Durchmesser des Schaftes bestimmt. Mit zunehmender Schaftbreite vergrößert sich auch das Nadelöhr.

Fadenrinne
Die lange Fadenrinne auf der Vorderseite führt den Faden beim Einstich in den Stoff.

Hohlkehle
Eine über dem Nadelöhr sitzende Einkerbung auf der Rückseite der Nadel, die es der Greiferspitze ermöglicht, den Nadelfaden zu erfassen. Einige Nadeltypen haben speziell geformte Hohlkehlen.

Nadelöhr
Das Loch in der Nadel, durch das der Faden geführt wird.

Nadelspitze
Die Nadelspitze soll den Stoff durchstechen, ohne ihn zu beschädigen. Einige Nadeln sind sehr spitz, andere haben stumpfe Spitzen.

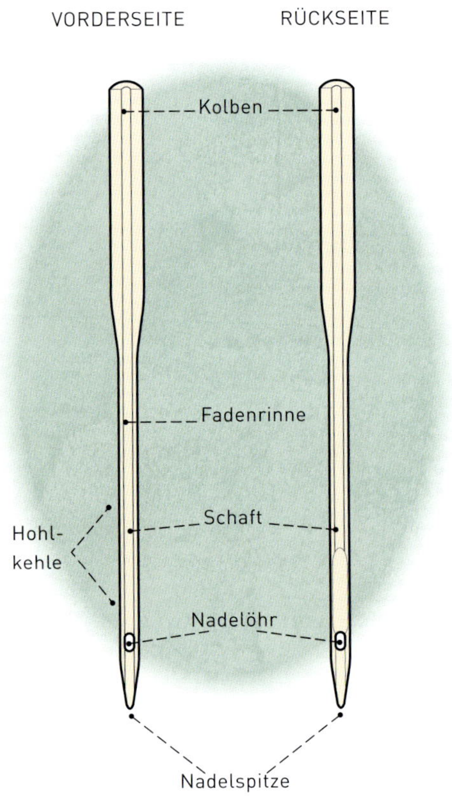

INSIDER-TIPP

- Immer Ersatznadeln bereithalten, falls eine Nadel bricht.
- Universalnadeln sind am gängigsten und in jeder Größe erhältlich. Andere Nadeltypen, z. B. Stretch- oder Metallicnadeln, gibt es nur in eingeschränkter Größenauswahl.
- Werfen Sie ausrangierte Nadeln nicht in den Hausmüll, es besteht Verletzungsgefahr. Verbogene Stecknadeln und alte, zerbrochene Nähnadeln sollten Sie in einem kleinen Plastikbehälter, z. B. einem Joghurtbecher, sammeln. Ist der Becher voll, kleben Sie ihn zu, kennzeichnen den Inhalt und entsorgen ihn.

Nadelstärken

Nadeln sind mit zwei Ziffern gekennzeichnet, die Aufschluss über die Nadelstärke geben. Die erste Ziffer ist der europäische (metrische) Größenstandard, dieser gibt den Durchmesser der Nadel an. Die zweite Ziffer ist die amerikanische Größe, die auf einer willkürlichen Zuordnung basiert.

Eine Nadel der Stärke 80/12 hat einen Durchmesser von 0,8 mm. Kleinere Zahlen bedeuten dünnere Nadeln, größere Zahlen kennzeichnen dickere Nadeln. Näherinnen wählen die kleinstmöglichste Nadelstärke, um eine Beschädigung des Stoffes zu vermeiden.

MASCHINEN-NADELSTÄRKEN

	Europäisch	Amerikanisch
Fein	60	8
	65	9
	70	10
	75	11
	80	12
	90	14
	100	16
	110	18
Stark	120	19

Eine Nadel wechseln

Abgebrochene, stumpfe oder abgenutzte Nadeln müssen ersetzt werden, ebenso erfordern andere Nadeltypen oder -größen einen Austausch. Sie können schnell und einfach gewechselt werden.

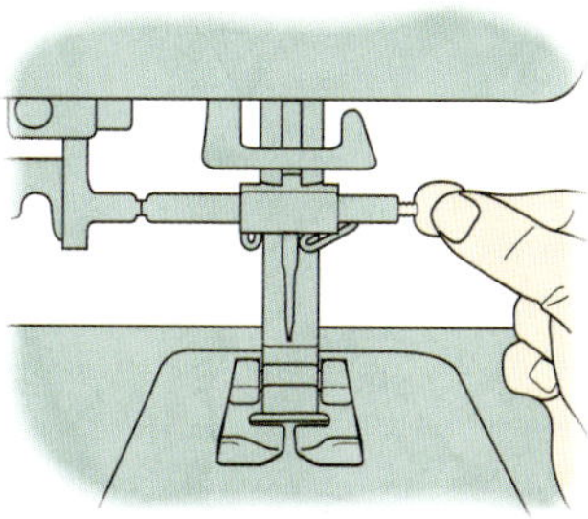

1 Drehen Sie die kleine Schraube über der Nadelklemme mit einer halben Drehung in Ihre Richtung. Schieben Sie die Nadel nach unten und aus dem Schaft.

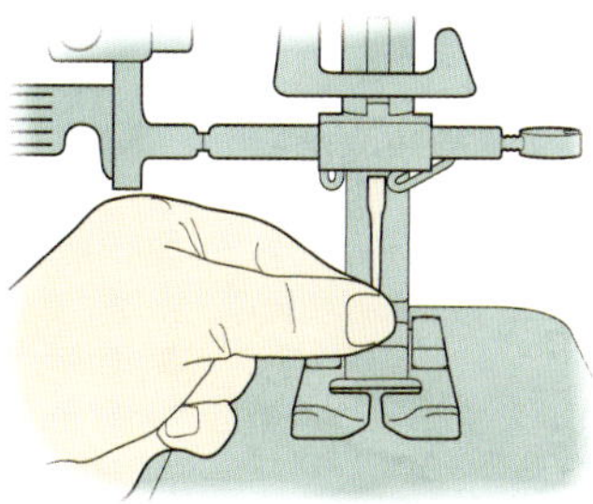

2 Achten Sie darauf, die Nadel mit der flachen Kolbenseite nach hinten einzusetzen. Schieben Sie die Nadel bis zum Ende des Schaftes und ziehen Sie die Schraube mit einem Schraubenzieher fest.

Grundsätzlich ist es empfehlenswert, die Nadel nach etwa drei oder vier Nähprojekten zu wechseln, dies entspricht einer Nähzeit von rund acht Stunden. Mit jedem Stich durchdringt eine Nadel mehrere Schichten Stoff und wird zunehmend stumpfer. Eine stumpfe Nadel führt zu Fehlstichen und Stoffschäden, wird anfällig für Nadelbruch und kann zum Verheddern des Garns führen. Beim Nähen feiner Stoffe sollte die Nadel häufiger gewechselt werden.

WERKZEUGE

- Schraubenzieher
- Neue Nadel

Nadeltypen

Universalnadel

AUF EINEN BLICK

- Leicht abgerundete Spitze
- Vielzwecknadel, für die gängigsten Näharbeiten geeignet
- Zur Verwendung mit Universal-Baumwollnäh- oder Polyesterfäden
- Geeignet für fast alle Stoffarten
- Erhältlich in allen Nadelstärken

Eine Universalnadel ist eine Allzwecknadel, die für die meisten Näharbeiten verwendet werden kann. Sie hat eine leicht gerundete Nadelspitze und kann für Nähte, Knopflöcher, Zierstiche und Bordüren eingesetzt werden. Verwenden Sie die Universalnadel mit Universal-Baumwollnähfäden oder Polyesterfäden. Sie ist für zahlreiche Stoffarten geeignet und sollte Ihre Standardnadel sein. Universalnadeln werden in allen Nadelstärken angeboten, von 60/8 bis 120/19; die Stärke 80/12 ist die gängigste. Verwenden Sie kleinere Nadelstärken bei feineren Stoffen und größere Nadelstärken bei dickeren Stoffen.

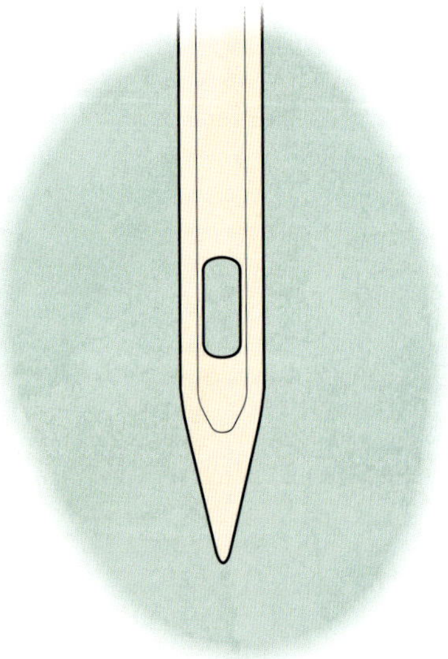

Microtexnadel

AUF EINEN BLICK

- Sehr feine, spitze Nadelspitze
- Für Nähte, dekorative Stickmuster und zum Absteppen
- Zur Verwendung mit Universal-Baumwollnäh- oder Seidenfäden
- Geeignet für dünne und feine Stoffe
- Zur Verwendung mit einem Geradstichfuß und einer Stichplatte für gerade Nähte
- Erhältlich in den Nadelstärken 60/8, 70/10, 80/12, 90/14, 100/16 und 110/18

Microtexnadeln haben eine sehr feine, spitze Nadelspitze, sodass sie dünne und feine Stoffe leicht durchstechen können. Verwenden Sie eine Microtexnadel beim Nähen leichter Stoffe, wie Seidenchiffon und Organza, Baumwollbatist, Microfaser, Polyesterseide und Lamé, sowie für perfektes Absteppen. Sie ist ideal zum Zusammenfügen einzelner Stoffstücke und anderen Aufgaben, bei denen Präzision unerlässlich ist. Für perfekte gerade Nähte verwenden Sie die Microtexnadel mit einem Geradstichfuß und einer Geradstichplatte. Verwenden Sie Microtexnadeln mit Universal-Baumwollnähfäden oder Seidenfäden. Erhältlich in den Nadelstärken 60/8, 70/10, 80/12, 90/14, 100/16 und 110/18.

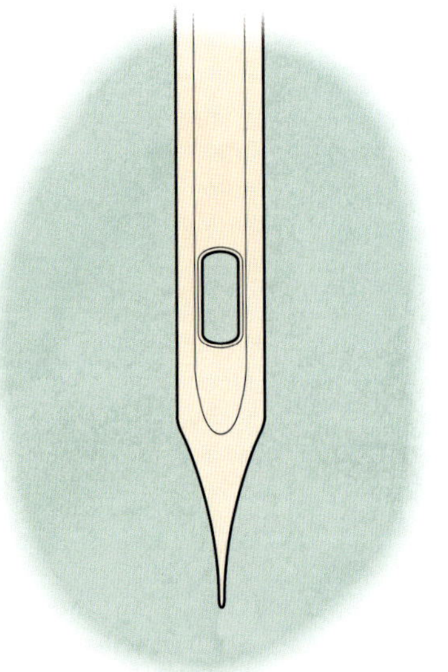

Jeansnadel

AUF EINEN BLICK

- Spitze Nadelspitze und verstärkter Schaft
- Für Nähte und Stepparbeiten
- Zur Verwendung mit Universalnähfäden
- Für dickes und festes Gewebe
- Zur Verwendung mit einem Rollenfuß für ungleiche Stoffhöhen
- Erhältlich in den Nadelstärken 70/10, 80/12, 90/14, 100/16 und 110/18

Jeansnadeln haben eine spitze Nadelspitze und einen verstärkten Schaft. Verwenden Sie Jeansnadeln beim Nähen fester und dichtgewebter Stoffe, wie Jeans, Leinen und Möbelstoffen. Diese Nadeln durchstechen auch dicke Stoffe, ohne abzubrechen, und sind daher perfekt zum Säumen von Jeans geeignet. Jeansnadeln sind ideal in Verbindung mit einem Rollenfuß, um mühelos dickere Stoffe und ungleiche Stoffhöhen zu nähen. Zur Verwendung mit Universal-Baumwollnähfäden oder Polyesterfäden. Erhältlich in den Nadelstärken 70/10, 80/12, 90/14, 100/16 und 110/18.

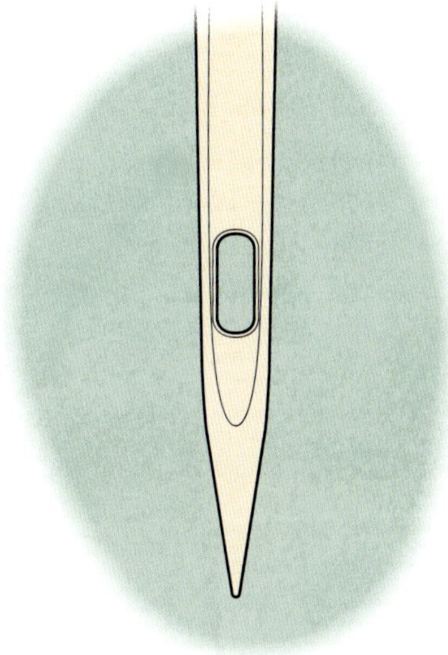

INSIDER-TIPP

- Nähmaschinennadeln werden in Kombi-Packungen mit verschiedenen Nadelstärken oder mit nur einer bestimmten Nadelstärke angeboten. Empfehlenswert ist es, eine Packung mit unterschiedlichen Größen und ein Set mit der am häufigsten verwendeten Nadelstärke zu kaufen, beispielsweise 80/12.
- Eine Nadel folgt immer dem Weg des geringsten Widerstandes. Weist das Gewebe eine Öffnung links oder rechts der Naht auf, wird die Nadel dort einstechen. Normalerweise fällt das bei auseinandergebügelten Nähten nicht auf, beim Absteppen jedoch schon. Microtex- oder Jeansnadeln nähen exakter.

Kugelspitzen-/Jerseynadel

AUF EINEN BLICK

- Nadel mit Kugelspitze
- Für Nähte und Säume
- Zur Verwendung mit Universal-Polyesternähfäden
- Geeignet für Strickwaren
- Zur Verwendung mit einem Strickwaren- oder Obertransportfuß, um ein Kräuseln des Stoffes zu vermeiden
- Erhältlich in den Nadelstärken 70/10, 80/12, 90/14 und 100/16

Kugelspitzennadeln haben eine abgerundete Nadelspitze und sind so konzipiert, dass sie in die Maschenzwischenräume statt in die Fasern einstechen. Verwenden Sie diese Nadeln beim Nähen von Strickstoffen, um keine Fäden zu ziehen und Stoffschäden zu vermeiden. Sie sind perfekt für Jersey, Interlock und Pulloverstrick. Verwenden Sie Kugelspitzennadeln mit einem Universal-Polyesternähfaden. Erhältlich in den Nadelstärken 70/10, 80/12, 90/14 und 100/16.

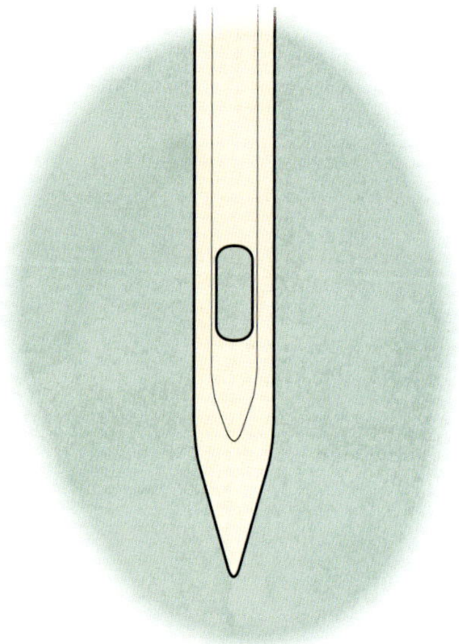

INSIDER-TIPP

Führen Sie beim Nähen von Strickstoffen immer einige Probestiche durch und probieren Sie dabei eine Kugelspitzen- sowie Stretchnadel aus. Achten Sie auf Fehlstiche und Stoffschäden und verwenden Sie die Nadel, die das beste Ergebnis liefert.

Stretchnadel

AUF EINEN BLICK

- Leicht gerundete Spitze und eine tiefe Hohlkehle
- Für Nähte und Säume
- Zur Verwendung mit Universal-Polyesternähfäden
- Für elastische Maschenware mit Lycra
- Zur Verwendung mit einem Strickwaren- oder Obertransportfuß, um ein Kräuseln des Stoffes zu vermeiden
- Erhältlich in den Nadelstärken 75/11 und 90/14

Stretchnadeln haben eine leicht gerundete Nadelspitze und eine tiefe Hohlkehle. Wie auch Kugelspitzennadeln gleiten sie in die Maschenzwischenräume, anstatt in die Fasern einzustechen. Allerdings kann der Greifer leichter als bei einer Kugelspitzennadel den Oberfaden erfassen, dies verhindert Fehlstiche. Verwenden Sie Stretchnadeln beim Nähen von elastischen Materialien mit Lycra, wie Badeanzugstoffen, Jersey oder Interlock mit Lycra. Dehnt sich der Stoff, kombinieren Sie diese Nadel mit einem Strickwaren- oder Obertransportfuß. Verwenden Sie Stretchnadeln mit Universal-Polyesternähfäden. Erhältlich in den Nadelstärken 75/11 und 90/14.

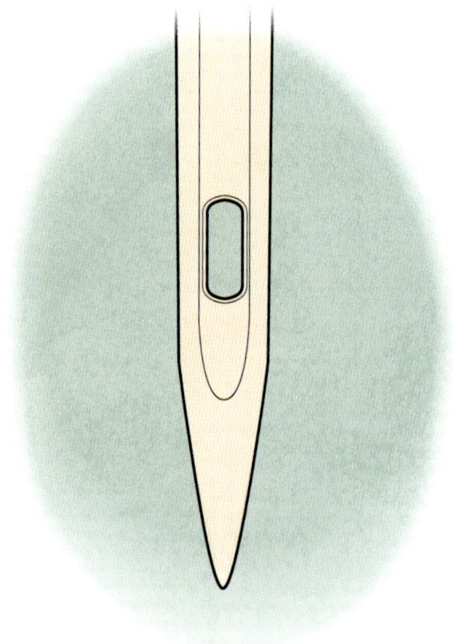

Ledernadel

AUF EINEN BLICK

- Schneidespitze
- Für Nähte und Säume
- Zur Verwendung mit Universal-Polyesternähfäden
- Für nicht-gewebte Materialien, wie Leder und Vinyl
- Zur Verwendung mit einem Teflon- oder Obertransportfuß
- Erhältlich in den Nadelstärken 70/10, 80/12, 90/14, 100/16 und 110/18

Ledernadeln haben statt einer spitz zulaufenden Spitze eine scharf geschliffene Schneide. Diese Spezialspitze fertigt saubere Einstiche in Leder und Wildleder, ohne das Material zu beschädigen. Ledernadeln sind ebenso ideal für weitere nicht gewebte Stoffe, wie Kunststoffe, Vinyl oder Wachstuch, und werden in Verbindung mit einem Teflon- oder Obertransportfuß eingesetzt. Verwenden Sie Universal-Polyesternähfäden und erhöhen Sie die Stichlänge auf 3 mm. Erhältlich in den Nadelstärken 70/10, 80/12, 90/14, 100/16 und 110/18.

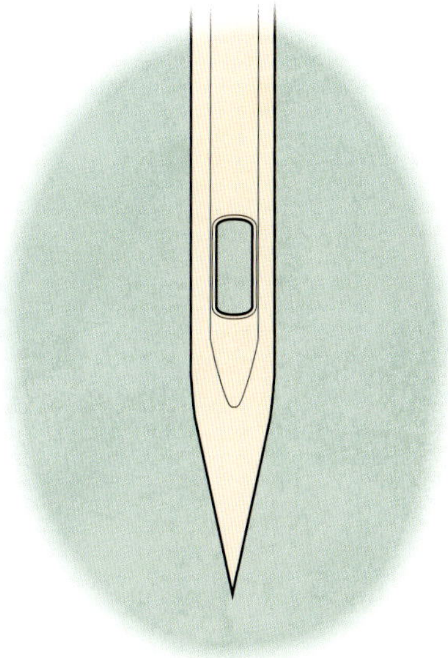

INSIDER-TIPP

Verwenden Sie niemals eine Ledernadel für Strickwaren oder Webstoffe, denn die Schneidespitze hinterlässt ein Loch, das den Stoff reißen lässt.

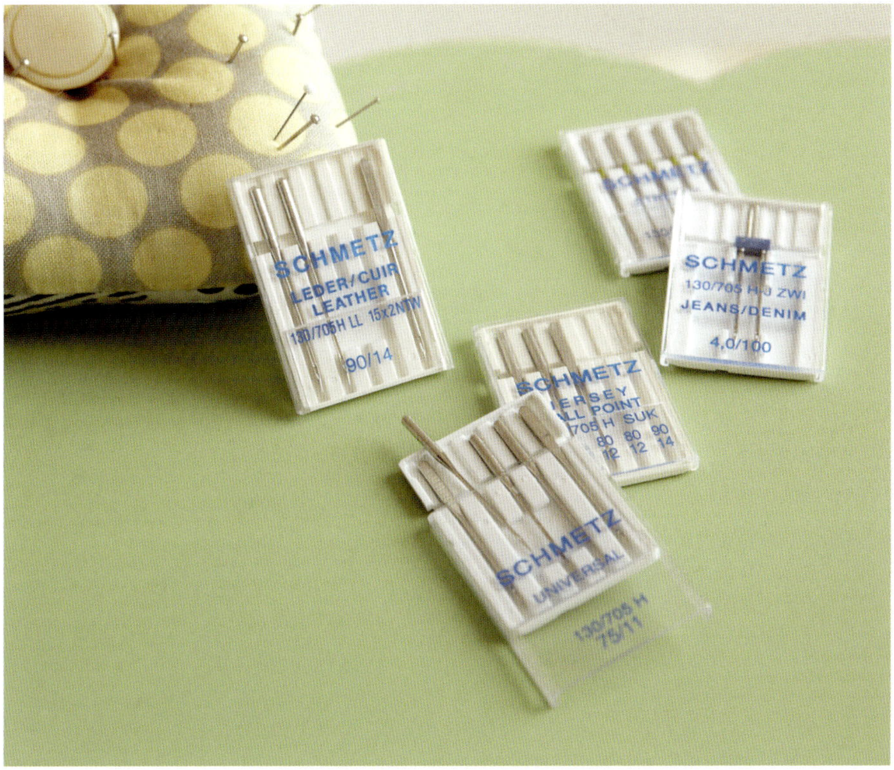

Sticknadel

AUF EINEN BLICK

- Vergrößertes Nadelöhr und breite Fadenrinne
- Für Zierstiche und Stickmuster
- Zur Verwendung mit Viskosestickfäden oder anderen Stickgarnen
- Zur Verwendung mit Zierstichfuß, Freihandnähfuß oder anderen Nähfüßen für Kreativtechniken
- Erhältlich in den Nadelstärken 75/11 und 90/14

Sticknadeln haben eine leicht abgerundete Spitze, ein vergrößertes Nadelöhr und eine breite Fadenrinne. Nadelöhr und Fadenrinne sind auf dickere Stickgarne abgestimmt, die tiefe Hohlkehle verhindert Fehlstiche. Kombinieren Sie eine Sticknadel mit einem beliebigen Nähfuß für Kreativtechniken, beispielsweise einem Zierstichfuß, Freihandnähfuß oder einer Kreisnähvorrichtung. Verwenden Sie für Sticknadeln Viskosestickfäden oder andere Stickgarne. Erhältlich in den Nadelstärken 75/11 und 90/14.

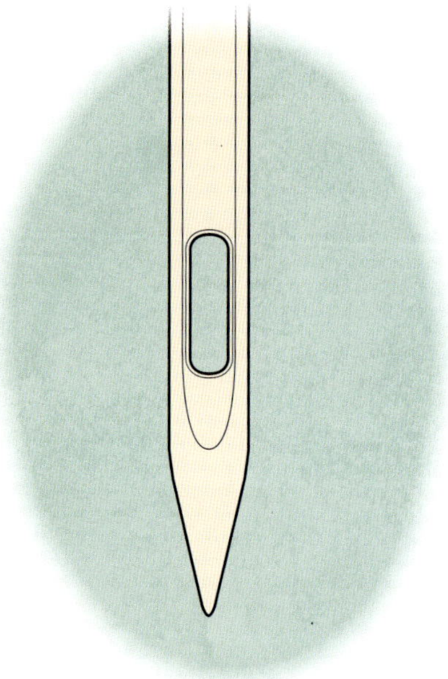

Quiltnadel

AUF EINEN BLICK

- Scharfe Spitze und schlank zulaufende Form
- Für Quiltarbeiten mit der Nähmaschine
- Zur Verwendung mit Universal-Baumwollnähfäden
- Zur Verwendung mit einem Obertransportfuß oder Freihandnähfuß
- Erhältlich in den Nadelstärken 75/11, 80/12 und 90/14

Quiltnadeln haben eine scharfe Spitze und eine schlank zulaufende Form. Die Schneide durchsticht mühelos auch mehrere Schichten dickeren Stoffs, ohne das Material beim Maschinenquilten zu beschädigen. Die scharfe Spitze garantiert sehr gerade Stiche. Kombinieren Sie eine Quiltnadel für gerade Quiltnähte mit einem Obertransportfuß und eines Kantenführungslineals oder mit Freihandnähfuß und Stickrahmen. Verwenden Sie Quiltnadeln mit Universal-Baumwollnähfäden. Erhältlich in den Nadelstärken 75/11, 80/12 und 90/14.

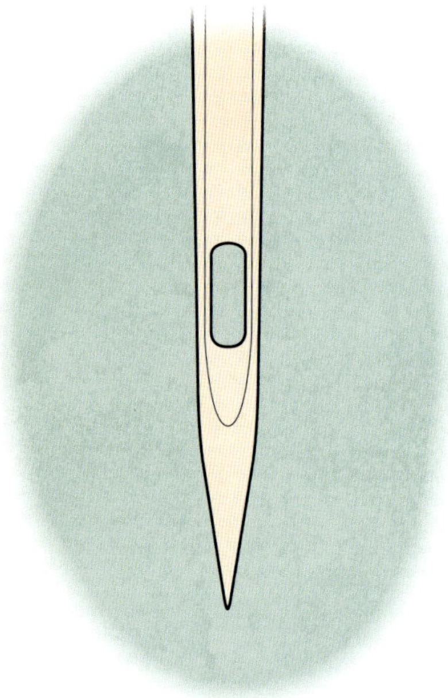

Metallicnadel

AUF EINEN BLICK

- Längliches, beschichtetes Nadelöhr
- Für Stickmuster
- Zur Verwendung mit Metallic- und anderen Effektfäden
- Zur Verwendung mit einem Zierstichfuß oder anderen Nähfüßen für Kreativtechniken
- Erhältlich in den Nadelstärken 80/12 und 90/14

Metallicnadeln haben eine leicht gerundete Spitze und ein längliches, beschichtetes Nadelöhr. Dieses besondere Nadelöhr soll feine Metallic- und andere Effektfäden schützen und ein Reißen des Fadens beim Maschinensticken verhindern. Kombinieren Sie eine Metallicnadel mit einem beliebigen Nähfuß für Kreativtechniken, beispielsweise einem Zierstichfuß, Freihandnähfuß, Blumenstickfuß oder einer Kreisnähvorrichtung. Verwenden Sie Metallicnadeln mit Metallic-Effektfäden. Erhältlich in den Nadelstärken 80/12 und 90/14.

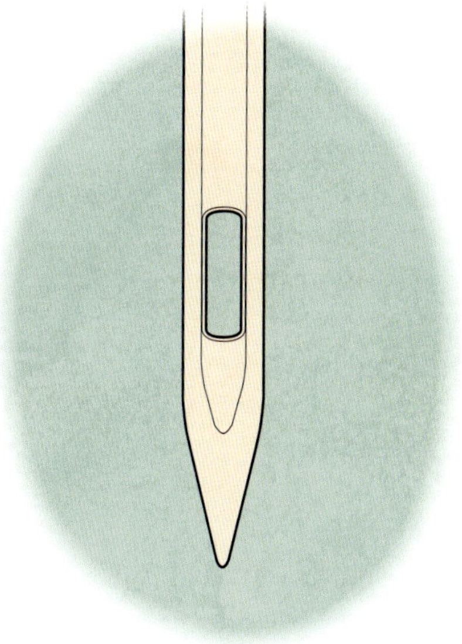

INSIDER-TIPP

Reduzieren Sie beim Nähen mit Metallicfäden die Nähgeschwindigkeit. Einige Effektfäden fransen bei höherer Maschinengeschwindigkeit auch bei Verwendung einer Metallicnadel aus.

Zwillingsnadel

AUF EINEN BLICK

- Zwei Nadeln an einem Kolben
- Für Zierstiche, Biesen und falsche Covernähte
- Erhältlich in unterschiedlichen Stärken und Nadelabständen
- Erhältlich mit Universal-, Stretch-, Jeans-, Metallic- und Sticknadeln
- Zur Verwendung mit Nähfäden passend zum Nadeltyp
- Zur Verwendung auch in Kombination mit einem Zierstich-, Biesen- oder Obertransportfuß

Zwillingsnadeln bestehen aus zwei Nadeln an einem Kolben. Diese Nadeln werden für Zierstiche, Biesen, falsche Covernähte oder zum Abstepppen eingesetzt. Zwillingsnadeln sind als Stretch-, Jeans-, Metallic-, Stick- oder Universalnadeln erhältlich. Die Nadeln haben verschiedene Nadelabstände, entweder eng zusammenstehend oder weiter auseinander. Die erste Zahl der Nadelstärkenbezeichnung beziffert den Abstand in Millimeter, die zweite Ziffer entspricht der Nadelstärke. Als Beispiel hat eine Zwillingsjeansnadel in 4,0/100 eine Stärke von 100/16 und einen Nadelabstand von 4 mm. Verwenden Sie Zwillingsnadeln mit einer Standardstichplatte, da das Nadelloch groß genug sein muss, um zwei Nadeln aufzunehmen. Kombinieren Sie Zwillingsnadeln mit einem Nähfuß für Kreativtechniken, wie einem Zierstich- oder Blumenstickfuß. Setzen Sie Zwillingsnadeln mit einem Strickwarenfuß oder Obertransportfuß zum Säumen von T-Shirts ein. Für perfekte Biesen nähen Sie mit einem Biesenfuß. Zwillingsnadeln mit Universalnadeln sind in vielen Nadelstärken und Abständen erhältlich: 1,6/70, 1,6/80, 2,0/80, 2,5/80, 3,0/90, 4,0/80, 4,0/90, 4,0/100, 6,0/100 und 8,0/100. Andere ausgewählte Nadeltypen sind nur in einigen wenigen Nadelstärken erhältlich: Stretchnadeln in 2,5/75 und 4,0/75, Jeansnadeln in 4,0/100, Metallicnadeln in 2,5/80 und 3,0/90 sowie Sticknadeln in 2,0/75 und 3,0/75.

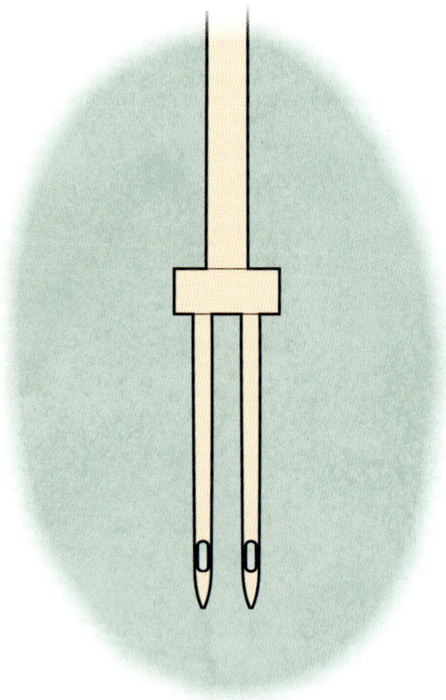

Drillingsnadel

AUF EINEN BLICK

- Drei Nadeln an einem Kolben
- Für Ziersticke, zum Absteppen und Säumen
- Nur erhältlich mit Universalnadeln
- Erhältlich in den Nadelstärken 2,5/80 und 3,0/80
- Zur Verwendung mit Universal-Baumwoll-, Polyester- oder Seidennähfäden

INSIDER-TIPP

Verwenden Sie beim Nähen mit Drillingsnadeln Multicolor-Fäden mit leichten Farbabstufungen, um einen raffinierten Ombré-Effekt zu erzielen.

Drillingsnadeln haben drei Nadeln an einem Kolben. Sie werden für Zierstiche, zum Absteppen und für dekorative Säume verwendet. Drillingsnadeln sind nur mit Universalnadeln in limitierten Nadelstärken und -abständen erhältlich. Der Abstand wird zwischen den beiden äußeren Nadeln gemessen. Vergewissern Sie sich, dass Sie mit einer Standardstichplatte arbeiten. Verwenden Sie Drillingsnadeln mit Universal- oder Seidennähfäden. Drillingsnadeln sind in den Nadelstärken 2,5/80 und 3,0/80 erhältlich.

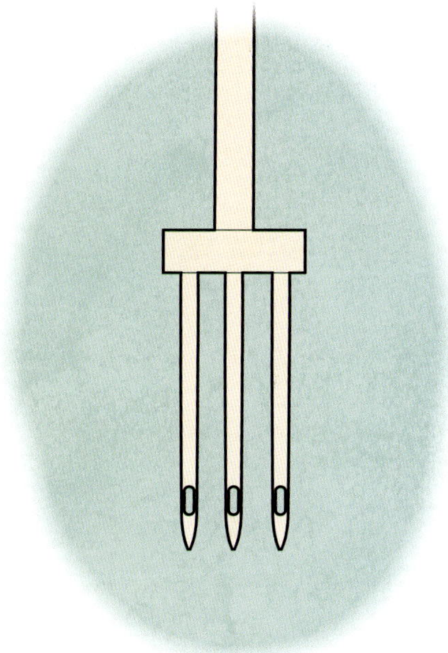

Topstitchnadel

AUF EINEN BLICK

- Längliches Nadelöhr
- Für Absteppabeiten
- Zur Verwendung mit Stickgarnen und anderen stärkeren Garnen
- Zur Verwendung mit einem Geradstichfuß und Rundlochstichplatte
- Erhältlich in den Nadelstärken 80/12, 90/14 und 100/16

Topstitchnadeln haben eine scharfe Nadelspitze und ein längliches Nadelöhr. Das größere Nadelöhr ist speziell auf stärkere Stickgarne abgestimmt. Die scharfe Nadelspitze erleichtert perfekt ausgerichtete Zierstiche und kann mehrere Stofflagen durchstechen. Verwenden Sie diese Nadeln mit stärkerem Stickgarn oder Knopflochfaden und kombinieren Sie sie mit einem Geradstichfuß und einer Rundlochstichplatte. Topstitchnadeln sind in den Nadelstärken 80/12, 90/14 und 100/16 erhältlich.

Universalnähfäden

Universal-Baumwoll- und Polyesternähfäden können für fast alle Näharbeiten – von Nähten bis zu Knopflöchern und Maschinenstickmustern – verwendet werden.

Baumwollnähfaden

AUF EINEN BLICK

- Für einfache Nähte, Knopflöcher und Zierstiche
- Verwenden Sie eine Universal-, Microtex- oder Quiltnadel in einer auf den Stoff abgestimmten Nadelstärke
- Sehr gut geeignet für feine Stoffe, wie Seidenchiffon, Baumwoll-Voile und Batist
- Nicht elastisch, nicht für Strickwaren geeignet
- Die Stiche können bei leichten und feinen Stoffen zum Kaschieren der Naht flach gebügelt werden

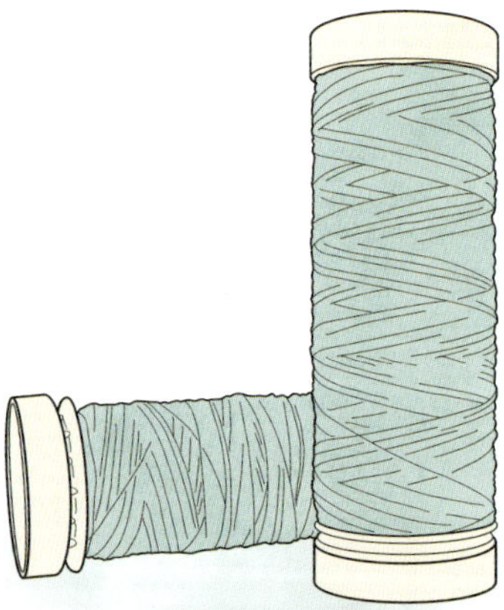

Baumwollnähfäden sind zum Hand- und Maschinennähen geeignet. Da Baumwolle eine natürliche Faser ist, können mit einem Baumwollfaden gearbeitete Nähte gebügelt werden, so fallen die Stiche flacher aus und erscheinen im Stoff unauffälliger. Das ist ideal für leichte Stoffe, wie Seidenchiffon und Baumwoll-Voile, da man die erhabenen Partien der Stiche nicht mehr wahrnimmt. Allerdings ist ein Baumwollfaden nicht so widerstandsfähig wie ein Polyesterfaden, Einflüsse wie UV-Licht, Waschmittel, Schweiß und Alter können dem Faden mit der Zeit zusetzen. Bei feinen Stoffen ist das kein großes Problem, da diese Stücke weniger belastet werden. Baumwollnähfäden sind kaum elastisch und sollten nicht zum Nähen von Strickwaren verwendet werden, da die Nähte reißen könnten.

INSIDER-TIPP

- Verwenden Sie niemals Baumwollnähfäden zum Nähen von Leder. Die im Leder enthaltenen Tannine zersetzen den Faden. Arbeiten Sie bei Nähprojekten mit Leder mit einem Polyesterfaden.
- Verwenden Sie keine alten Nähfäden, diese werden mit zunehmendem Alter brüchig. Vorsicht bei Nähfäden auf Holzspulen, seit den 1980er Jahren werden Nähfäden auf Holzspulen nicht mehr hergestellt.

Polyesternähfaden

AUF EINEN BLICK

- Robuster als Baumwollnähfaden, läuft nicht ein
- Ist elastisch und daher ideal für Strickwaren mit Stretch-Anteil
- Gut geeignet für eine Vielzahl von Stoffen, darunter Baumwollquiltstoffe, Jeans, Wollstoffe und Leder
- Für allgemeine Nähte sowie Knopflöcher und Zierstiche
- Zur Verwendung mit einer auf den Stoff abgestimmten Nadel in entsprechender Nadelstärke

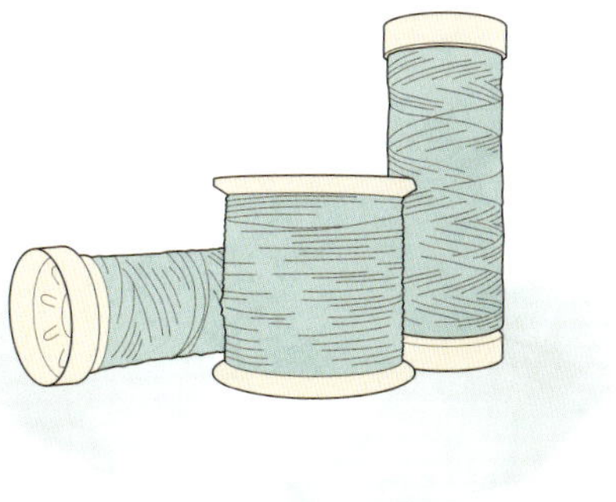

INSIDER-TIPP

Für die Wahl des farblich passenden Nähfadens wickeln Sie ein Fadenstück von der Spule und legen es auf den Stoff. Kneifen Sie die Augen zusammen und wählen Sie die Farbe, die praktisch unsichtbar erscheint. Wenn Sie sich zwischen zwei Farbtönen entscheiden müssen, wählen Sie immer die dunklere Nuance. Diese ist nach dem Vernähen am unauffälligsten, hellere Farben treten stärker hervor.

Universal-Polyesternähfäden sind zum Hand- und Maschinennähen geeignet. Sie sind robuster als Baumwollnähfäden und daher ideal für Nähprojekte wie Jeans, Jacken und Kissen, die später stark beansprucht werden. Polyesterfäden laufen nicht ein und sind farbecht sowie leicht elastisch und damit perfekt für Strickwaren mit Stretch-Anteil. Diese Nähfäden sollten mit einer Kugelspitzen- oder Stretchnadel verwendet werden. Da Polyesterfäden aus synthetischen Fasern bestehen, bewahrt der Faden seine runde Beschaffenheit und die Nähte können nicht flach gebügelt werden. Bedenken Sie dies bei Nähprojekten mit sehr dünnen Stoffen, da die Nähte auffälllig wirken könnten. Außerdem ist Polyesterfaden widerstandsfähiger als viele dünne Stoffe, beispielsweise Baumwollbatist. Wird die Naht einer Belastung ausgesetzt, reißt der Stoff eher als die Naht.

Spezielle Nähfäden

Spezialnähfäden werden für dekorative Elemente, zum Handnähen und für besondere Nähtechniken verwendet.

Seidennähfaden

AUF EINEN BLICK

- Für Heftstiche von Hand und Maschinenstickmuster
- Zum Nähen von Seidenstoffen und anderen feinen Stoffen
- Zum Nähen mit leicht erhöhter Fadenspannung

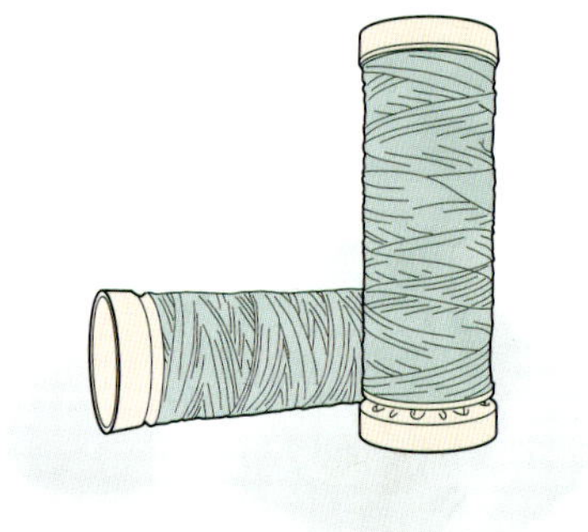

INSIDER-TIPP

Im gebräuchlichsten Fadenstärken-System weist der dünnste und feinste Faden die jeweils höchste Ziffer auf. Universalfäden haben normalerweise die Fadenstärke 50.

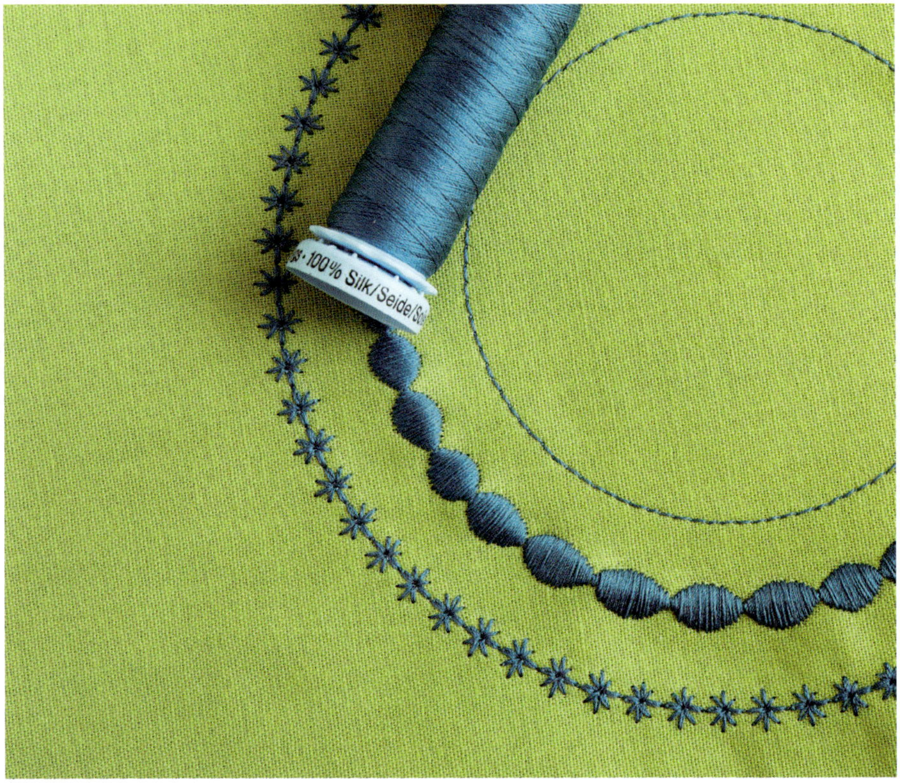

Ein Seidennähfaden ist dünner als ein Universalnähfaden aus Baumwolle oder Polyester und weist einen attraktiven Glanz auf. Sie können damit nicht nur Nähte fertigen, ein Seidenfaden ist jedoch ebenso ideal zum Nähen von Seide und anderen feinen Stoffen. Beim Maschinennähen sollten Sie eine feinere Nadel, beispielsweise eine Microtexnadel, verwenden und die Fadenspannung leicht erhöhen. Seidennähfäden sind auch für Maschinenstickmuster geeignet. Bedenken Sie jedoch den erhöhten und eventuell kostspieligen Verbrauch. Seide ist perfekt für handgenähte Heftstiche, da die glatte Oberfläche des Fadens das Entfernen temporärer Nähte erleichtert.

Elastiknähfaden

AUF EINEN BLICK

- Elastischer Nähfaden, der zum Smoken verwendet wird
- Nur als Unterfaden in der Nähmaschine
- Wird von Hand aufgespult
- Erhältlich in Schwarz oder Weiß

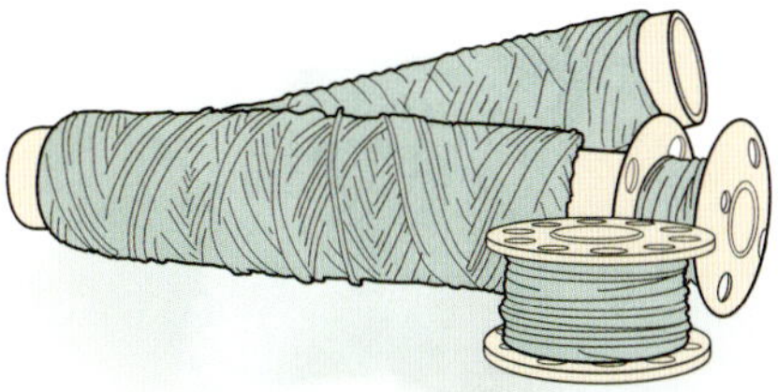

INSIDER-TIPP

Werden die fertiggestellten Reihen gedämpft, schrumpft der Elastikfaden. So kann eine stärkere Kräuselung erzielt werden.

Elastiknähfäden haben einen Gummikern, sind sehr elastisch und werden für dehnbare Smokeffekte verwendet. Sie werden nur als Unterfaden eingesetzt und müssen von Hand aufgespult werden. Meist erhältlich in Schwarz und Weiß. Als Oberfaden sollte ein Universalfaden in beliebiger Farbe verwendet werden. Wenn Sie mehrere Reihen dehnbarer Kräuselung nähen, zieht sich der Stoff zusammen. Diese Technik wird häufig für Kräuseleffekte im Taillenbereich oder als Ärmelabschluss eingesetzt.

Transparentnähfaden

AUF EINEN BLICK

- Für unsichtbare Stiche an Säumen oder dekorativen Elementen
- In Transparent- oder rauchigen Farbtönen
- Aus Nylon oder Polyester

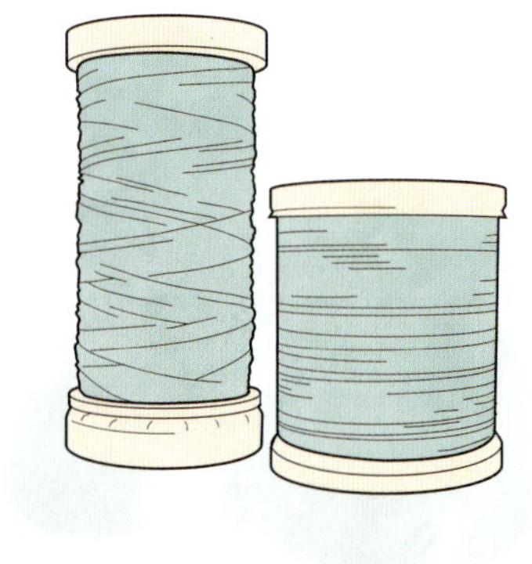

INSIDER-TIPP

Achten Sie beim Bügeln von Stoffen mit Nylonnähten auf eine niedrige Temperatureinstellung beim Bügeleisen, da Nylon bereits bei geringeren Temperaturen schmilzt.

Transparentfäden sind sehr dünn und bestehen aus Nylon oder Polyester. Sie sind transparent für hellere Stofffarben oder in rauchigen Nuancen für dunkle Stoffe erhältlich. Sie sind gut geeignet für Blindsäume, zum Aufnähen von Zierbändern oder Applikationen und sorgen als Greiferfaden in der Overlockmaschine für dekorative Effekte. Transparentfäden verschiedener Hersteller weisen unterschiedliche Fadenstärken auf, deshalb kann eine Anpassung der Fadenspannung notwendig sein. Als Unterfaden sollte ein Universalnähfaden verwendet werden, da sich ein Transparentfaden möglicherweise nicht aufspulen lässt.

Zierstichfaden

AUF EINEN BLICK

- Für Abstepparbeiten auf schweren Stoffen
- Zur Verwendung mit einer Topstitchnadel
- Auch zum Annähen von Knöpfen von Hand

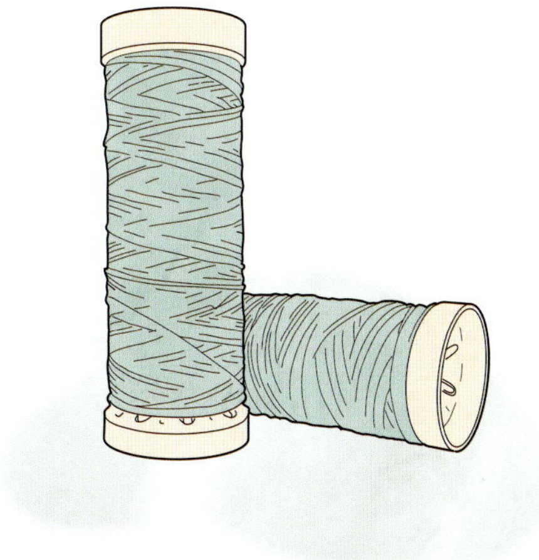

INSIDER-TIPP

Zierstichfäden werden nur in eingeschränkter Farbauswahl angeboten, jedoch lässt sich der Effekt durch die Verwendung von zwei Fäden eines Universalnähfadens imitieren, indem diese in das Öhr einer Topstitchnadel eingefädelt werden.

Zierstichfäden sind stabile Polyesterfäden mit einer höheren Fadenstärke als Universalnähfäden. Bei Jeansnähten werden sie häufig in einer Kontrastfarbe eingesetzt. Die obere Fadenspannung muss reduziert werden, um sich dem dickeren Faden anzupassen, als Unterfaden sollte ein Universalnähfaden verwendet werden. Das Nähen mit Zierstichfäden erfordert eine Topstitchnadel, da diese ein größeres Nadelöhr hat. Zierstichfäden sind ebenso zum Annähen von Knöpfen von Hand gut geeignet.

Möbel- und Polsterstoffnähfaden

AUF EINEN BLICK

- Resistent gegen Schimmel, chemische Stoffe und UV-Licht
- Zur Verwendung bei Möbel- und Polsterstoffen, Hussen, Handtaschen und Nähprojekten aus Leder
- Zum Nähen mit einer stärkeren Nadel und höherer Stichlänge

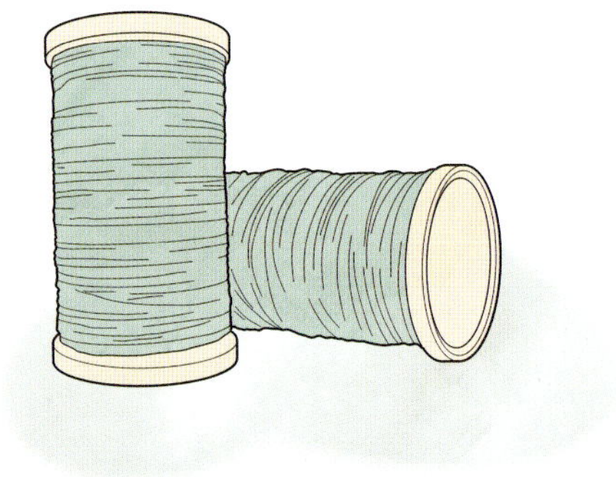

INSIDER-TIPP

Wenn Sie Möbel- und Polsterstoffnähfaden zum Maschinennähen von Leder verwenden, arbeiten Sie mit einer Ledernadel in angemessener Nadelstärke sowie einem Obertransport- oder Teflonnähfuß.

Ein Möbel- und Polsterstoffnähfaden ist ein extrem reißfester und stabiler Nylonfaden. Er ist resistent gegen Schimmel, chemische Stoffe und UV-Licht und wird zum Aufarbeiten von Möbelstücken und das Nähen von Hussen verwendet. Möbel- und Polsterstoffnähfäden können für Nähprojekte für Innenräume als auch für den Outdoor-Bereich eingesetzt werden. Sie sind zum Nähen von Leder geeignet und eine ebenso gute Wahl für Handtaschen. Verwenden Sie eine Jeansnadel in 100/16 oder 110/18 und arbeiten Sie mit 3 mm Stichlänge. Diese Nähfäden sind nur in wenigen Farben erhältlich.

Maschinenstickfaden

AUF EINEN BLICK

- Glatter, glänzender Nähfaden für Maschinenstickmuster
- Zur Verwendung mit einer Sticknadel
- Wird nur als Oberfaden eingesetzt

INSIDER-TIPP

Ein Bobbin-Unterfaden ist ein sehr dünner Nähfaden, der als Unterfaden beim Maschinensticken zum Einsatz kommt. Stickerei hat einen hohen Fadenverbrauch und bei dünnerem Faden kann die Spule mehr Faden aufspulen. Erhältlich in Schwarz und Weiß und als vorgespulter Unterfaden.

Maschinenstickfäden, meist aus Viskose, sind hochglänzend und glatt und werden zum Maschinensticken verwendet. Maschinenstickfäden wurden ursprünglich als preiswerte Alternative zu Seidenfäden entwickelt. Das Farbspektrum ist breit gefächert und bietet sowohl Unitöne als auch bunte Farbmischungen. Diese Nähfäden werden nur als Oberfaden eingesetzt, als Unterfaden werden Universalnähfäden oder vorgespulte Bobbin-Unterfäden verwendet. Setzen Sie Maschinenstickfäden auch als Greiferfaden in der Overlockmaschine ein. Verwenden Sie eine Sticknadel und prüfen Sie, ob die Fadenspannung erhöht werden muss.

Metallicnähfaden

AUF EINEN BLICK

- Für Zierstiche und Stickerei
- Verwenden Sie immer eine Metallicnadel, um ein Ausfransen und Reißen des Fadens zu verhindern
- Auch geeignet als Greiferfaden bei Overlockmaschinen

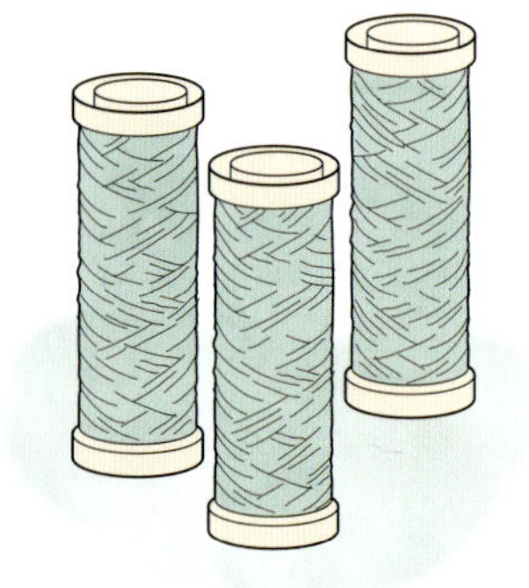

INSIDER-TIPP

Reißt der Faden häufig, nähen Sie mit einer geringen Maschinengeschwindigkeit, um den Faden nicht zu sehr zu belasten.

Metallicnähfäden können für Maschinenstickmuster, Monogramme, Zierstiche und dekorative Nähte verwendet werden. Auch sind sie als Greiferfaden für Overlockmaschinen geeignet, um dekorative Overlock-Abschlüsse zu arbeiten. Dieser Nähfaden hat einen beschichteten Kern aus Polyester oder Nylon, umhüllt von Metallfasern. Erhältlich sind auch Metallicnähfäden aus Viskose. Beim Nähen mit einer Universalnadel können Metallicnähfäden knicken, ausfransen oder reißen, deshalb sollte immer eine Metallicnadel verwendet werden.

Quiltfaden

AUF EINEN BLICK

- Wird ausschließlich zum Quilten von Hand verwendet
- Die Spezialbeschichtung verhindert ein Verheddern des Fadens
- Nicht zur Verwendung in der Nähmaschine

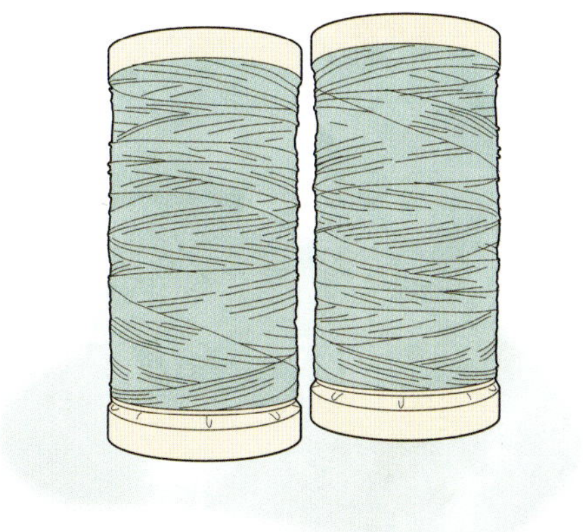

INSIDER-TIPP

Verwenden Sie niemals Handnäh-Quiltfaden in einer Nähmaschine. Die Spezialbeschichtung verursacht Ablagerungen auf den Spannungsscheiben und verklebt die Maschine.

Quiltfaden zum Handnähen besteht aus 100 Prozent Baumwolle und wird für Handgesticktes, beispielsweise bei Quilts, verwendet. Der Faden ist mit einer Spezialbeschichtung verstärkt, die ein leichteres Gleiten durch den Stoff ermöglicht und ein Verheddern des Fadens verhindert. Durch die Steifheit des Fadens ist Quiltfaden keine gute Wahl für die Nähmaschine, da er die Fadenführung nicht gleichmäßig durchläuft und sich schlecht aufspulen lässt. Erhältlich in eingeschränkter Farbauswahl.

Zubehör

Praktisches Zubehör

Verschiedene Nähutensilien sorgen für leichteres sowie schnelleres Nähen und mehr Spaß.

Stichplatte

AUF EINEN BLICK

- Zickzack-Stichplatten haben ein breites Nadelloch
- Geradstich-Stichplatten haben ein kleines, rundes Nadelloch

Die Stichplatte hat eine Öffnung für den Transporteur sowie ein Loch für den Einstich der Nadel. Standardstichplatten haben ein breiteres Loch, um Zickzackstiche **(a)** zu ermöglichen, erhältlich sind aber auch Geradstichplatten mit kleinem rundem Nadelloch **(b)**. Die Geradstichplatte wird in Kombination mit dem Geradstichnähfuß eingesetzt und produziert perfekte, gerade Stiche. Das kleine Nadelloch stützt den Stoff und verhindert, dass die Nadel das Gewebe in das Nadelloch drückt. Im Laufe der Zeit können Kerben am Nadelloch der Stichplatte entstehen, wenn die Nadel auf die Kanten des Nadellochs stößt. Eine beschädigte Stichplatte sollte ausgewechselt werden, um Schäden am Faden zu vermeiden.

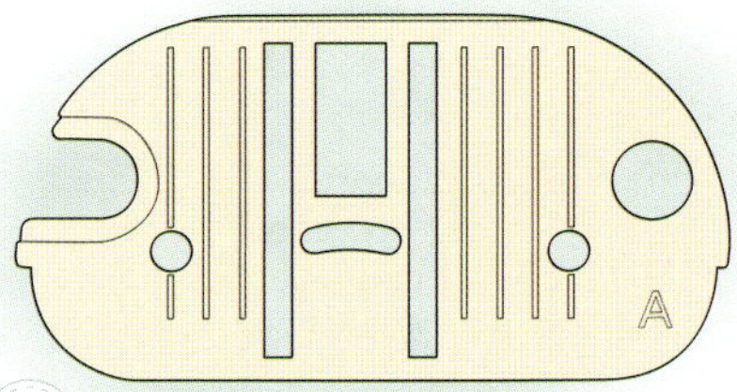

a

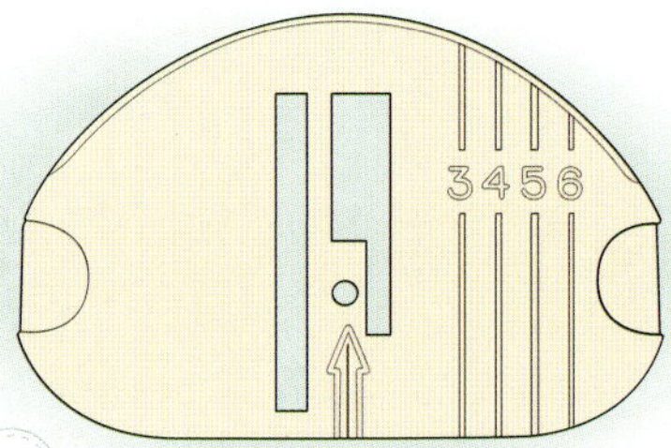

b

INSIDER-TIPP

Steht keine Geradstich-Stichplatte zur Verfügung, können die Seiten des Nadellochs einer Zickzack-Stichplatte mit Klebeband abgedeckt werden. Das Klebeband stützt den Stoff. Entfernen Sie Klebereste, bevor die Platte erneut zum Einsatz kommt.

Verstellbare Nahtführung

AUF EINEN BLICK

- Eine magnetische Nahtführung wird an der Stichplatte an der gewünschten Nahtbreite befestigt
- Kann bei computergesteuerten Nähmaschinen Probleme verursachen
- Nahtführungen mit Schraubsystem haben ein verstellbares Führungsteil und werden an der Maschine angeschraubt
- In Stoffgeschäften erhältlich, Schraubsysteme sind im Nähmaschinenfachhandel zu erwerben

INSIDER-TIPP

Malerkreppband aus dem Baumarkt lässt sich gut als Nahtführung einsetzen. Kleben Sie es auf die korrekte Nahtbreite der Stichplatte. Es ist preiswert, gut sichtbar und hinterlässt keine Rückstände.

Zwar verfügt die Stichplatte über eingravierte Abstandslinien, diese sind jedoch beim (zügigen) Nähen schwer wahrzunehmen. Eine Erleichterung bietet eine an der Stichplatte oder direkt an der Maschine angebrachte verstellbare Nahtführung. Eine magnetische Nahtführung ist ein Metallblock mit einem starken Magneten auf der Unterseite, der auf der Stichplatte in Höhe der gewünschten Nahtbreite fixiert wird **(a)**. Sie sind in Stoffgeschäften erhältlich. Magnete können Computer jedoch beschädigen, deshalb sollte bei computergesteuerten Nähmaschinen darauf verzichtet werden.

Sie können auch eine Nahtführung mit Schraubsystem verwenden, die rechts von der Stichplatte an der Maschine angeschraubt wird **(b)**. Die Schiene kann auf die gewünschte Position geschoben werden. Diese Art von Nahtführung ist bei hochwertigen Maschinen meist Teil des Lieferumfangs, jedoch auch im Nähmaschinenfachhandel oder im Internet erhältlich.

Ein Kantenführungslineal wird an einem Schlitz an der Rückseite des Obertransportfußes angebracht und für Quiltnähte in exakten Abständen eingesetzt **(c)**. Der gewünschte Abstand wird durch Justieren der Stange erzielt. Einige Kantenführungslineale können auch in die Nadelstange eingesetzt werden.

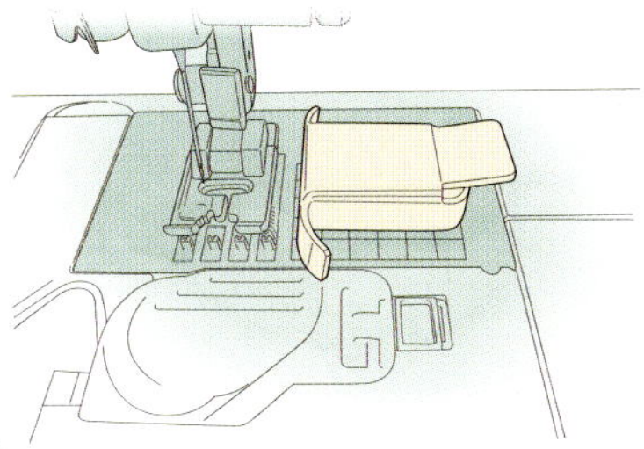

a

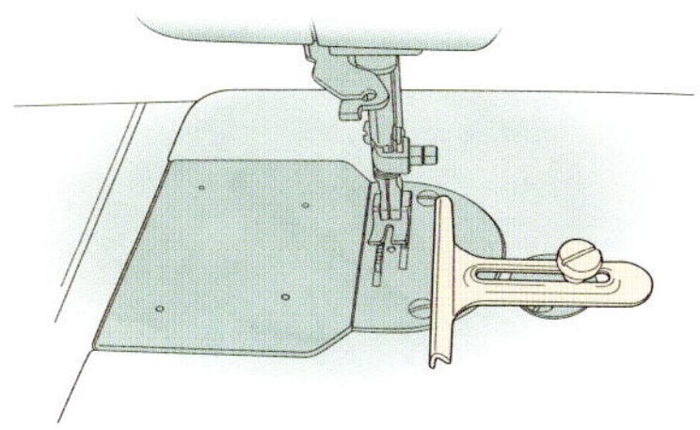

b

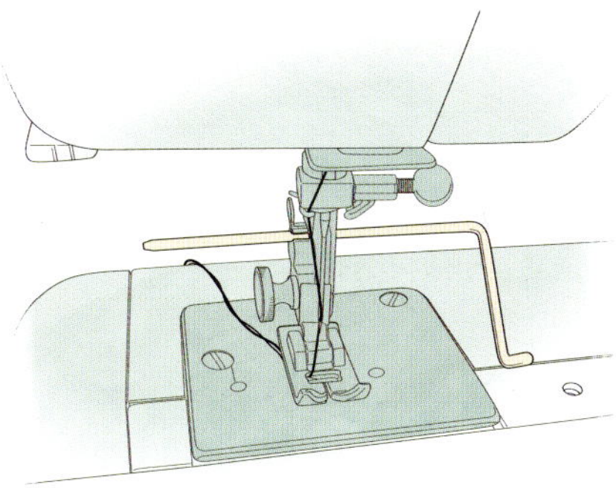

c

Anschiebetisch

AUF EINEN BLICK

- Schafft zusätzlichen Platz beim Nähen größerer Projekte
- Wird in verschiedenen Größen angeboten
- Befestigung am Freiarm der Nähmaschine

Extra große Anschiebetische werden an der Grundplatte befestigt und schaffen eine größere Auflagefläche beim Nähen. Sie sind vor allem bei größeren Nähprojekten, wie Quilts oder Gardinen, hilfreich, da sie den schweren Stoff stützen. Anschiebetische sind in unterschiedlichen Größen erhältlich, zu den beliebtesten Größen gehören die Maße 25 x 43 cm und 46 x 61 cm. Häufig sind Messhilfen aufgedruckt, die ein schnelles Maßnehmen erleichtern. Anschiebetische sind mühelos zu installieren. Entfernen Sie das Flachbett der Maschine, um den Freiarm freizustellen, und setzen Sie den Anschiebetisch an. Für Quilter empfohlene Nähmaschinen werden meist mit einem Anschiebetisch geliefert, diese sind jedoch auch im Nähmaschinenfachhandel oder im Internet erhältlich. Bei einigen Maschinen lässt sich kein Anschiebetisch anbringen, prüfen Sie also diese Option vor dem Kauf.

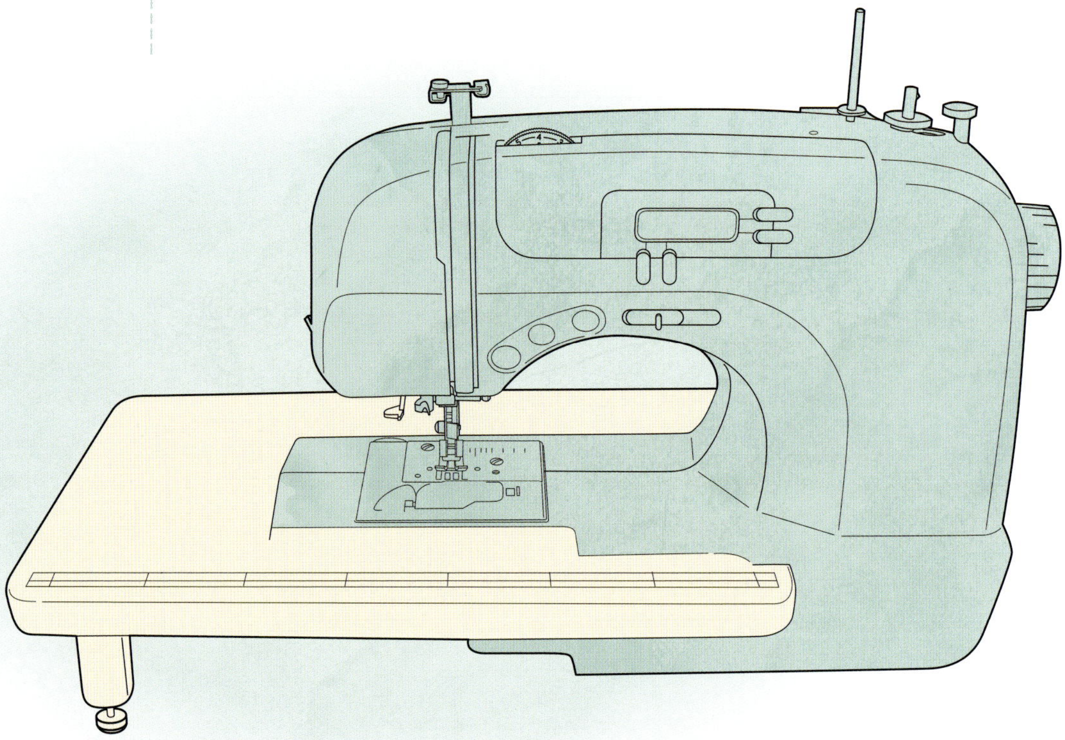

Kniehebel

AUF EINEN BLICK

- Ein abnehmbarer Hebel an der Vorderseite der Maschine zum Heben und Senken des Nähfußes
- Nur bei hochwertigen Maschinen

INSIDER-TIPP

Bei Bedarf oder zum Transport der Maschine lässt sich der Kniehebel leicht entfernen.

Einige Nähmaschinen sind mit einem Kniehebel an der Vorderseite der Maschine ausgestattet. Wird der Hebel durch den Druck des Knies aktiviert, hebt sich der Nähfuß, beide Hände können am Stoff bleiben. Dies spart Zeit beim Nähen von Projekten, wie Taschen, Kissen oder Applikationen, bei denen der Stoff um die Nadel gedreht werden muss. Sie können jedoch auch weiterhin den Nähfußhebel betätigen, da dieser dem Kniehebel vorgeschaltet ist. Ein Kniehebel gehört nur bei hochwertigen Maschinen zur Ausstattung und kann nicht nachträglich eingebaut werden.

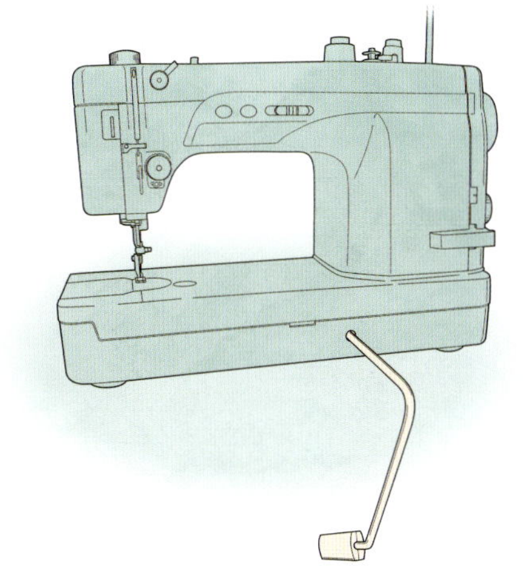

Stopfplatte

AUF EINEN BLICK

- Simuliert einen versenkten Transporteur
- Gehört zur Ausstattung von Nähmaschinen, die nicht über einen versenkbaren Transporteur verfügen
- Zur Verwendung beim Nähen von Freihandstickmustern und Monogrammen

INSIDER-TIPP

Die Stopfplatte kann alternativ zur Stichlänge von 0 mm zum Annähen von Knöpfen verwendet werden.

Eine Stopfplatte ist eine Kunststoffplatte, die an der Stichplatte befestigt wird und den Transporteur abdeckt. Sie kommt bei Nähmaschinen zum Einsatz, die nicht über einen versenkbaren Transporteur verfügen. Die Stopfplatte verhindert das Bewegen des Stoffes durch den Transporteur und erlaubt das eigenhändige Führen des Stoffes. Die Stopfplatte wird bei Freihandstickereien oder Monogrammen sowie in Kombination mit dem Blumenstickfuß verwendet.

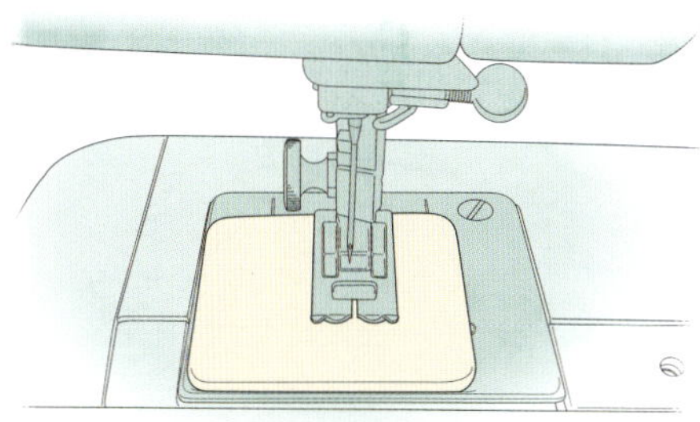

Stickrahmen

AUF EINEN BLICK

- Herkömmliche Stickrahmen können auch für Nähmaschinen verwendet werden
- Erhältlich aus Holz oder Kunststoff, eckig oder rund
- Für Freihandstickmuster und Monogramme
- Verwenden Sie eine dem Muster angepasste Stickrahmengröße
- Erhältlich in Bastelbedarfsgeschäften

Bei Stickmaschinen gehört der Stickrahmen zum Lieferumfang, nicht jedoch bei herkömmlichen Nähmaschinen. Sie können allerdings jeden Standard-Stickrahmen für Handstickerei auch bei Nähmaschinen verwenden, um Freihandstickmuster, Monogramme und viele andere Dinge zu nähen. Erhältlich sind Holz-, Metall- oder Kunststoff-Stickrahmen in verschiedenen Größen. Runde wie auch quadratische Stickrahmen werden in Bastelbedarfsgeschäften und in Stoffläden verkauft. Sie sollten eine Größe verwenden, die groß genug für das Design ist, aber klein genug, um auf die Maschine zu passen. Zum Spannen des Stoffes lösen Sie die Ringe und legen den Stoff über den größeren Ring. Setzen Sie den zweiten Ring auf und ziehen Sie die Schraube fest.

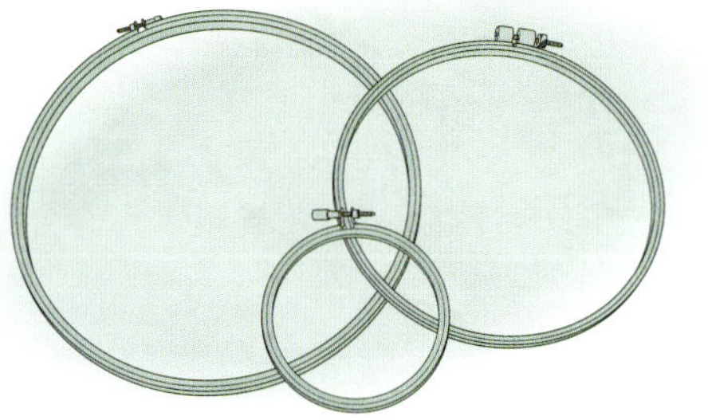

INSIDER-TIPP

Damit sich beim Nähen keine Falten bilden, muss der Stoff fest und gleichmäßig gespannt sein. Die Nadelbewegungen können den Stoff verschieben. Bei leichten Stoffen ist die Verwendung von Stoffstabilisatoren empfehlenswert.

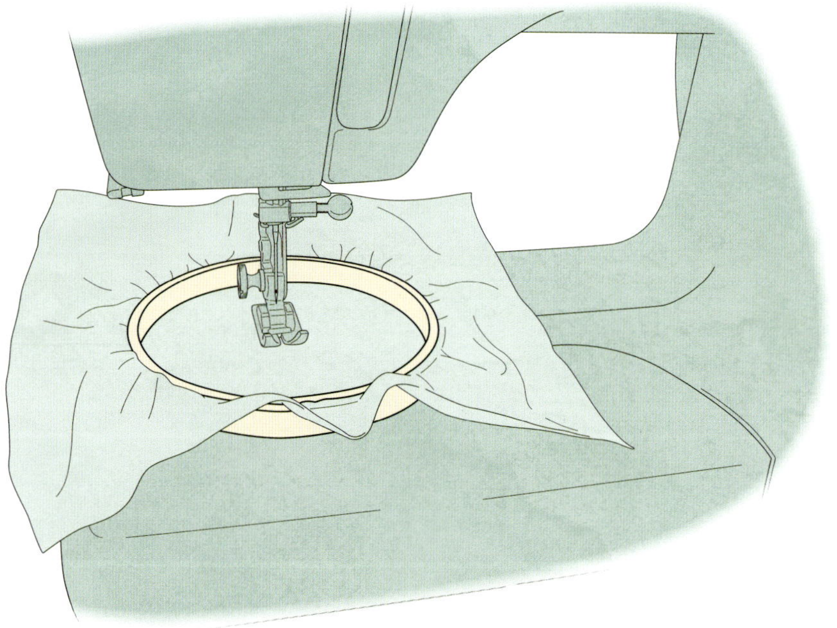

Abdeckhaube

AUF EINEN BLICK

- Aus Kunststoff, Vinyl oder Stoff
- Schützt die Maschine vor Staub, Schmutz und Fusseln
- Hat eine Öffnung für den Tragegriff, sodass die Maschine auch mit Abdeckhaube transportiert werden kann

INSIDER-TIPP

Abdeckhauben aus Kunststoff sind nicht atmungsaktiv, darunter kann es zum Feuchtigkeitsstau kommen, der die Maschine beschädigt. Sie könnten eine Abdeckhaube aus Stoff nähen oder einfach eine Kissenhülle über die Maschine stülpen.

Eine Abdeckhaube ist eine weiche Hülle zum Schutz der Maschine vor Staub, Schmutz und Fusseln. Abdeckhüllen sind häufig aus Vinyl oder Kunststoff. Sie haben einen Schlitz für den Tragegriff, so lässt sich die Maschine auch mit Abdeckhaube transportieren. Die Abdeckhaube sollte der Größe der Maschine angepasst sein. Die meisten Nähmaschinen werden mit einer Abdeckhaube geliefert, die oft jedoch sehr dünn ist und leicht reißt.

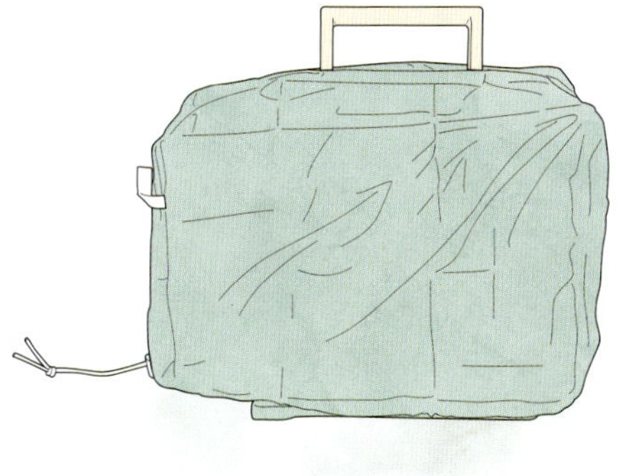

Nähmaschinenkoffer

AUF EINEN BLICK

- Aus Hartplastik, um die Nähmaschine vor Verschmutzungen und Schäden zu schützen
- Ein zweiteiliger Nähmaschinenkoffer besteht aus Bodenplatte und Deckel, die miteinander verriegelt werden

INSIDER-TIPP

Wird die Nähmaschine häufig transportiert, sollten Sie den Kauf eines Nähmaschinenkoffers mit Rollen in Erwägung ziehen. Diese bietet Stauraum für Maschine und Zubehör.

Nähmaschinenkoffer dienen der sicheren Aufbewahrung und des Transports von Nähmaschinen. Sie schützen die Maschine vor Verschmutzungen und Schäden. Nähmaschinenkoffer sind meist zweiteilig mit einer Bodenplatte und einem Deckel, die mit einem Metallriegel verschlossen werden. Nähmaschinenkoffer sind aus leichtem, aber widerstandsfähigem Hartplastik, einige haben einen Tragegriff. Kofferhauben werden einfach über die Maschine gestülpt und verfügen über eine Öffnung für den Tragegriff der Nähmaschine. Ältere Maschinen haben oft eine Kofferhaube, die direkt am Gehäuse verriegelt wird. Früher gehörte ein Nähmaschinenkoffer meist zum Lieferumfang. Universal-Nähmaschinenkoffer sind im Nähmaschinenfachhandel oder im Internet erhältlich.

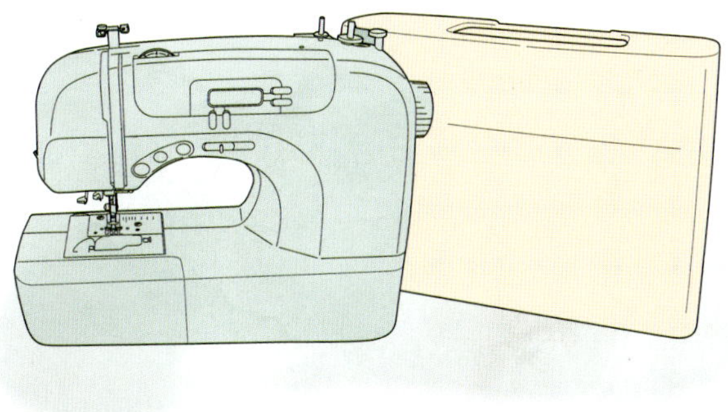

Ersatzteile

Ist die Nähmaschine häufig im Einsatz, nutzen sich bestimmte Teile schnell ab und müssen ausgetauscht werden. Eine Nähmaschinen-Reparaturwerkstatt kann die Teile auswechseln, manchmal ist es jedoch einfacher und preiswerter, dies selbst zu tun.

Nählicht

AUF EINEN BLICK

- Zum Einschrauben oder mit Stecksystem
- Überprüfen Sie anhand der Bedienungsanleitung, welche Leuchtmittel für die Maschine verwendet werden dürfen
- Erhältlich in Stoffgeschäften

INSIDER-TIPP

Halten Sie einige Ersatzbirnen parat und überprüfen Sie den Zustand des Nählichts bei jeder Reinigung und Wartung der Maschine.

Bei jeder Nähmaschine befindet sich ein Nählicht über dem Nähbereich. Mit der Zeit werden die Lämpchen schwächer und brennen irgendwann durch. Gute Beleuchtung ist beim Nähen jedoch wichtig. Ersatzleuchtmittel gibt es in Stoffgeschäften. Prüfen Sie anhand der Bedienungsanleitung, welcher Lampentyp kompatibel ist. Bei einigen Maschinen wird das Nählicht eingeschraubt, bei anderen mit einem Stecksystem befestigt. Für den Zugang zum Nählicht öffnen Sie die linke Gehäuseseite überhalb der Nadel.

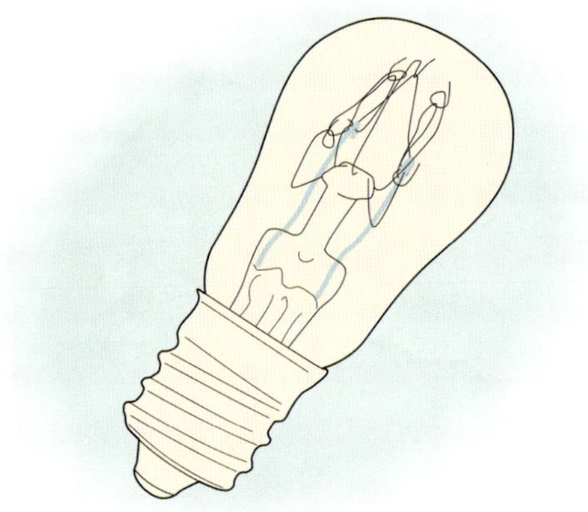

Transporteur

AUF EINEN BLICK

- Die Zähnchen des Transporteurs nutzen sich mit der Zeit ab
- Im Internet oder bei Nähmaschinen-Reparaturwerkstätten erhältlich
- Beim Aufspulen des Unterfadens sollte der Transporteur nicht am Nähfuß schleifen

Der Transporteur bewegt den Stoff unter dem Nähfuß. Mit der Zeit nutzen sich die kleinen Zähnchen ab und der Stoff wird nicht mehr gleichmäßig bewegt. Dann verschiebt sich der Stoff während des Nähens oder fängt an zu verrutschen. Zum Austauschen des Transporteurs entfernen Sie die Stichplatte, schrauben den Transporteur ab und ersetzen ihn durch einen neuen. Der Transporteur ist auf das jeweilige Nähmaschinenmodell abgestimmt, prüfen Sie also, ob das Ersatzteil kompatibel ist – ein falscher Transporteur könnte die Maschine beschädigen. Bestellen Sie Ersatz bei Nähmaschinen-Reparaturwerkstätten oder im Internet.

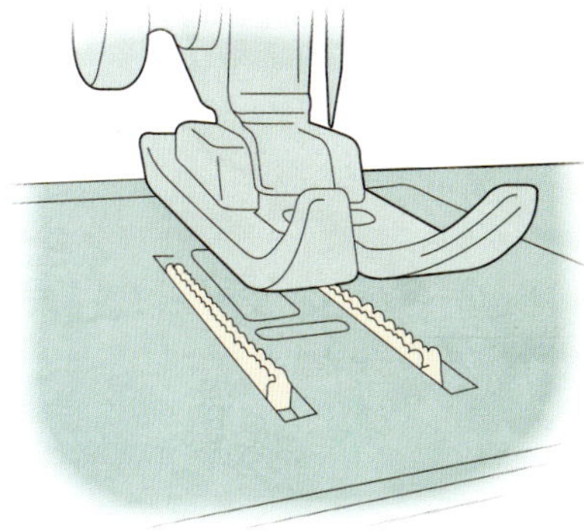

INSIDER-TIPP

Schalten Sie beim Spulen des Unterfadens immer Nadel und Transporteur aus, damit der Transporteur nicht ohne schützende Stoffschicht an der Unterseite des Nähfußes schrappt. Die Zähnchen nutzten sich sonst zusehends ab.

Antriebsriemen

AUF EINEN BLICK

- Kann im Laufe der Zeit spröde und brüchig werden
- Erhältlich in verschiedenen Ausführungen und Längen für unterschiedliche Nähmaschinenmodelle
- Bei Nähmaschinen-Reparaturwerkstätten oder im Internet erhältlich
- Universalriemen sind in Stofffilialgeschäften erhältlich

Der Antriebsriemen einer Nähmaschine ist normalerweise aus Gummi **(a)** und sorgt dafür, dass sich das Handrad dreht und alle Maschinenteile in Bewegung gesetzt werden **(b)**. Ein alter Antriebsriemen wird spröde und brüchig und leiert aus, die Nähmaschine funktioniert dann nicht mehr. Wenn Sie den Geruch verbrannten Gummis wahrnehmen, ist es Zeit, den Antriebsriemen zu wechseln. Sie sind in verschiedenen Längen und als glatte, gekerbte, gezahnte oder Stollenriemen erhältlich. Wichtig ist, die richtige Länge und Größe und einen auf die Maschine abgestimmten Riementyp zu kaufen. Antriebsriemen sind im Internet oder bei Nähmaschinen-Reparaturwerkstätten erhältlich. In Stoffgeschäften werden auch Universalriemen angeboten, die in jede Maschine passen. Sie sind zwar nicht gerade ideal, da sie schnell ausleiern, bieten im Notfall jedoch raschen Ersatz. Für den Zugang zum Antriebsriemen öffnen Sie die rechte Gehäuseseite.

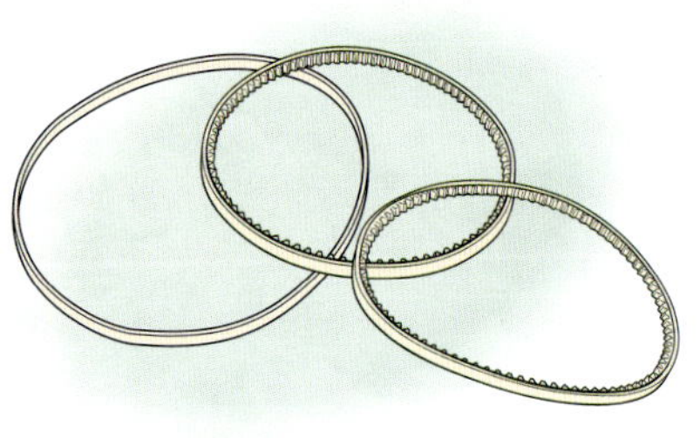

a

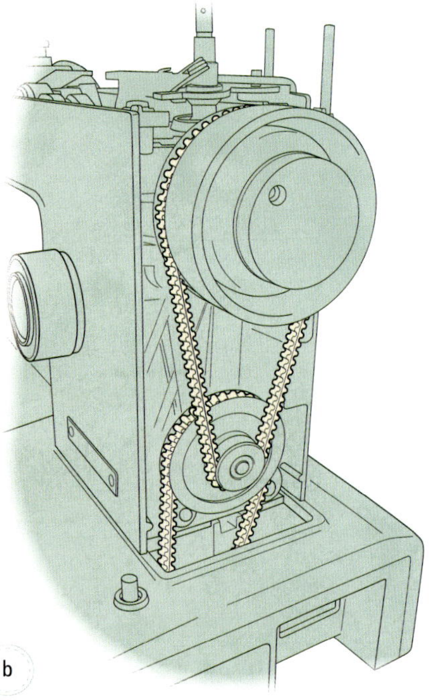

b

INSIDER-TIPP

Achten Sie darauf, dass die Nähmaschine beim Austausch des Antriebriemens ausgeschaltet ist.

Spule

AUF EINEN BLICK

- Klasse 15 ist die gängigste Spule
- Spulen der Klasse 66 sind mit älteren Singer-Maschinen kompatibel, bei denen die Spule von oben eingelegt wird.
- Aus Metall oder Kunststoff
- Singer Featherweight, Futura sowie Touch-and-Sew-Modelle haben jeweils individuelle Spulen

INSIDER-TIPP

Überprüfen Sie, ob die Spule brüchig, verrostet oder verbogen ist. Rollen Sie die Spule über eine Tischplatte, rollt sie unregelmäßig, sollte sie entsorgt werden.

Es ist immer sinnvoll, zusätzliche Spulen zu kaufen, um eine leere Spule zur Hand zu haben. Spulen gibt es in unterschiedlichen Größen und Formen. Der gängigste Spulentyp ist die Klasse 15, die in fast alle Maschinen passt. Spulen der Klasse 66 sind dagegen mit älteren Singer-Modellen kompatibel, bei denen die Spule von oben eingelegt wird. Beide Spulentypen sind aus Metall oder Kunststoff. Spezielle Spulen gibt es für Singer Featherweight, Touch-and-Sew- und Futura-Maschinen, ebenso für einige Maschinen der Marken Elna, Pfaff und Viking. Vergewissern Sie sich anhand der Bedienungsanleitung, welche Spulen bei Ihrer Nähmaschine verwendet werden. Zusätzliche Spulen sind in Stoffgeschäften erhältlich.

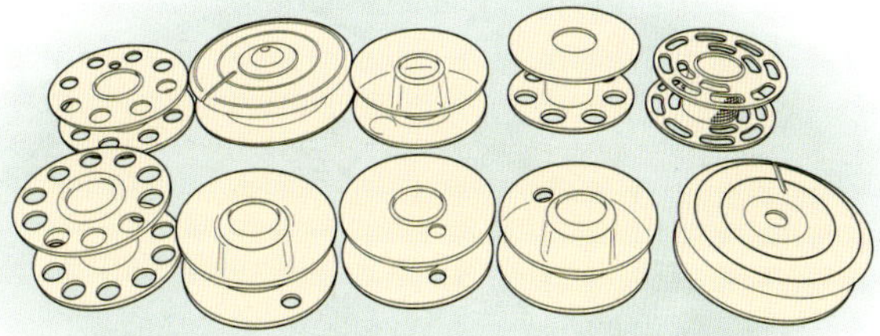

Spulenkapsel

AUF EINEN BLICK

- Stellen Sie die Fadenspannung für spezielle Nähtechniken auf einer extra Spulenkapsel ein
- Spulenkapseln sind im Nähmaschinenfachhandel oder im Internet erhältlich
- Verwenden Sie nur für die jeweilige Nähmaschine geeignete Spulenkapseln

INSIDER-TIPP

Zum Prüfen der Fadenspannung entfernen Sie die Spulenkapsel aus der Nähmaschine, setzen eine Spule ein und legen den Faden wie gewohnt ein. Halten Sie das Fadenende, sodass die Spule nach unten hängt. Die Spulenkapsel sollte sich bei ruhigem Fadenende nicht bewegen. Erst wenn sie durch den Faden zum Schwingen gebracht wird, darf die Spulenkapsel rotieren.

Eine zweite Spulenkapsel – neben der mit normaler Fadenspannung für allgemeine Näharbeiten – für beispielsweise Freihandstickerei, Elastikfaden oder andere Nähtechniken zur Hand zu haben, ist sinnvoll. Um die Fadenspannung zu lockern, drehen Sie die winzige Schraube nach links, für mehr Spannung nach rechts. Dies funktioniert sowohl bei herausnehmbaren als auch bei Spulenkapseln, die von oben eingelegt werden. Spulenkapseln sind im Nähmaschinenfachhandel oder im Internet erhältlich. Achten Sie darauf, dass die Spulenkapsel mit Ihrer Nähmaschine kompatibel ist, denn viele Nähmaschinen benötigen einen bestimmten Spulenkapseltyp.

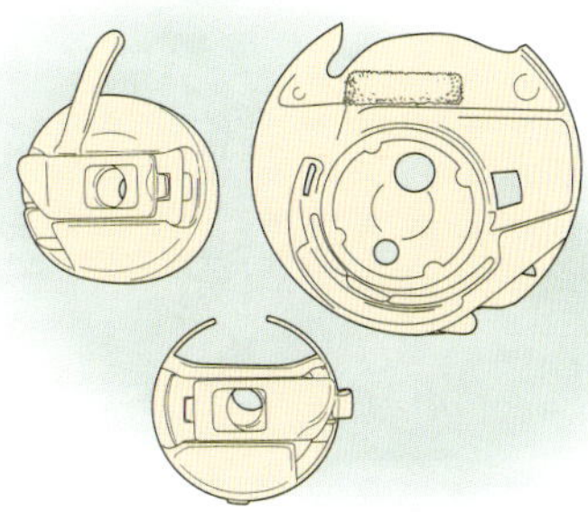

Reinigen der Nähmaschine

Bei jeder Näharbeit verliert der Nähfaden auf dem Weg durch die Maschine kleine Fasern. Durchsticht die Nadel den Stoff, hinterlässt dies Flusen im Spulapparat. Wird die Maschine nicht gereinigt, vermischen sich die Fusseln mit dem Maschinenöl und es entsteht eine unangenehme Substanz, die sich in der Maschine festsetzt und schließlich ihre Funktionen beeinträchtigt. Das Reinigen und Warten der Maschine ist also der beste Weg, um Probleme beim Nähen zu vermeiden und die Lebensdauer der Nähmaschine zu verlängern.

WERKZEUGE

- Staubpinsel
- Wattestäbchen
- Baumwolllappen
- Reinigungsalkohol
- Schraubenzieher

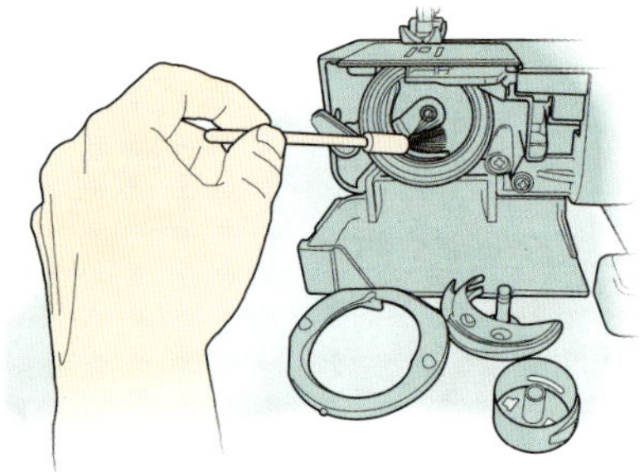

1 Netzstecker der Nähmaschine ziehen und Nadel, Nähfuß und Nadelstange entfernen. Spulenkapsel und Greifer entnehmen.

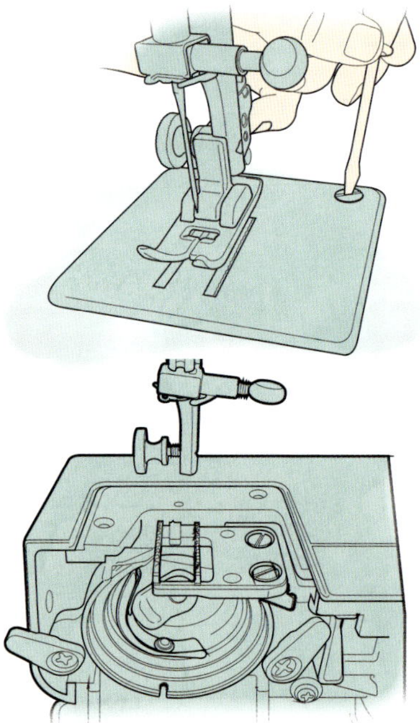

2 Entfernen Sie die Schrauben an der Stichplatte. Legen Sie Einzelteile in eine Tasse, damit nichts verloren geht.

3 Mit einem Pinsel Flusen und Staub vom Transporteur, dem Fadenverlauf sowie um die Spule herum entfernen.

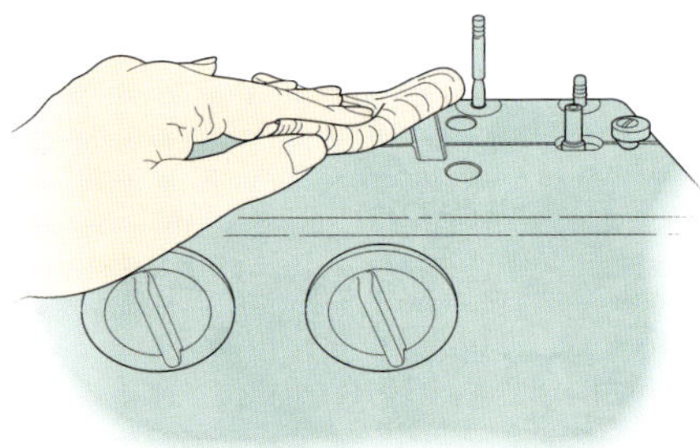

4 Etwas Reinigungsalkohol auf einen Lappen geben und Gehäuse sowie Nähfläche abwischen.

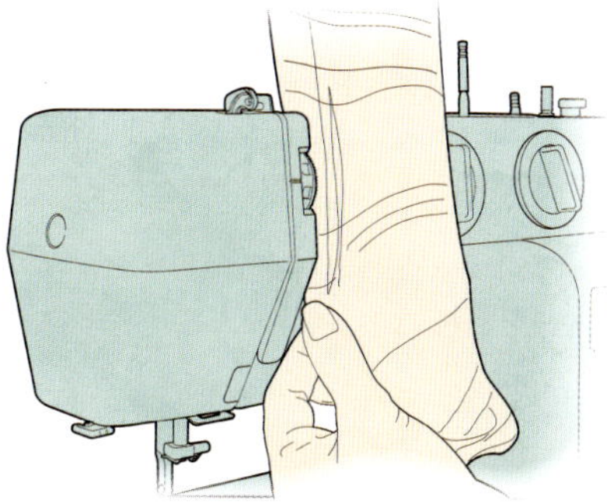

5 Etwas Reinigungsalkohol auf einen Lappen geben und vorsichtig den Bereich zwischen den Spannungsscheiben reinigen, um Flusen und Rückstände zu beseitigen.

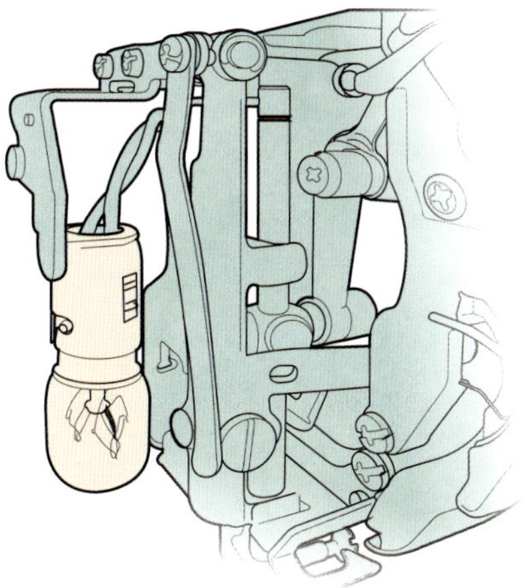

6 Öffnen Sie die linke Seite des Maschinengehäuses, um das Nählicht zu erreichen. Entweder wird es herausgeklappt oder es muss zunächst eine Schraube gelöst werden. Entfernen und reinigen Sie die Lampe. Schwächelt die Lampe oder ist die Glühlampe durchgebrannt, tauschen Sie sie aus.

7 Befeuchten Sie einige Wattestäbchen mit Reinigungsalkohol und reinigen Sie Spulenkapsel, Greifer, Nadelstange oder andere kleinere Teile, die mit einem Lappen nicht erreichbar sind.

WAS SIE KEINESFALLS TUN SOLLTEN

- Pusten Sie nicht in die Maschine, um Staub zu entfernen. Atem enthält Feuchtigkeit, die in der Maschine zu Korrosion führen könnte.
- Verzichten Sie auf Druckluftspraydosen, auch sie hinterlassen Feuchtigkeit und führen dazu, dass die Flusen noch tiefer in die Maschine eindringen. Saugen Sie Flusen stattdessen ab.
- Verwenden Sie keine scharfkantigen Metallgegenstände zur Staubentfernung. Metallteile könnten verkratzen und dann beim Nähen den Faden beschädigen.

INSIDER-TIPP

Mit Reinigungsalkohol lassen sich Staub und Fett gut entfernen, da dieser schnell verdunstet und keinen Rost verursacht.

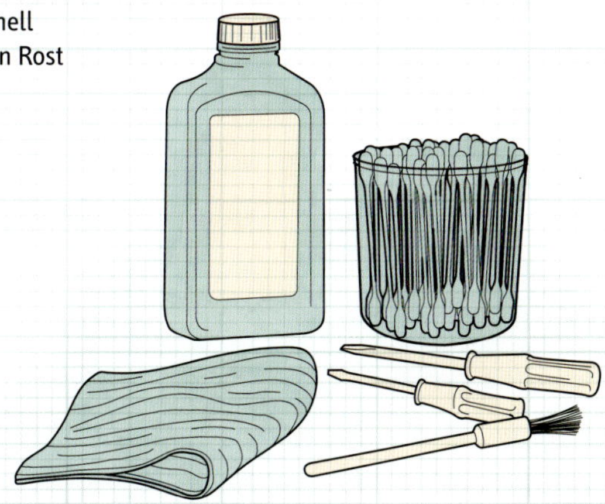

Ölen der Nähmaschine

Damit die Metallteile reibungslos funktionieren, müssen Sie regelmäßig geölt werden. Schauen Sie in die Bedienungsanleitung, einige Maschinen haben spezielle Öffnungen zum Ölen. Andere Maschinen sind wartungsfrei und müssen nicht geölt werden. Geben Sie keinesfalls Öl auf Kunststoff- oder Nylonteile und auch nicht ins Getriebe. Ist die Maschine gereinigt und geölt, sollte sie gleichmäßiger und leiser laufen.

WERKZEUGE

- Nähmaschinenöl
- Baumwolllappen
- Schraubenzieher

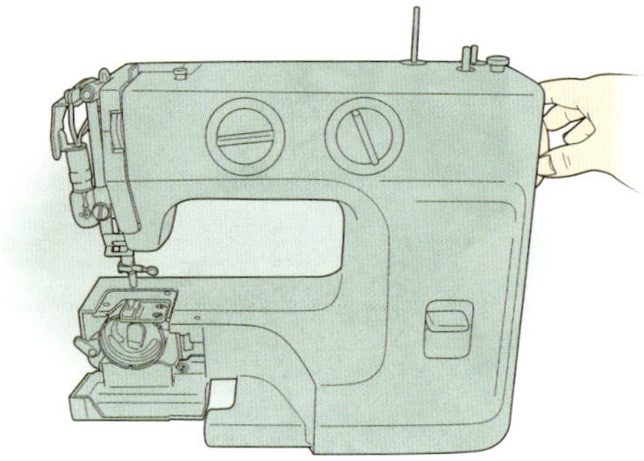

1 Drehen Sie das Handrad in Ihre Richtung und beobachten Sie, wie sich die Metallteile gegeneinander bewegen. Drehen Sie nicht weiter, wenn der Fadenhebel die höchste Position erreicht hat.

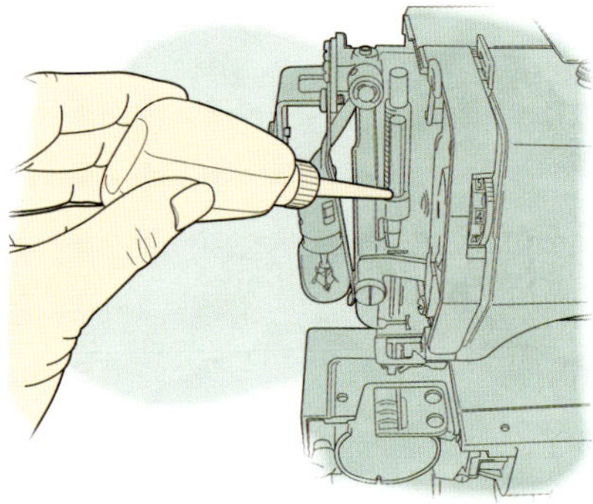

2 Geben Sie einen Tropfen Öl auf den Teil der Nadelstange, die in den Schaft hineinreicht. Drehen Sie das Handrad, Sie werden sehen, wie sich das Öl verteilt. Steht die Nadelstange unten, sammelt sich das Öl im Schaft.

3 Nun einen Tropfen Öl auf die Spulenkapsel geben und das Handrad drehen, um das Öl gleichmäßig zu verteilen.

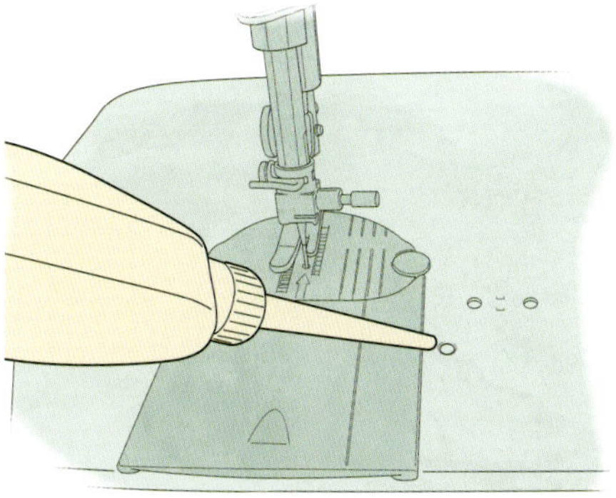

4 Geben Sie einen Tropfen Öl in alle Öffnungen zum Ölen (falls die Maschine damit ausgestattet ist). Überschüssiges Öl mit einem Lappen entfernen.

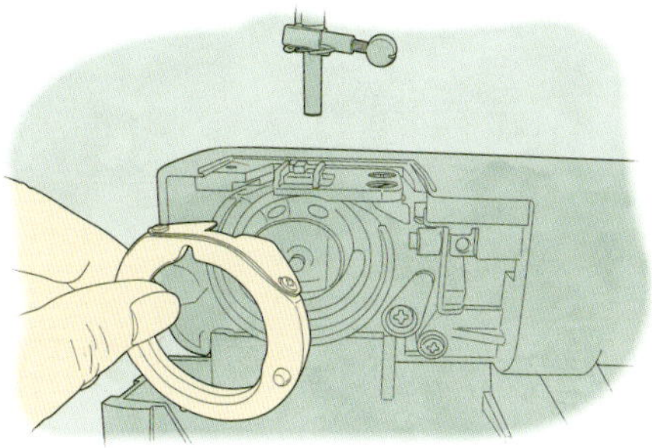

5 Den Nähfuß, eine neue Nadel, Spule und Spulenkapsel einsetzen und das Gehäuse schließen.

6 Einen Nähfaden einfädeln und einige Stiche auf einem Stoffrest nähen, um das Öl gleichmäßig zu verteilen und einen Überschuss zu entfernen, so wird kein Nähprojekt verschmutzt.

„MEINE NÄHMASCHINE IST KAPUTT!"

Entsteht der Eindruck, die Nähmaschine sei kaputt, gibt es oft eine einfache Lösung. Hier die häufigsten Fehlerquellen:

- Der Oberfaden ist nicht korrekt eingefädelt.
- Die Spule wurde verkehrt herum eingesetzt.
- Der Unterfaden wurde nicht in die Spulenkapsel eingefädelt.
- Es wurde ein falscher Spulentyp verwendet.
- Die Spule wurde falsch aufgespult.
- Die Nadel wurde falsch oder nicht tief genug eingesetzt.
- Die Nadel ist abgenutzt oder verbogen.
- Die Nähmaschine ist verschmutzt, die Fäden bleiben an Fusseln hängen.
- Die Maschine muss geölt werden.
- Der Faden hat eine schlechte Qualität.

Tritt das Problem auch nach Prüfung dieser möglichen Fehlerquellen weiterhin auf, bringen Sie die Nähmaschine in eine Werkstatt.

INSIDER-TIPP

Verwenden Sie hochwertiges Nähmaschinenöl. Sie können Nähmaschinenöl in der Zubehörabteilung jedes Stoffgeschäftes kaufen. Verwenden Sie kein Baby- oder Kochöl.

TEIL 2

NÄHMASCHINENFÜSSE UND IHRE ANWENDUNG

Es gibt viele unterschiedliche Arten von Nähfüßen für die Nähmaschine. Einige sind sehr gebräuchlich und gehören zum Lieferumfang der Maschine, andere sind für spezielle Nähtechniken konzipiert und müssen als Sonderzubehör gekauft werden. Der richtige Nähfuß erleichtert das Nähen und lässt das Nähprojekt professionell wirken. In diesem Teil des Buches werden die unterschiedlichen Nähfüße vorgestellt und erklärt, für welche Techniken sie eingesetzt werden und wie man sie verwendet.

8 Standardnähfüße

Verschiedene Standardnähfüße

Standardnähfüße werden für allgemeine Näharbeiten eingesetzt. Der klassische Zickzackfuß erledigt praktisch alle Nähaufgaben, wie Nähte, Stickerei, Säume, das Versäubern von Säumen und vieles mehr. Der Geradstichfuß wird für Nähte sowie zum Absteppen verwendet.

Zickzackfuß

AUF EINEN BLICK

- Allzweckfuß für allgemeine Nähaufgaben
- Für alle Stoffdicken geeignet
- Nadelgröße und -typ auf Stoff und Faden abstimmen
- Zur Verwendung mit allen Nähfäden

INSIDER-TIPP

Die meisten Nähmaschinen fertigen einen Zickzackstich mit einer maximalen Stichbreite von 4 mm. Einige Maschinen können auch breitere Stiche bis zu 9 mm nähen, benötigen dafür jedoch einen Zickzackfuß mit breiterem Loch. Verwenden Sie keinen Zickzackfuß mit kleinerem Loch, sonst bricht die Nadel.

Der Zickzackfuß (auch Allzweckfuß oder Standardfuß genannt) ist häufig beim Kauf der Maschine bereits installiert. Er kann aus Metall oder Plastik, ein Klickfuß **(a)** oder ein Nähfuß mit Schaft zum Anschrauben **(b)** sein. Er verfügt über ein großes Loch, das die Bewegungen der Nadel ohne Berührung des Nähfußes ermöglicht. Einige Zickzackfüße haben einen seitlichen Ausgleichsknopf, um das Nähen über erhabene Nähte zu erleichtern **(c)**. Dieser Nähfuß ist für breitere Sticharten, wie den Zickzackstich oder auch Stickerei **(d)**, geeignet. Auch beim Nähen mit einer Zwillingsnadel oder bei Veränderung der Nadelposition nach rechts oder links kommt der Zickzackfuß zum Einsatz. Auf der Unterseite hat er eine feine Rinne, die mühelos über erhabene Partien bei Flachstickerei oder anderen Zierstichen gleitet. Der Zickzackfuß wird auch für Geradstiche und Nähte, zum Absteppen und Säumen verwendet.

d

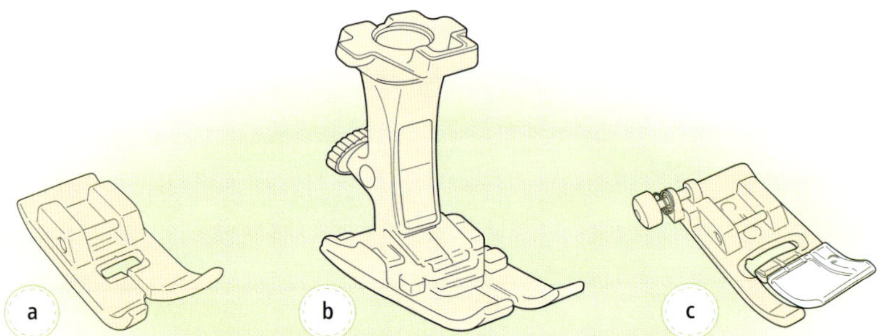
a b c

Geradstichfuß

AUF EINEN BLICK

- Nur für Geradstiche
- Hilfreich bei Nähten auf feinen Stoffen
- Für perfekte Steppstiche
- Nadelgröße und -typ auf Stoff und Faden abstimmen
- Zur Verwendung mit Universalnäh- oder Zierstichfäden

a

Der Geradstichfuß hat ein kleines Rundloch und wird zum Nähen von Geradstichen mit der Nadel in mittiger Position verwendet **(a)**. Einige Geradstichnähfüße haben ein Loch für eine links justierte Nadel, um das Nähen mit der Nadel links der mittigen Position zu ermöglichen. Das kleine Loch stützt den Stoff und verhindert, dass feine Stoffe wie Chiffon in das Nadelloch gezogen werden. Damit die Stiche gleichmäßig gearbeitet werden, ist die Unterseite des Fußes glatt. So wird ein gleichmäßiger Druck auf den Transporteur ausgeübt. Der Geradstichfuß näht exakte Steppnähte **(b)**. Damit die Stiche noch perfekter werden, kombinieren Sie diesen Nähfuß mit einer für die Maschine geeigneten Rundlochstichplatte. Einige Geradstichfüße verfügen über eine Nahtführung, um das Absteppen zu erleichtern. Der Geradstichfuß gehört bei einigen hochwertigen Maschinen zur Ausstattung, häufig muss er jedoch als Sonderzubehör gekauft werden.

b

INSIDER-TIPP

Einige Nähfüße besitzen einen eigenen Schaft, andere sind Klickfüße, die an einem an der Maschine befestigten Schaft eingesetzt werden. Ist die Maschine für Nähfüße mit Schraubsystem konzipiert, können Sie einen Klickfußschaft kaufen, das ermöglicht die Nutzung von entsprechenden Nähfüßen. Es gibt Nähfüße mit niedrigem, hohem oder angewinkeltem Schaft. Die meisten Haushaltsnähmaschinen benötigen einen niedrigen Schaft, alte Singer-Maschinen einen angewinkelten Schaft und Industriemaschinen einen hohen Schaft. Es ist wichtig, den für die Maschine passenden Schaft zu verwenden.

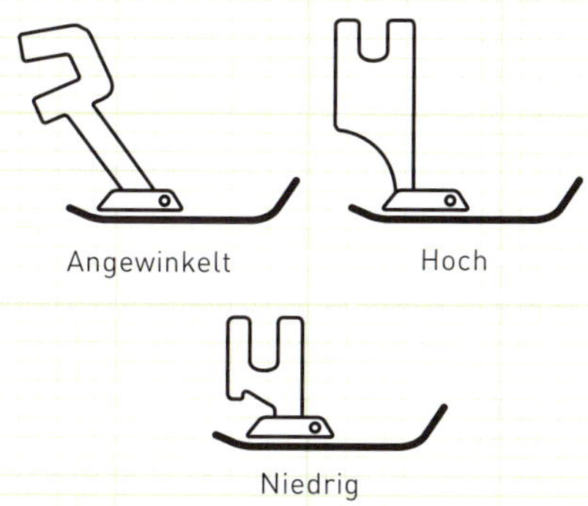

Die Verwendung von Standardnähfüßen

Allgemeine gerade und gerundete Nähte

Eine allgemeine Naht ist Grundlage aller Nähprojekte. Das Geheimnis exakter und gleichmäßiger Nahtzugaben lautet, Augen und Stoffkanten immer an der Nahtführung zu halten. Blicken Sie niemals auf die Nadel, dies führt zum Verschieben des Stoffes.

WERKZEUGE

- Zickzack- oder Geradstichfuß
- Variable Nahtführung (optional)
- Stecknadeln

1 Stoff mit bündig ausgerichteten Kanten rechts auf rechts legen. Stoffstücke zusammenheften, die Stecknadeln horizontal zur Naht stecken. Die Nadelköpfe sollten über den Stoffrand hinausragen, um sie leichter entfernen zu können.

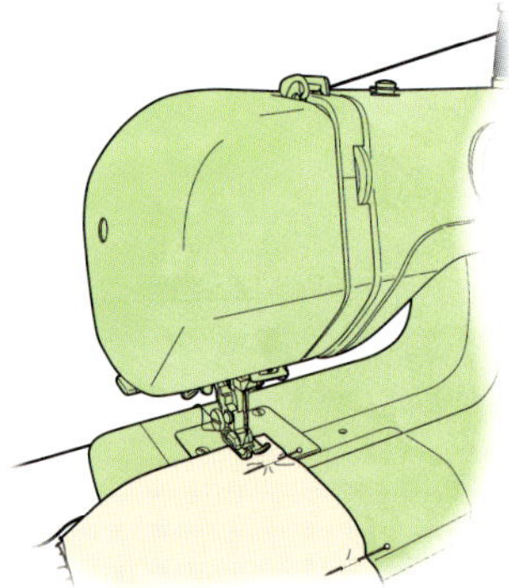

2 Stoff unter den Nähfuß schieben. Stoffkanten entlang der gewünschten Nahtführung ausrichten und Nähfuß absenken.

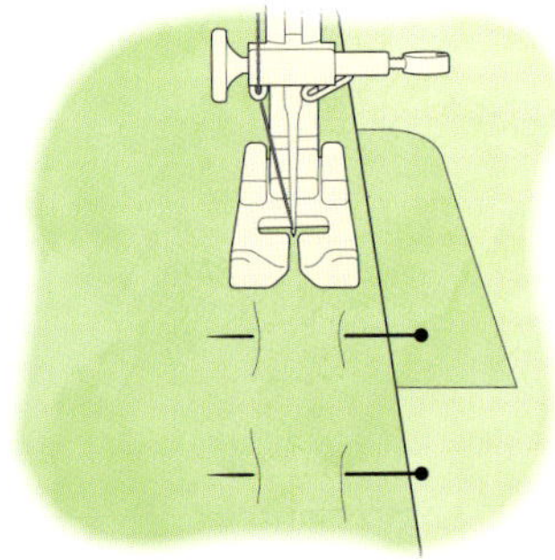

3 Nähen Sie im Rückwärtsstich bis zu den letzten 5 oder 6 Stichen, dann wieder vorwärts und die Stecknadeln entfernen, kurz bevor die Nadel diese Stelle erreicht. Die letzten 5 oder 6 Stiche ebenfalls mit dem Rückwärtsstich vernähen. Stoff aus der Maschine nehmen, Fadenenden abschneiden.

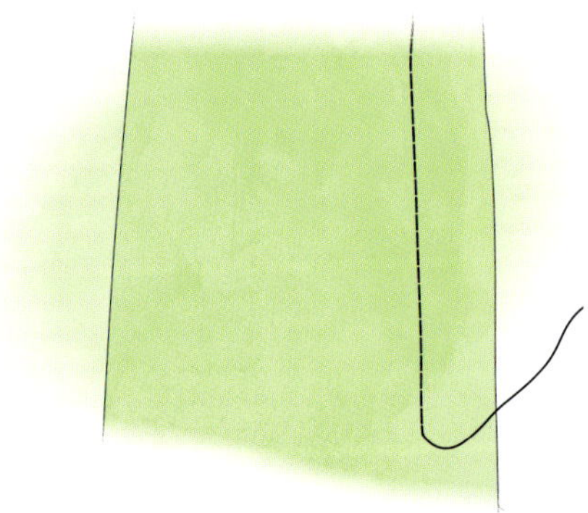

Ecken und Kanten nähen

WERKZEUGE

- Zickzack- oder Geradstichfuß
- Variable Nahtführung (optional)
- Stecknadeln

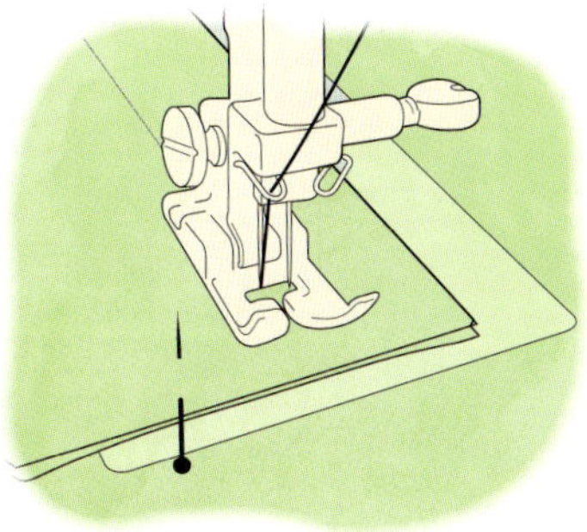

1 Nähen Sie bis 1,5 cm an die Kante oder bis zur gewünschten Nahtzugabe heran. Drehen Sie das Handrad in Ihre Richtung, um die Nadel in den Stoff zu stechen. Verfügt die Maschine über eine Nadelsenkfunktion, nutzen Sie diese. Zum Ändern der Nährichtung drehen Sie den Stoff um die Nadel.

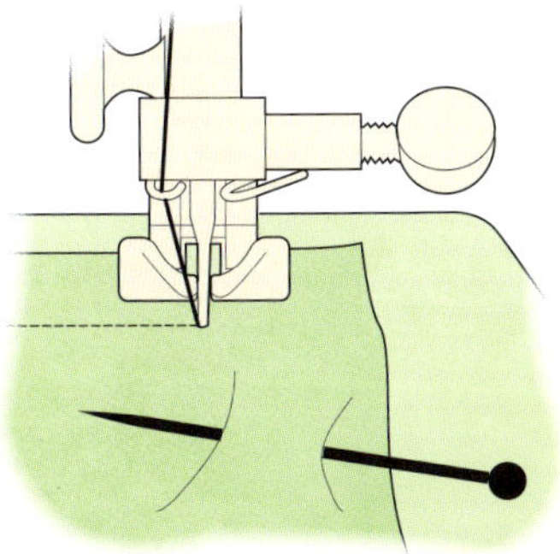

2 Nähfuß absenken und weiternähen. Ein Rückstich ist nicht erforderlich, da Sie nun in eine neue Richtung arbeiten.

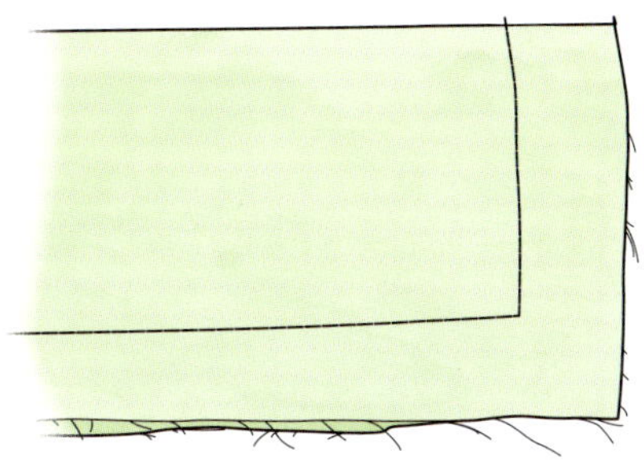

INSIDER-TIPP

Wenn Sie das Drehen um die Nadel an der korrekten Stelle vornehmen, verlaufen die Stiche weiterhin entlang der Nahtführung. Wenn Sie nicht nah genug genäht haben, wenden Sie den Stoff erneut und drehen Sie das Handrad vorwärts, um einen einzelnen Stich zu nähen. Haben Sie zu nah an der Kante genäht, setzen Sie einen Rückstich, um an die korrekte Stelle zu gelangen. Drehen Sie das Handrad niemals von sich weg, sonst verhaken sich die Fäden.

Absteppen und knappkantiges Steppen

Absteppen

Das Absteppen und knappkantige Steppen fertigt flach liegende Nähte, kann aber auch Akzente setzen. Bei Stoffen, die schwer zu bügeln sind oder nicht gebügelt werden dürfen, sorgen diese Nähtechniken für eine flach liegende Nahtzugabe. Sie können einen Universalnäh- oder Zierstichfaden verwenden. Mit einer Topstitchnadel fallen die Stiche etwas erhabener und damit auffälliger aus. Gesteppt wird üblicherweise 6 mm von der Naht oder Kante, beim knappkantigen Steppen wird näher an der Kante, ca. 3 mm oder weniger, gearbeitet.

WERKZEUGE

- Zickzack- oder Geradstichfuß
- Topstichnadel (optional)
- Bügeleisen und Bügelbrett

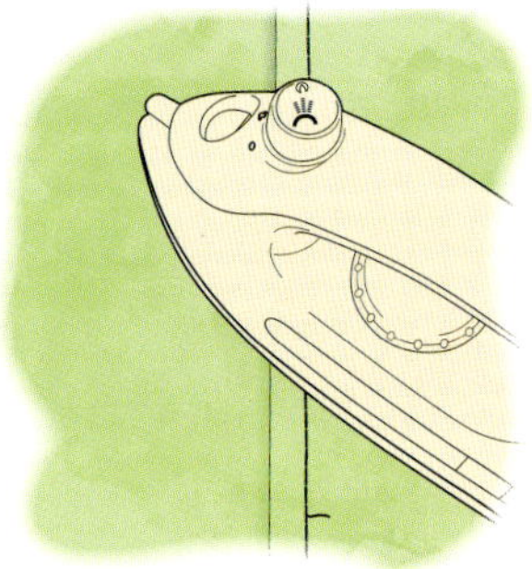

1 Fertigen Sie die Naht und bügeln Sie die Nahtzugaben zur Seite. Anschließend auch die rechte Stoffseite bügeln.

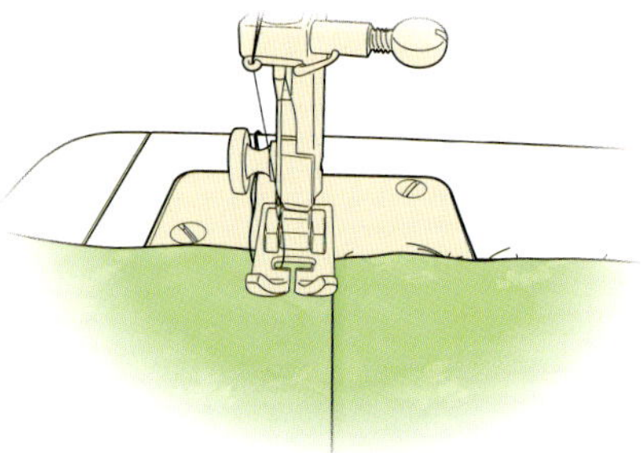

2 Naht an der rechten Nähfußaußenkante ausrichten, sodass der Wulst der Nahtzugabe links der Naht liegt.

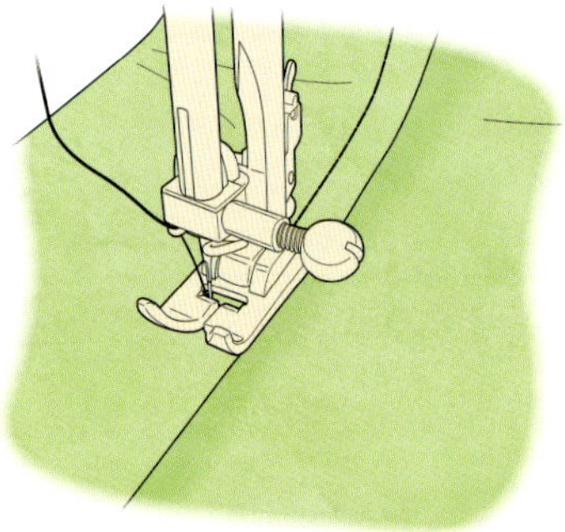

3 Geradstich mit Stichlänge 3 mm einstellen, die Nadel in mittiger Position. Absteppen und mit Rückstichen an Nahtanfang und -ende sichern.

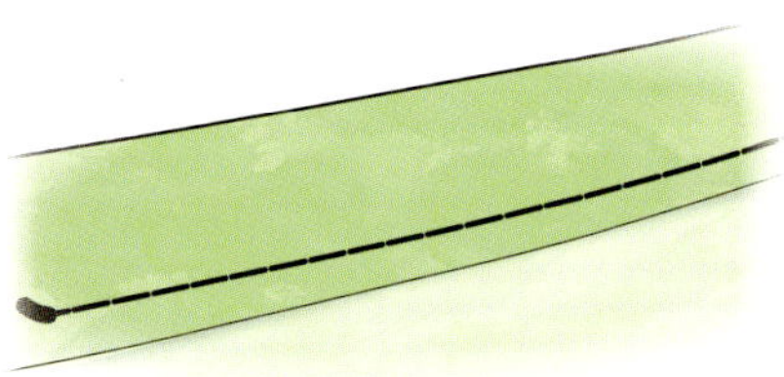

INSIDER-TIPP

Steht kein Zierstichfaden zur Verfügung, können Sie auch zwei Fäden eines Universalfadens in das Nadelöhr einer Topstitchnadel fädeln. Alternativ können Sie einen Standardnähfaden und eine Universalnadel verwenden.

Knappkantig steppen

WERKZEUGE

- Zickzackfuß
- Topstitchnadel (optional)
- Bügeleisen und Bügelbrett

1 Die Naht fertigen und Nahtzugaben zur Seite bügeln. Anschließend von der rechten Stoffseite bügeln.

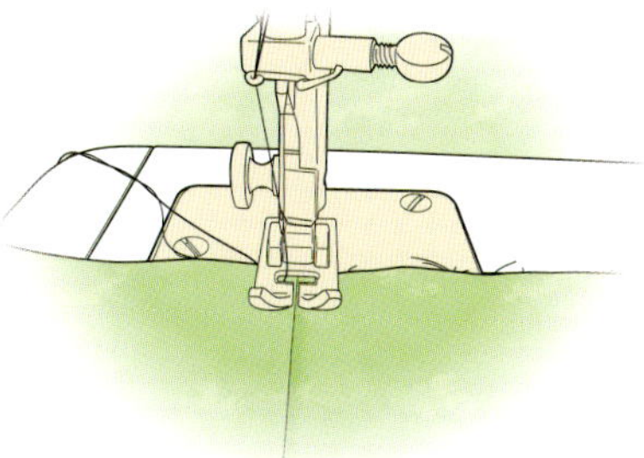

2 Richten Sie die Naht an der mittleren Nut des Nähfußes aus, sodass der Wulst der Nahtzugabe rechts von der Naht liegt.

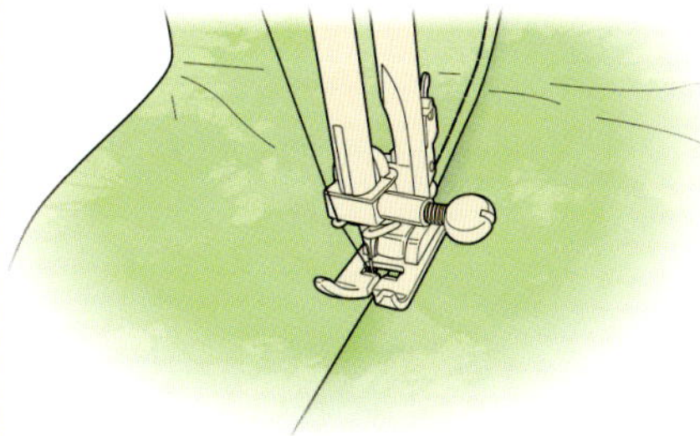

3 Geradstich mit Stichlänge 3 mm wählen, Nadelposition mittig. Knappkantig absteppen, Nahtanfang und -ende mit Rückstichen sichern.

INSIDER-TIPP

Das knappkantige Steppen ist sehr gut für schicke, feinere Kleidungsstücke geeignet, während das herkömmliche Absteppen dem Kleidungsstück einen legeren Effekt verleiht.

Säume

Gesteppte Säume

Gesteppte Säume sind widerstandsfähig. Säume mit Beleg sind ideal für Ausschnitte, runde oder gerundete Säume. Achten Sie darauf, den Nähfaden farblich genau abzustimmen.

WERKZEUGE

- Zickzackfuß
- Universalnadel in zum Stoff passender Größe
- Bügeleisen und Bügelbrett
- Nahtführung oder Maßband
- Stecknadeln

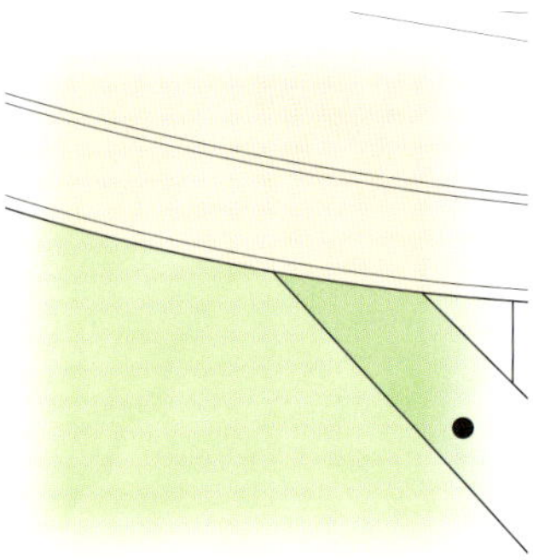

1 Den Saum über die gesamte Breite der Nahtzugabe zur Rückseite bügeln. Umklappen und die Kante 6 mm breit einschlagen. Erneut bügeln. Nochmals einschlagen und zum Vernähen mit Nadeln abstecken.

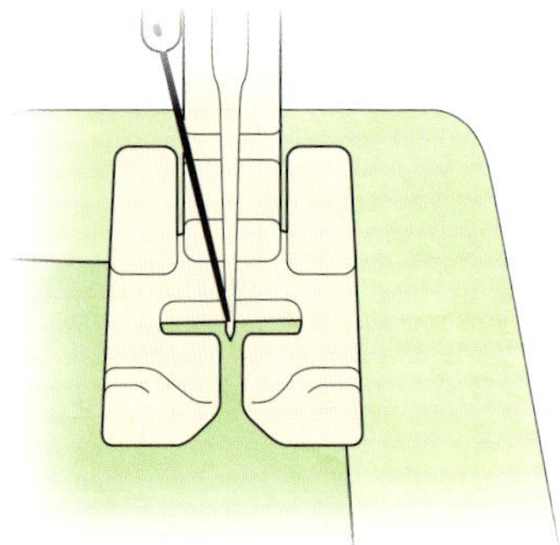

2 Arbeiten Sie auf der linken Stoffseite. Einschlag an der linken Nähfußaußenkante ausrichten. Justieren Sie die Nadel in die linke Position. Anschließend feststeppen.

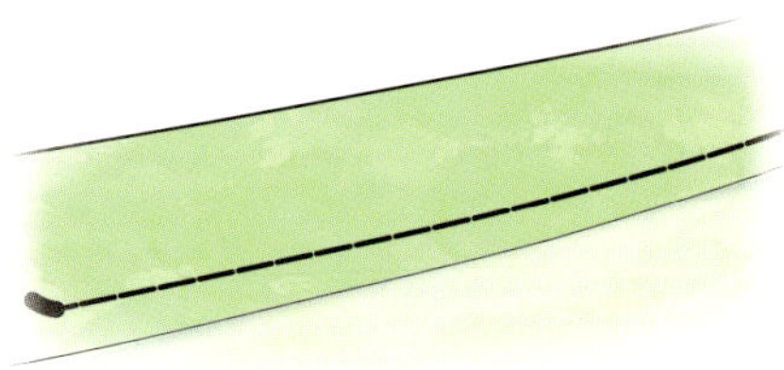

Säume mit Beleg

WERKZEUGE

- Zickzackfuß
- Universalnadel in zum Stoff passender Größe
- Bügeleisen und Bügelbrett
- Stecknadeln
- Einfach gefalztes Schrägband

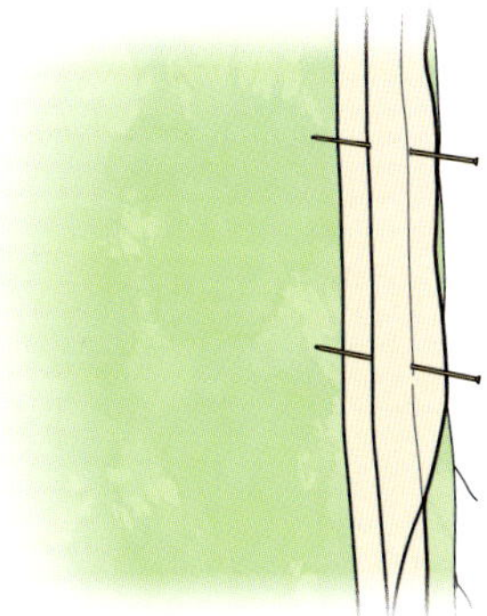

1 Schrägband rechts auf rechts auf den Stoff legen. Die rechte Kante des Schrägbandes umklappen, sodass die Kante des Bandes und Saumkante bündig liegen. Gut feststecken.

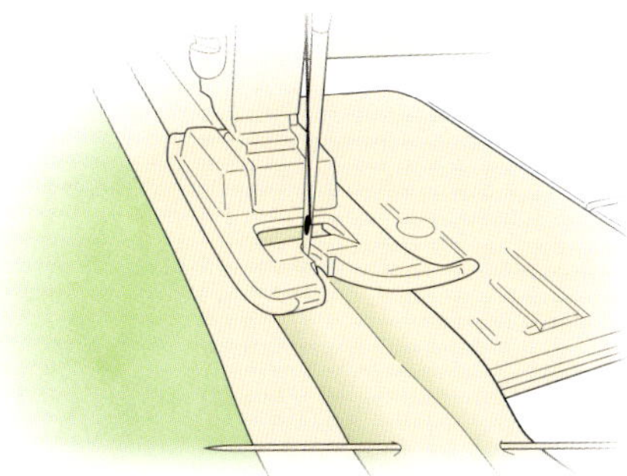

2 Richten Sie die Bruchkante des Schrägbandes an der mittleren Nut des Nähfußes aus und nutzen Sie diese als Nahtführung. Entlang der Bruchkante feststeppen.

3 Schrägband zur linken Seite des Nähprojektes umklappen, um die Schnittkanten einzufassen. Anschließend bügeln.

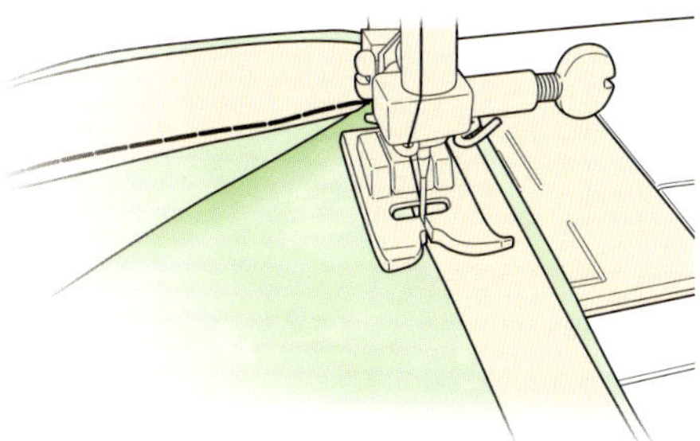

4 Das Schrägband von links feststeppen.

Eingefasste Säume

Eingefasste Säume sind eine ideale Versäuberungstechnik für Rundungen, da sich das Schrägband den Rundungen anpasst. Besonders wirkungsvoll ist diese Nähtechnik in Kontrastfarben, kommt aber ebenso gut an Ausschnitten oder Ärmelabschlüssen zur Geltung.

WERKZEUGE

- Zickzackfuß
- Universalnadel in zum Stoff passender Größe
- Bügeleisen und Bügelbrett
- Stecknadeln
- Doppelt gefalztes Schrägband

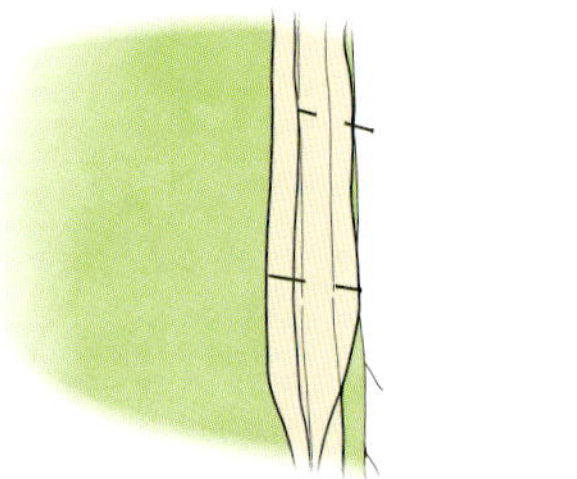

1 Doppelt gefalztes Schrägband hat eine schmalere Falz. Schrägband rechts auf rechts legen, die schmale Seite liegt neben der Saumkante. So umklappen, dass Schrägbandkante und Saum bündig ausgerichtet sind. Feststecken.

2 Nähen Sie in der rechts liegenden Falz, indem Sie die Falz an der mittleren Nähfußnut ausrichten und diese als Nahtführung nutzen.

3 Schrägband zur linken Seite des Nähprojekts klappen, um die Schnittkanten einzufassen. Anschließend bügeln.

4 Von rechts im Nahtschatten steppen. Die Falz ist auf der linken Seite breiter, so erfassen die Stiche die Falz. Auf der rechten Stoffseite werden die Stiche innerhalb des Saums kaschiert und bilden ein sauberes Ergebnis.

INSIDER-TIPP

Für eine französische Naht einen Allzwecknähfuß verwenden. Eine französische Naht schließt die Nahtzugabe ein. Dazu benötigen Sie nur einen Standard-Nähfuß, Faden, Nadel und Bügeleisen.

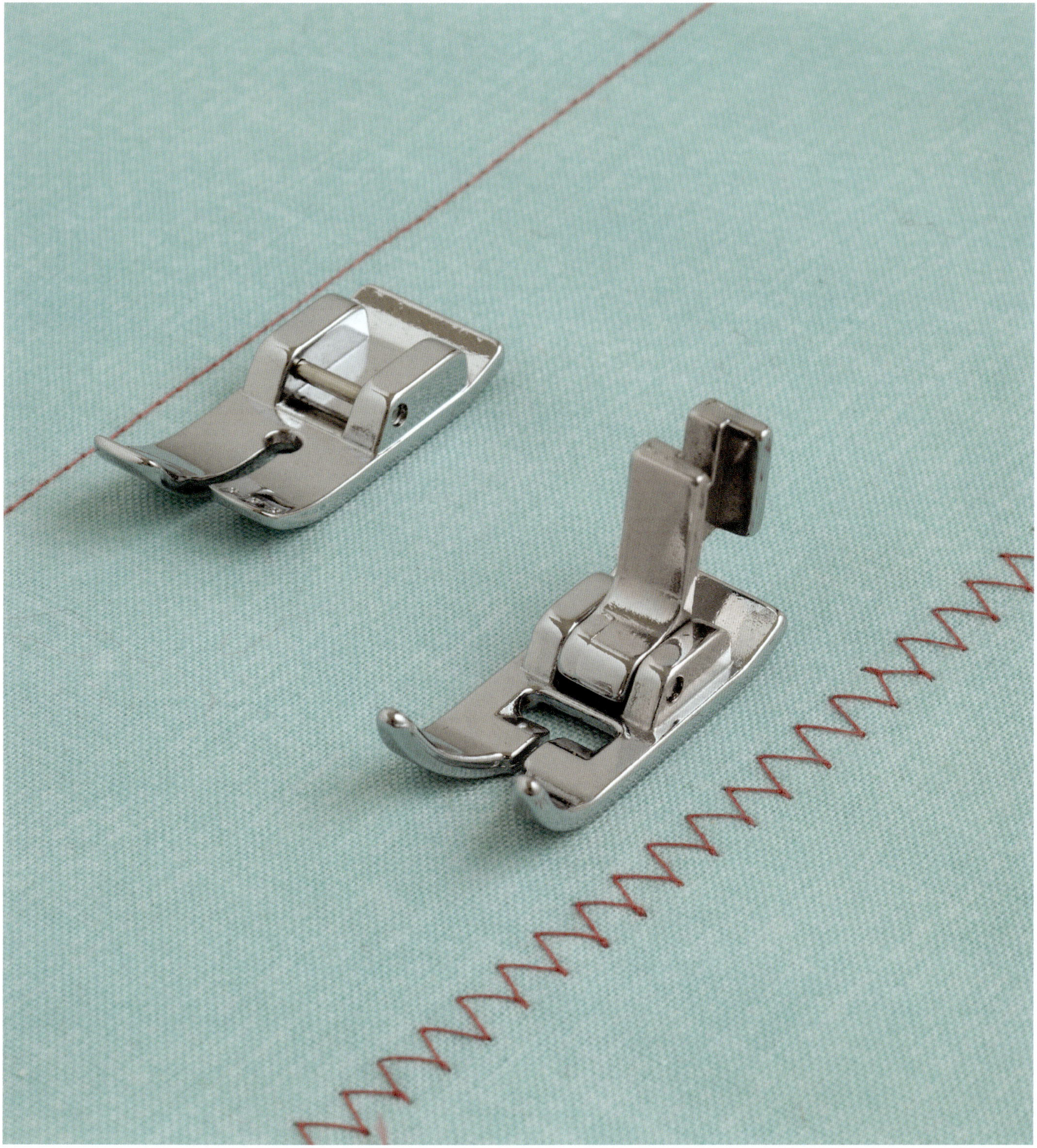

9 Reißverschlussfüße

Verschiedene Reißverschlussfüße

Zu den Standard-Reißverschlussfüßen zählen der schmale und der verstellbare Reißverschlussfuß sowie der für nahtverdeckte Reißverschlüsse. Sie sind als Klickfuß oder zum Anschrauben für alle Nähmaschinen erhältlich. Viele Nähmaschinen werden entweder mit einem schmalen oder einem verstellbaren Reißverschlussfuß geliefert, ein Fuß für nahtverdeckte Reißverschlüsse gehört außer bei hochwertigen Nähmaschinen selten zum Lieferumfang.

Schmaler Reißverschlussfuß

AUF EINEN BLICK

- Ermöglicht das Nähen dicht an der Zahnkante oder Kunststoffspirale des Reißverschlusses
- Für alle Reißverschlussarten
- Mit seitlicher Nut
- Nadelgröße und -typ auf den Stoff abstimmen
- Mit Universal-Polyester- oder Baumwollnähfäden verwenden

Ein schmaler Reißverschlussfuß ist 6 mm oder weniger breit, mit einer seitlichen Nut ausgestattet und zum Anschrauben **(a)** oder als Klickfuß **(b)** erhältlich. Die spezielle Konstruktion ermöglicht es, sehr dicht an der Zahnkante oder den Kunststoffspiralen zu nähen. Dieser Nähfuß wird zum Einnähen sämtlicher Reißverschlussarten (Metall oder Kunststoff) eingesetzt. Da sich nur auf einer Seite eine Nut befindet, müssen die Reißverschlussbänder nacheinander eingenäht werden. Dies kann dazu führen, dass sich das Band bzw. der Stoff zum Fadenlauf verschiebt.

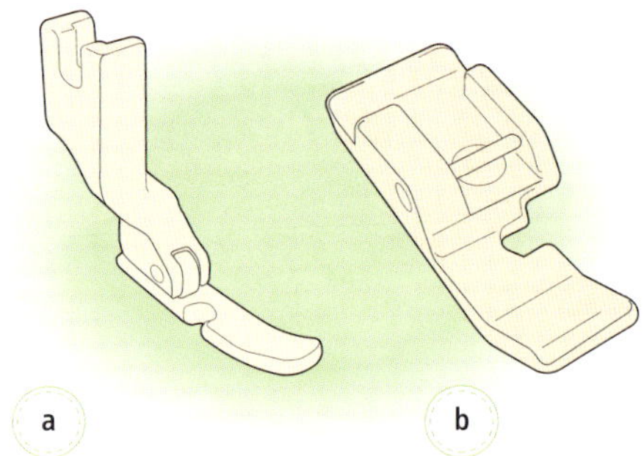

Verstellbarer Reißverschlussfuß

AUF EINEN BLICK

- Ermöglicht das Nähen dicht an der Zahnkante des Reißverschlusses
- Für alle Reißverschlussarten

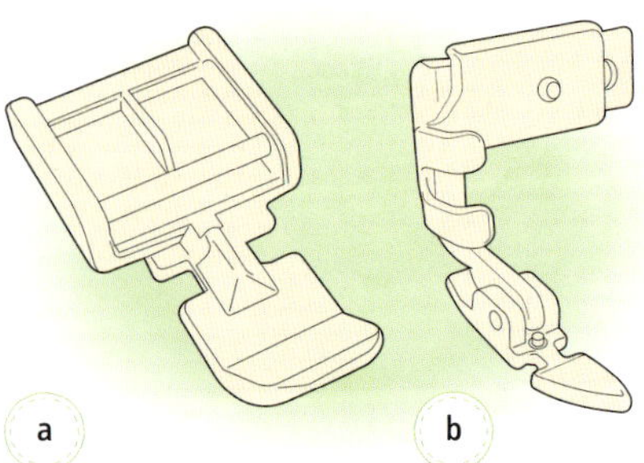

Der verstellbare Reißverschlussfuß kann jeweils für das Nähen entlang der linken oder rechten Kante des Reißverschlusses positioniert werden, ohne dass sich der Stoff zum Fadenlauf verschiebt. Die Füße sind als beidseitig verwendbare Klickfüße erhältlich **(a)**, oder können mit einer Justierschraube nach links oder rechts verschoben werden **(b)**. Dieser Nähfuß kann zum Einnähen von unsichtbaren nahtfeinen Reißverschlüssen verwendet werden.

Reißverschlussfuß für nahtverdeckte Reißverschlüsse

AUF EINEN BLICK

- Nur für nahtverdeckte Reißverschlüsse
- Nadelgröße und -typ auf den Stoff abstimmen
- Zur Verwendung mit Universal-Polyesternäh- oder Baumwollnähfäden

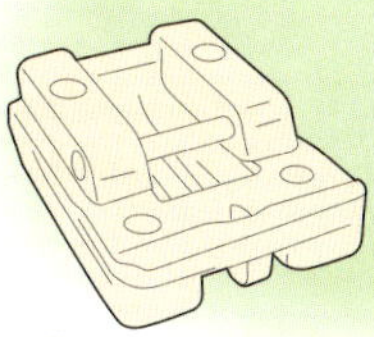

a

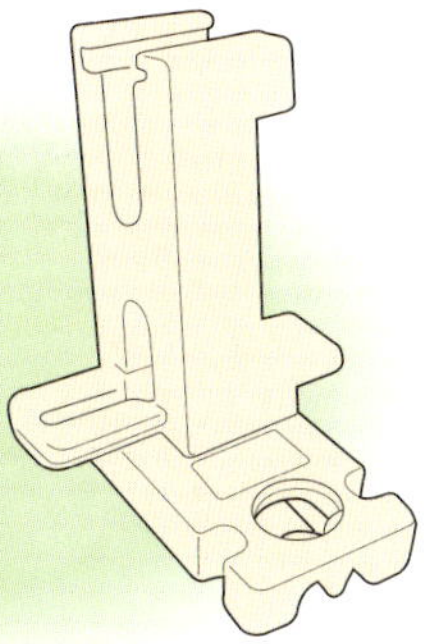

b

INSIDER-TIPP

Schmale und verstellbare Reißverschlussnähfüße können für weitaus mehr als nur für das Einnähen von Reißverschlüssen verwendet werden. Steht kein Paspelfuß zur Verfügung, erleichtern diese Nähfüße das Fertigen und Annähen von Paspeln. Ebenfalls können sie zum Aufnähen von Zierbändern mit unebenen oder gewellten Kanten, beispielsweise Posamentenborte, eingesetzt werden.

c

Der Reißverschlussfuß für nahtverdeckte Reißverschlüsse hat tiefe Rinnen auf der Unterseite, die auf die Reißverschlussspiralen abgestimmt sind. Dies ermöglicht das Nähen dicht an den Spiralen. Dieser Nähfuß ist erhältlich als Klickfuß **(a)** oder zum Anschrauben **(b)**. Falls kein Reißverschlussfuß für nahtverdeckte Reißverschlüsse zum Lieferumfang der Nähmaschine gehört und Sie keinen zum Maschinentyp passenden Nähfuß finden können, ziehen Sie den Kauf eines in Stoffgeschäften erhältlichen Universal-Sets in Erwägung. Dazu gehören ein Reißverschlussfuß für nahtverdeckte Reißverschlüsse aus Plastik sowie ein niedriger, ein abgewinkelter und ein hoher Schaft, die mit den meisten Nähmaschinen kompatibel sind. Das Set ist nur für das Einnähen von nahtverdeckten Reißverschlüssen **(c)** gedacht.

Einnähen eines beidseitig verdeckten Reißverschlusses

Das Einnähen von Reißverschlüssen mit einem Reißverschlussnähfuß ist einfach zu meistern. Es lohnt sich also, die Technik zu erlernen.

WERKZEUGE

- Allzwecknähfuß
- Verstellbarer Reißverschlussfuß
- Nahttrenner
- Trickmarker oder Schneiderkreide
- Stecknadeln
- Universalnähfaden
- Bügeleisen und Bügelbrett

1 Die Nahtzugaben mit einer Overlocknaht, einem Zickzackstich oder mit der Zackenschere versäubern, nach dem Einnähen des Reißverschlusses ist dies nicht mehr so einfach möglich.

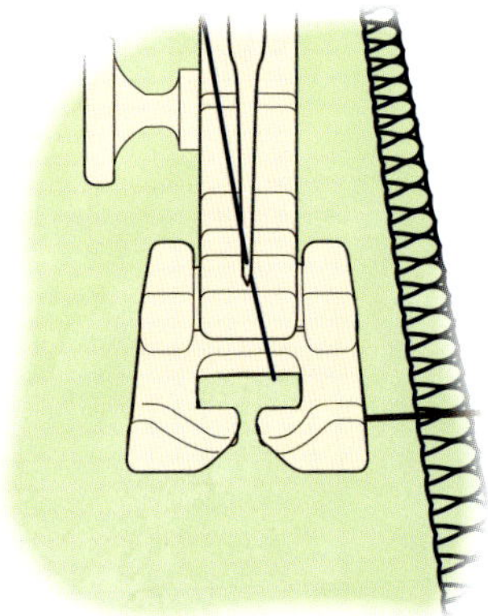

2 Die Naht rechts auf rechts mit Stecknadeln zusammenheften. Stopperteil markieren. Von der Markierung bis zum Ende der Naht nähen, achten Sie auf Rückstiche jeweils an Nahtanfang und -ende.

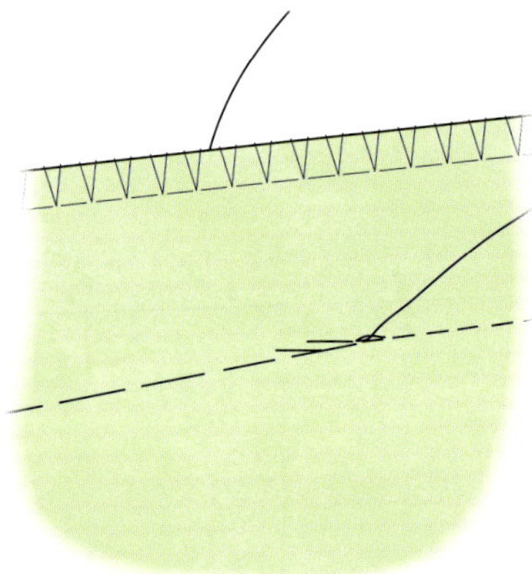

3 Wählen Sie die höchste Stichlänge und fertigen Sie Heftstiche von oben bis zur Markierung. Bügeln Sie die Naht auseinander.

4 Auf der linken Seite des Nähprojekts den Reißverschluss mit der Vorderseite nach unten auflegen, die Metallspirale sollte genau auf der Naht, das Stopperteil exakt an der Markierung liegen. Reißverschluss feststecken. Auf der Vorderseite erneut feststecken und die Stecknadeln der linken Seite entfernen.

5 Den Reißverschlussfuß links von der Nadel einsetzen. Standard-Geradstich mit Stichlänge 2,5 mm einstellen.

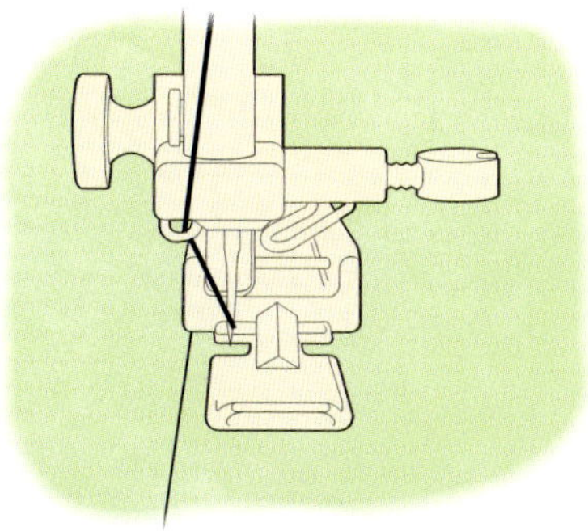

6 Mit oben liegender Naht den rechten Teil des Reißverschlusses steppen. Die linke Nähfußkante ist mit der Naht bündig und wird als Nahtführung genutzt. Am unteren Nahtende den Stoff um 90 Grad drehen, die Nadel bleibt dabei im Stoff stecken. Nähen Sie die Quernaht und setzen einige Rückstiche.

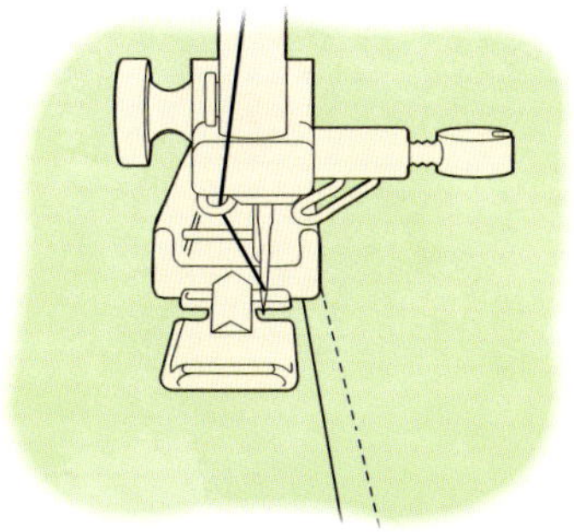

7 Den Reißverschlussnähfuß nach links schieben und entlang der linken Reißverschlusskante nähen. Die Naht mit Rückstichen sichern.

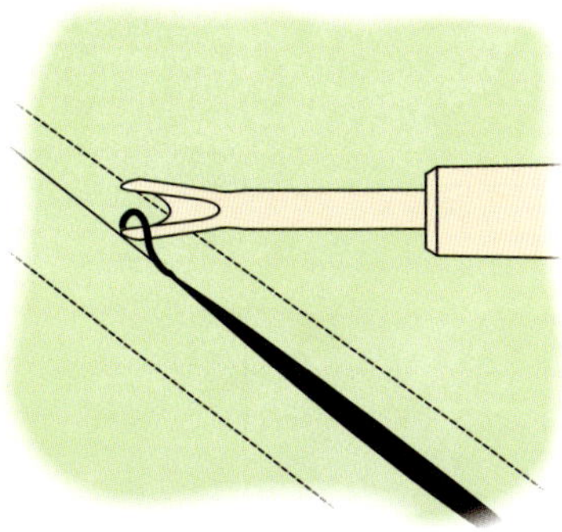

8 Mit dem Nahttrenner die Heftstiche vorsichtig entfernen. Anschließend die Nahtzugaben bügeln.

INSIDER-TIPP

Achten Sie darauf, die Farbe des Reißverschlusses passend zu wählen, da möglicherweise die Reißverschlussspiralen oder das Band zu sehen sein könnten. Fällt die Farbwahl schwer, entscheiden Sie sich für die etwas dunklere Farbe, diese tritt optisch in den Hintergrund. Als Blickfang wählen Sie einen Reißverschluss in einem konstrastierenden Farbton.

Einnähen eines unsichtbaren (nahtfeinen) Reißverschlusses

Der unsichtbare nahtfeine Reißverschluss besticht durch Eleganz und Schlichtheit. Er ist einfach einzunähen, da keine Steppnähte sichtbar sind und eventuelle Fehler kaschiert werden.

WERKZEUGE

- Reißverschlussfuß für nahtverdeckte Reißverschlüsse
- Reißverschlussnähfuß
- Allzwecknähfuß
- Stecknadeln
- Universalnähfaden
- Bügeleisen und Bügelbrett

1 Versäubern Sie die Nahtzugaben mit einer Overlocknaht, einem Zickzackstich oder mit der Zackenschere.

2 Reißverschluss öffnen und mit der Vorderseite nach unten glatt bügeln.

3 Reißverschlussfuß für nahtverdeckte Reißverschlüsse einsetzen. Vergewissern Sie sich, dass die Nadel genau in der Mitte des mittleren Lochs einsticht.

4 Den geöffneten Reißverschluss rechts auf rechts auf den Stoff legen. Das Reißverschlussband bündig mit der Stoffkante ausrichten. Die Spiralen sollen exakt 1,5 cm von der Kante entfernt liegen. Feststecken.

5 Richten Sie die Spiralen an der *linken* Nut des Nähfußes aus, dann steppen Sie bis zum Schieber, bis nicht mehr weiter genäht werden kann. Die Stiche sollten in dem durch das Bügeln sichtbar gewordenen Bereich liegen.

6 Positionieren Sie nun die zweite Hälfte des Reißverschlusses. Auch hier sollen die Spiralen exakt 1,5 cm von der Kante entfernt liegen. Richten Sie die Spiralen an der *rechten* Nut des Nähfußes aus und steppen Sie bis zum Schieber.

7 Naht fertigstellen. Die Nähte rechts an rechts ausrichten und das Ende des Reißverschlussbandes nach rechts klappen, damit es sich nicht verfängt. Alle Materialien soweit wie möglich glätten. Den normalen Reißverschlussnähfuß einsetzen und ca. 2,5 cm nähen, dabei ab 3 mm über sowie links der bereits gefertigten Naht beginnen.

8 Allzwecknähfuß in die Maschine einsetzen und die Naht mit einer Nahtzugabe von etwa 1,5 cm fertigstellen.

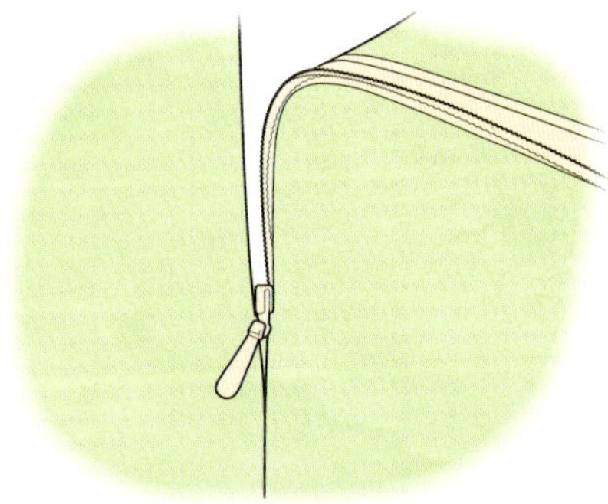

Einnähen eines sichtbaren Reißverschlusses

Bei einem sichtbaren Reißverschluss sind die Zähnchen oder Spiralen sichtbar. Dieser kommt vor allem bei Jacken und Oberbekleidung zum Einsatz, kann aber auch als gestalterisches Element eines Nähprojektes verwendet werden.

WERKZEUGE

- Reißverschlussnähfuß
- Allzwecknähfuß
- Stecknadeln
- Universalnähfaden
- Nahttrenner
- Bügeleisen und Bügelbrett

1 Die Nahtzugabe mit einer Overlocknaht, einem Zickzackstich oder mit der Zackenschere versäubern.

2 Die Nahtzugabe zur linken Stoffseite bügeln, feststecken. Größte Stichlänge wählen und den Umschlag mit Heftstichen sichern.

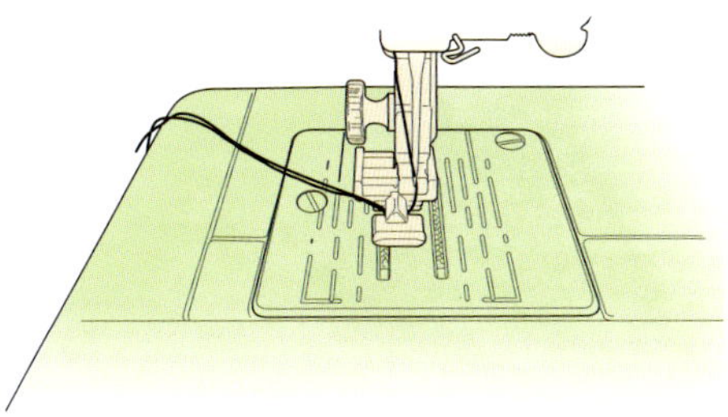

3 Reißverschlussfuß einsetzen, Stichlänge 2,5 mm wählen.

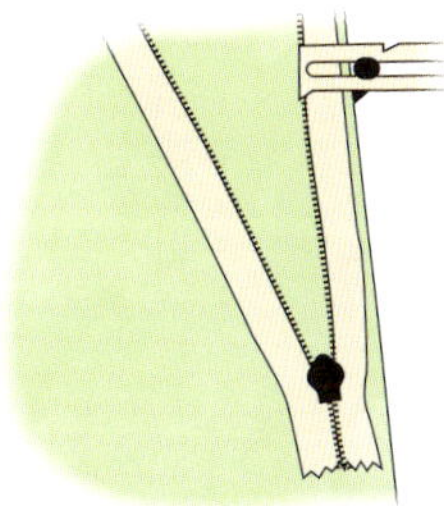

4 Linke Naht auf das linke Reißverschlussband legen und den Umbruch an der Zähnchenkante ausrichten. Feststecken und absteppen. Diese Schritte für die rechte Reißverschlussseite wiederholen.

5 Die Heftstiche mit dem Nahttrenner vorsichtig entfernen.

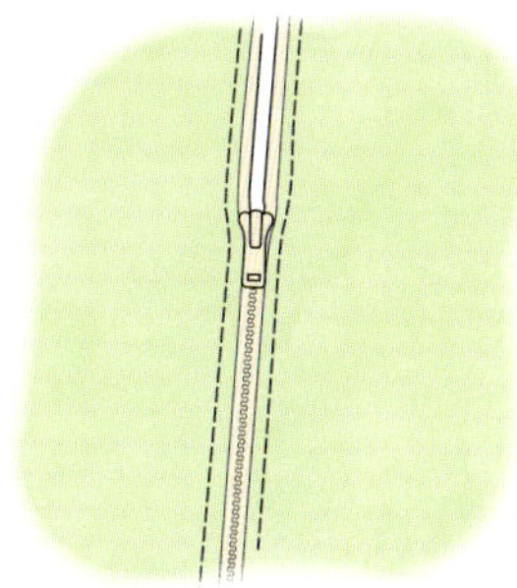

INSIDER-TIPP

Sollten Sie die gewünschte Reißverschlusslänge nicht in der benötigten Länge finden, können Sie einen Reißverschluss auch ohne großen Aufwand kürzen. Stellen Sie die Nähmaschine auf einen breiten Zickzackstich ohne Länge ein. Nähen Sie in Höhe des gewünschten Stoppers einige Zickzackstiche direkt über die Spirale. Schneiden Sie das Bandende etwa 2,5 cm unterhalb des neuen Stoppers ab.

Manuelle und verstellbare Knopflochfüße

Normalerweise fertigen mechanische Nähmaschinen ein Knopfloch in vier Schritten, computergesteuerte Nähmaschinen erledigen das automatisch in nur einem Arbeitsschritt. Verwendet werden unterschiedliche Nähfüße, die zum Lieferumfang der jeweiligen Nähmaschine gehören.

Manueller Knopflochfuß

AUF EINEN BLICK

- Fertigt Standard-Vierstufen-Knopflöcher in beliebiger Größe

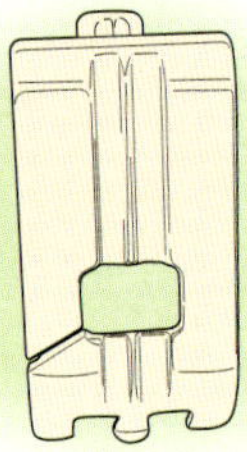

a

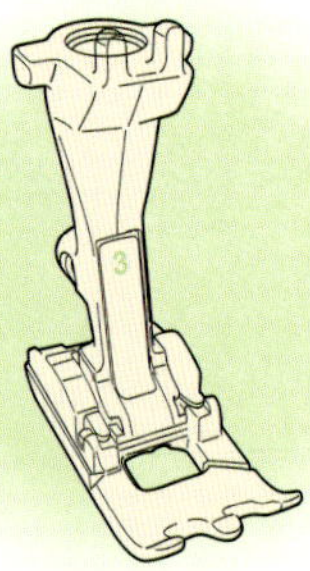

b

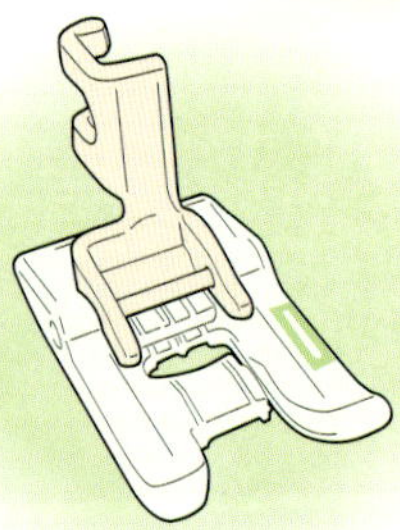

c

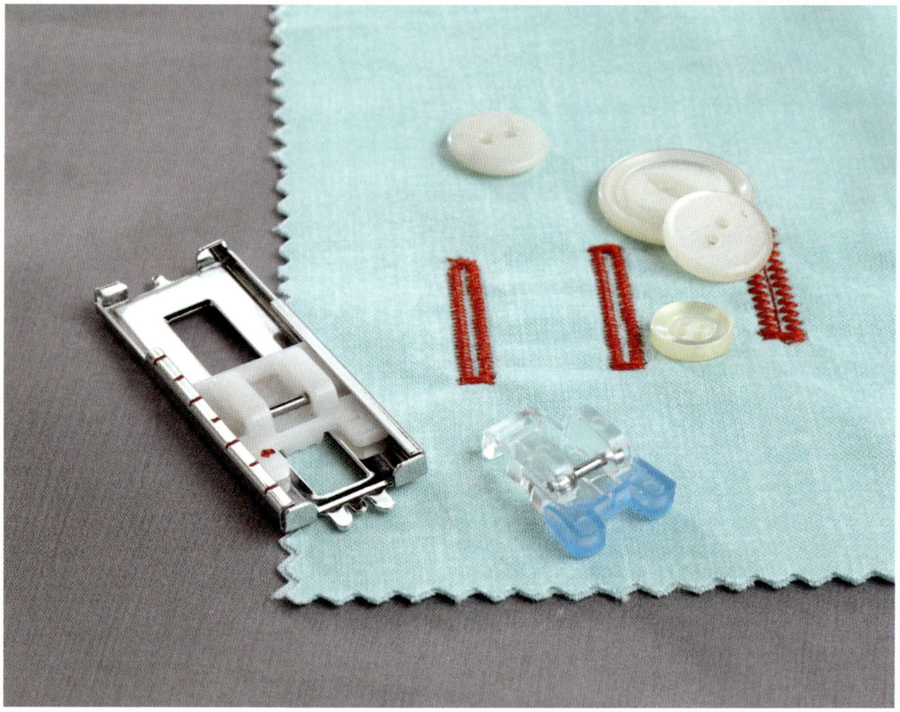

Der manuelle Knopflochfuß mit seinem breiten Loch für Zickzackstiche ähnelt dem Allzwecknähfuß, hat jedoch flache Zwillingsrinnen an der Unterseite, die das Gleiten über erhabene Knopflochstiche ermöglichen **(a)**. Die Rinnen unterstützen gerade und gleichmäßig ausgeführte Stiche. Den manuellen Knopflochfuß gibt es zum Anschrauben **(b)** oder als Klickfuß **(c)** entweder aus Plastik oder Metall. Dieser fertigt Standardknopflöcher in jeder gewünschten Länge.

Verstellbarer Knopflochfuß

AUF EINEN BLICK

- Fertigt Knopflöcher in vier Arbeitsschritten sowie Knopflöcher mit Beilauffaden bis zu einer vorgegebenen Größe

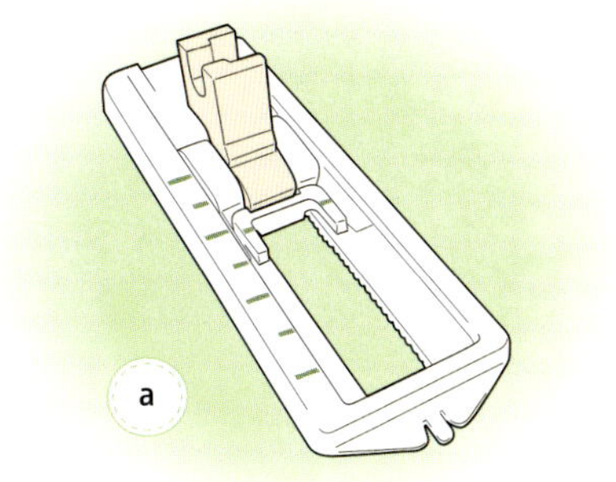
a

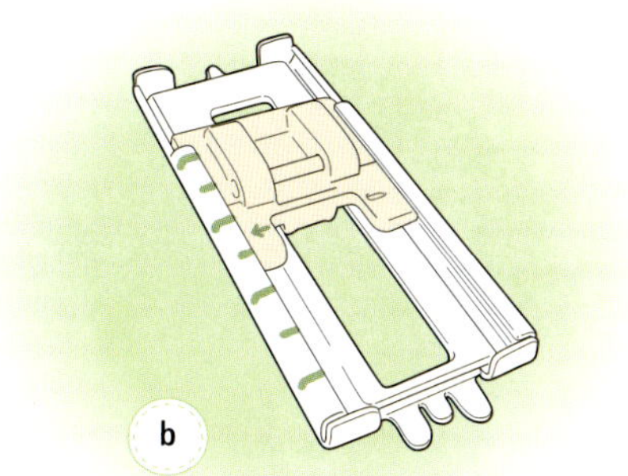
b

c

Der verstellbare Knopflochfuß verfügt über ein verstellbares Fenster und Markierungen, um die Größe und Position der Knopflöcher zu bestimmen. An der Unterseite befindet sich eine Zwillingsrinne, auf der Rückseite ein Haken und auf der Vorderseite eine Gabel zur Führung des Beilauffadens für Knopflöcher mit Beilauffaden. Auch dieser Nähfuß ist zum Anschrauben **(a)** oder als Klickfuß **(b)** entweder aus Plastik oder Metall erhältlich. Es können Standardknopflöcher **(c)** sowie Knopflöcher mit Beilauffaden bis zu der vom Fenster vorgegebenen Größe gefertigt werden.

Automatik-Knopfloch- und Knopfannähfuß

Mit einem Automatik-Knopflochfuß gehen Knopflöcher leicht von der Hand. Sie können in Standardform oder als aufwändiges Detail gefertigt werden. Mit diesem Nähfuß lässt sich ein Knopf in weniger als einer Minute annähen.

Automatik-Knopflochfuß

AUF EINEN BLICK

- Fertigt Standard-, Augenknopflöcher, Knopflöcher mit Beilauffaden und Sticklösen in einem Arbeitsschritt

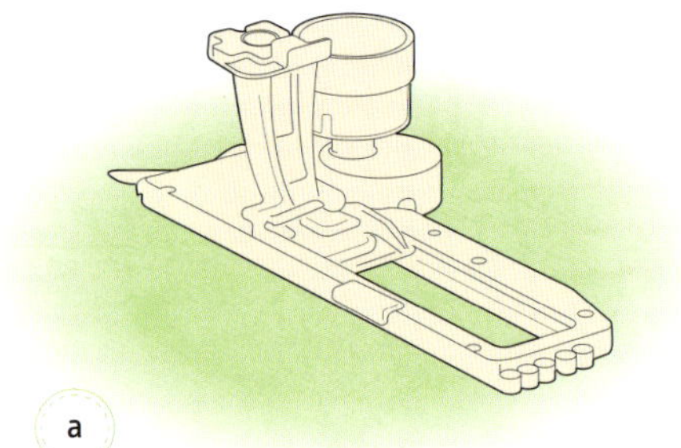

a

b

Der Automatik-Knopflochfuß wird bei computergesteuerten und mechanischen Nähmaschinen verwendet, die Einstufen-Knopflöcher fertigen. Ebenso wie der verstellbare Knopflochfuß hat er ein Fenster und Rinnen, jedoch zusätzlich eine Schiene zum Einlegen der Knöpfe. Die Nähmaschine bestimmt anhand des Knopfes automatisch die Größe des Knopfloches. Automatik-Knopflochfüße sind häufig aus Plastik und als Klickfüße oder zum Anschrauben erhältlich. Damit lassen sich Standardknopflöcher und Knopflöcher mit Beilauffaden fertigen, jedoch ebenso Augenknopflöcher und Rundknopflöcher, Knopflöcher für Strickwaren und sogar Sticksösen, sofern die Maschine über die notwendigen Stichmöglichkeiten verfügt. Allerdings können keine Knopflöcher genäht werden, die größer als die Knopfschiene sind.

Knopfannähfuß

AUF EINEN BLICK

- Zum Annähen von Durchnähknöpfen

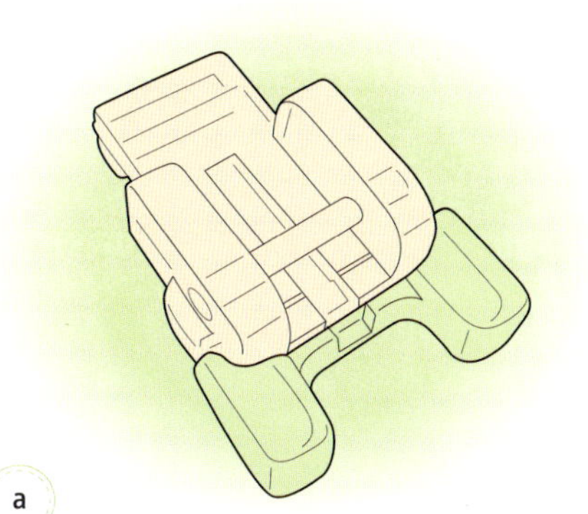

a

INSIDER-TIPP

Ältere Nähmaschinen haben häufig keinen Knopflochstich. Stattdessen wird ein sogenannter Knopflochautomat eingesetzt, der über Metallschablonen Knopflöcher in verschiedenen Formen und Größen fertigt. Besitzen Sie eine ältere Nähmaschine, lohnt sich die Suche nach passenden Knopflochautomaten im Internet.

b

Knopfannähfüße haben zwei kleine, weit auseinander stehende Zehen, die ggf. mit Gummi überzogen sind **(a)**. Sie halten den Knopf, während dieser mit einem Zickzackstich angenäht wird **(b)**. Der Knopfannähfuß ist nicht für Stielknöpfe geeignet. Einige Knopfannähfüße haben eine Öffnung zum Einführen einer Stecknadel, um einen Stiel aus Garn zu fertigen. Knopfannähfüße gehören meist zum Zubehör, es gibt sie aus Metall oder Plastik, als Klickfuß oder zum Anschrauben.

Knopflöcher: manuell

Handgesteuertes (Vier-Stufen-)Knopfloch

Ein Knopfloch ist ein Kästchen, dessen Stichreihen aus Zickzackstichen gefertigt werden. Die Riegel oben und unten bestehen aus einem breiten Zickzackstich ohne Stichlänge, während die Längsseiten mit engem Zickzackstich und kurzer Stichlänge genäht werden.

WERKZEUGE

- Manueller oder verstellbarer Knopflochfuß
- Schneiderkreide oder Trickmarker

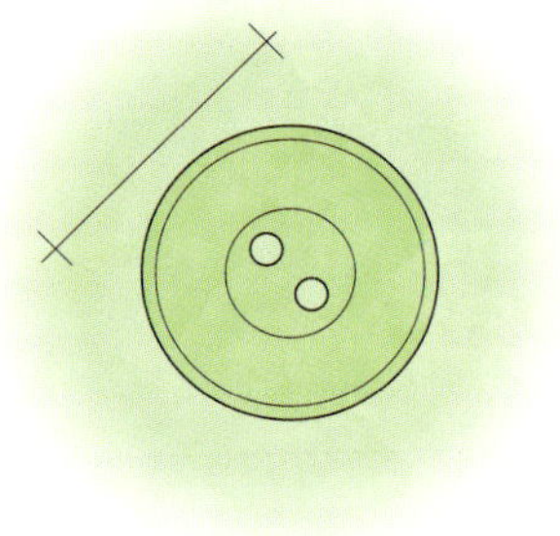

1 Markieren Sie mit Schneiderkreide oder Trickmarker die gewünschte Position des Knopfloches auf dem Stoff.

2 Stellen Sie die Stichwahl auf Knopfloch Schritt 1, die Stichlänge auf 0,5 mm. Setzen Sie den Knopflochfuß ein und stellen Sie den Schieber so ein, dass sich die markierte Stelle genau in der Mitte des Fensters befindet.

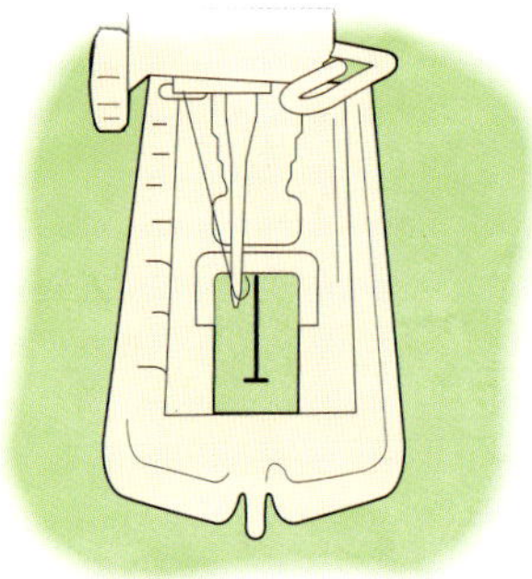

3 Nähen Sie entlang der linken Knopflochseite. Bei einem verstellbaren Knopflochfuß wird sich das Schieberfenster nach und nach schließen. Achten Sie darauf, dass der letzte Stich auf der linken Seite des Zickzacks ist und sich die Nadel nicht mehr im Stoff befindet.

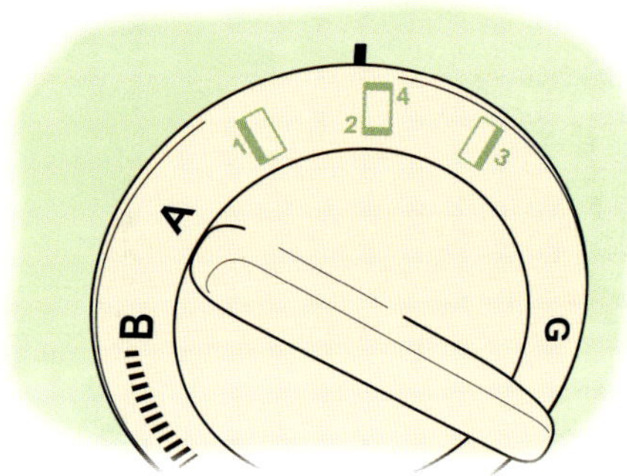

4 Stellen Sie die Stichwahl auf Knopfloch Schritt 2 und nähen Sie fünf Stiche, sodass die Naht rechts abschließt. Automatisch werden die Zickzackstiche breiter und kürzer ausgeführt. Achten Sie darauf, dass die Nadel nach dem letzten Stich oben steht.

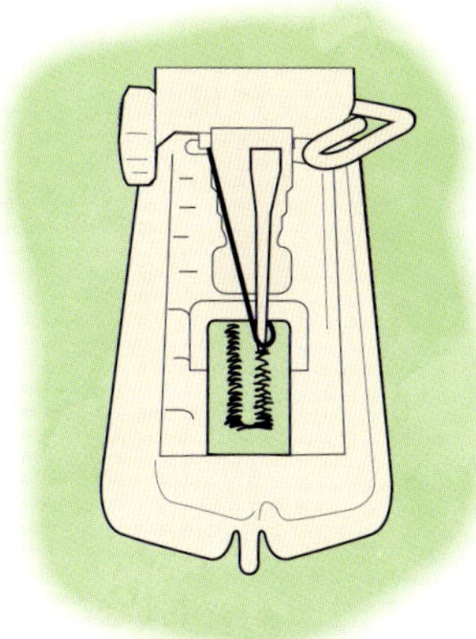

5 Stichwahl auf Knopfloch Schritt 3 einstellen und die zweite Längsseite nähen. Dies entspricht Schritt 1, jedoch in entgegengesetzter Richtung. Das Schieberfenster öffnet sich wieder. Achten Sie darauf, dass der letzte Stich rechts gefertigt wird und die Nadel nicht im Stoff bleibt.

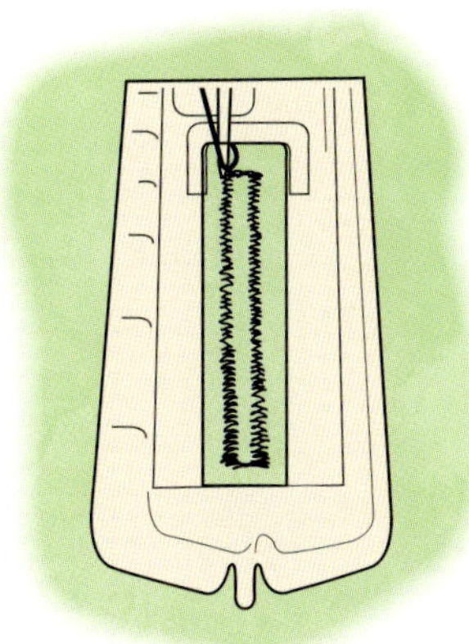

6 Stichwahl auf Knopfloch Schritt 4 (dies entspricht häufig Schritt 2) stellen und fünf Stiche nähen. Nach dem letzten Stich sollte die Nadel oben stehen.

7 Zur Stichsicherung wählen Sie den Geradstich, ändern die Stichlänge auf 0 mm und fertigen drei oder vier Stiche. Fadenenden abschneiden.

INSIDER-TIPP

- Das Knopfloch sollte dem Durchmesser des Knopfes entsprechen, zuzüglich der Höhe des Knopfes, dazu addieren Sie 3 mm. Diese zusätzlichen 3 mm schaffen ein wenig mehr Platz und das Knopfloch fällt nicht zu klein aus. Die Höhe wird dazugerechnet, da hohe Knöpfe einen breiteren Schlitz als flache Knöpfe benötigen.
- Sie können die Stichlänge beim Knopfloch anpassen. Ein kürzerer Stich sieht zwar schön aus, bedenken Sie jedoch, dass einige Stoffe unregelmäßig transportiert und in den Transporteur gezogen werden könnten.

Knopflöcher: automatisch

Automatische Knopflöcher

Automatische Knopflöcher sehen immer identisch aus und sind rasch genäht.

WERKZEUGE

- Knopflochnähfuß für automatisches Knopflochnähen
- Schneiderkreide oder Trickmarker

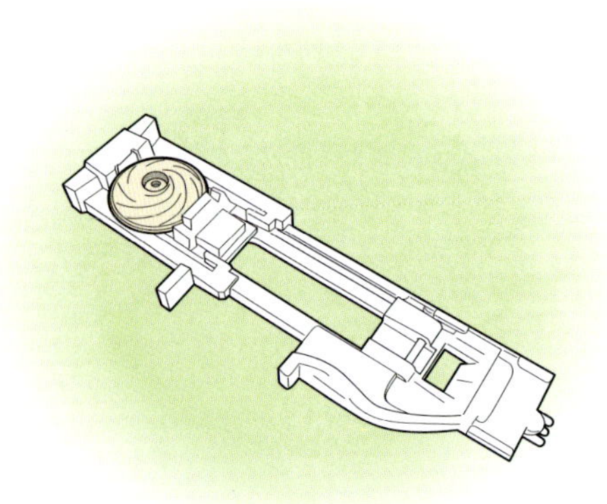

1 Legen Sie den Knopf in die Vorrichtung auf der Rückseite des Knopflochfußes. Das Schieberfenster zeigt nun die korrekte Größe an. Nähfuß in die Maschine einsetzen.

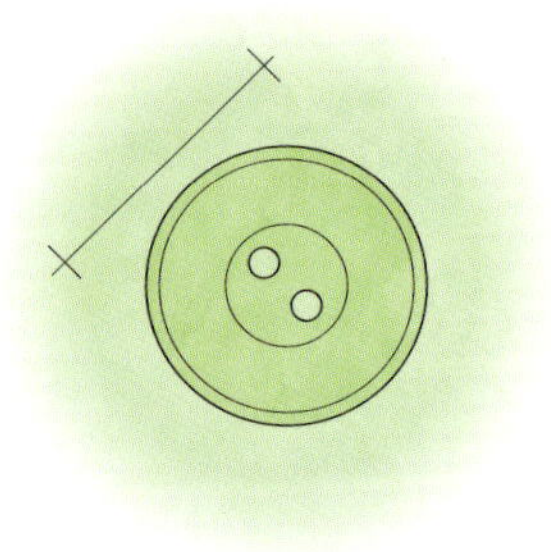

2 Mit Schneiderkreide oder Trickmarker das Knopfloch auf dem Stoff markieren.

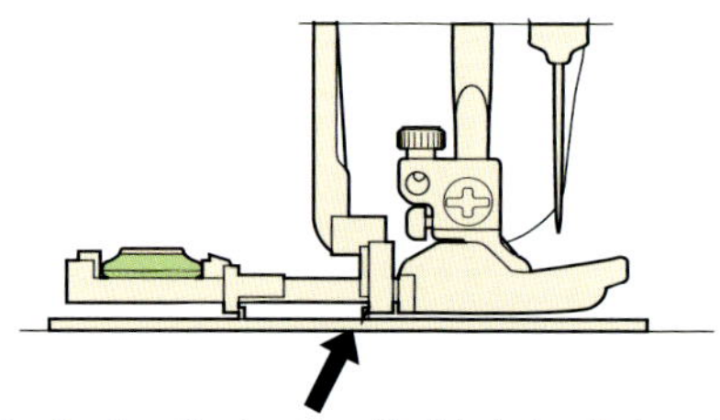

3 Senken Sie den Knopflochhebel zwischen die beiden Stege der linken Nähfußseite.

4 Stellen Sie den Knopflochstich ein.

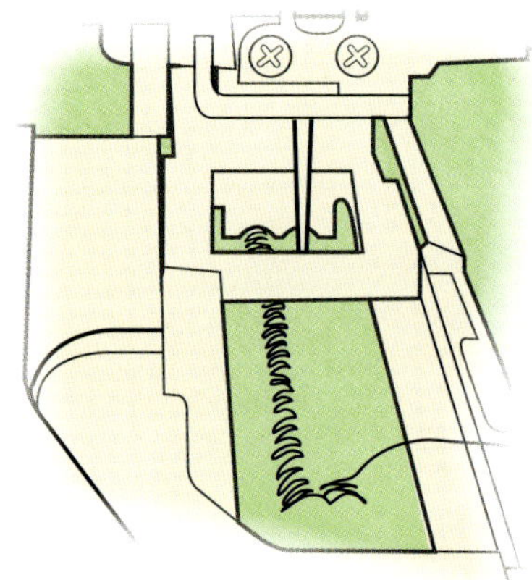

5 Nähfuß auf die Anfangsposition ausrichten und zu nähen beginnen. Die Maschine näht nun eine Längsseite, einen Querriegel, die zweite Längsseite und den zweiten Riegel in einem Arbeitsschritt. Zum Abschluss näht die Maschine einige Stiche zur Nahtsicherung.

INSIDER-TIPP

- Beim Nähen eines Knopfloches auf dünnem oder elastischem Stoff ist es empfehlenswert, die linke Stoffseite mit einem Stück Stickvlies zu stabilisieren, dies verhindert das Dehnen und Verschieben des Stoffes.

Formschöne Knopflöcher

Augenknopflöcher

Augenknopflöcher werden für hohe Knöpfe verwendet, da ein Automatik-Knopflochfuß Knopflöcher unabhängig von der Knopfhöhe fertigt. Für flache Knöpfe sind Standardknopflöcher oder auch Rundknopflöcher geeignet.

WERKZEUGE

- Knopflochnähfuß für automatisches Knopflochnähen

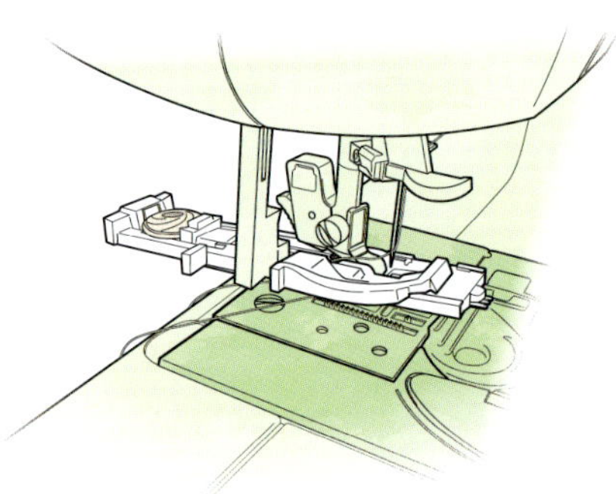

1 Einen Knopf in die Vorrichtung des Nähfußes legen, um das Fenster auf die korrekte Größe auszurichten. Nähfuß in die Maschine einsetzen und den Knopflochhebel zwischen die beiden seitlichen Stege des Nähfußes absenken.

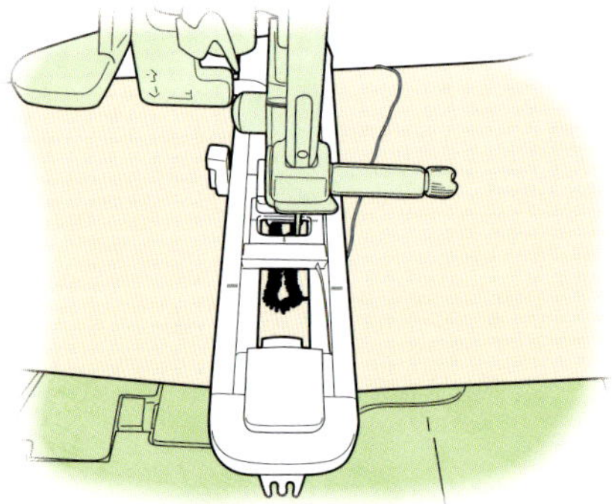

2 Augenknopflochstich wählen und den Nähfuß am Anfang des Knopfloches positionieren. Die Maschine näht nun die Hälfte der Rundung, die erste Längsseite, den Querriegel und die zweite Längsseite sowie den letzten Teil der Rundung in einem Arbeitsschritt.

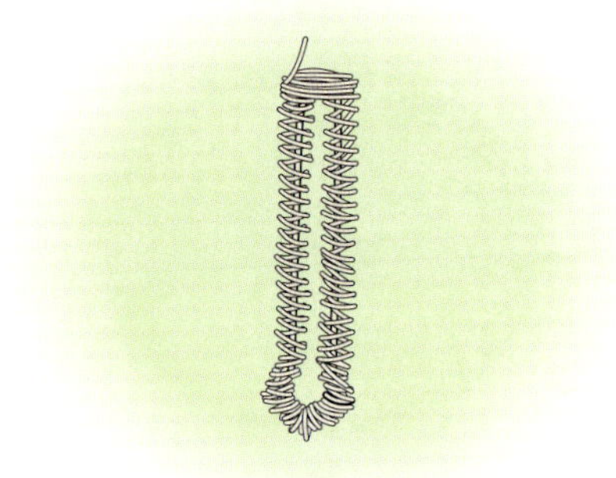

Knopflöcher mit Beilauffaden

Bei Knopflöchern mit Beilauffaden werden die Stiche über ein zweites Garn genäht. Sie wirken dadurch plastischer und sind gut geeignet für Gestricktes oder plüschige Textilien, in denen ein herkömmliches Knopfloch praktisch vom Stoff verdeckt werden würde.

WERKZEUGE

- Automatischer oder verstellbarer Knopflochfuß
- Kordel, Zierstichfaden oder Stickgarn
- Schneiderkreide oder Trickmarker

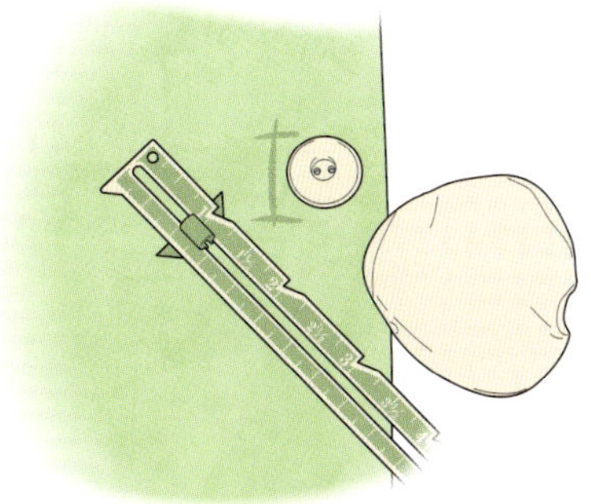

1 Markieren Sie das Knopfloch auf dem Stoff.

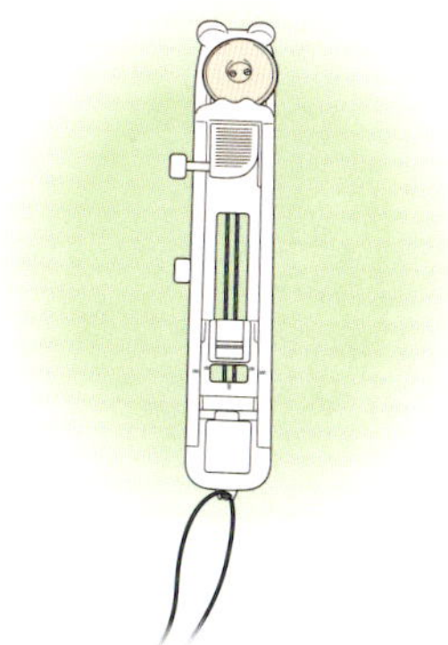

2 Den Beilauffaden an der Vorrichtung des Nähfußes einhaken. Faden nach vorn bringen und an der Gabel sichern.

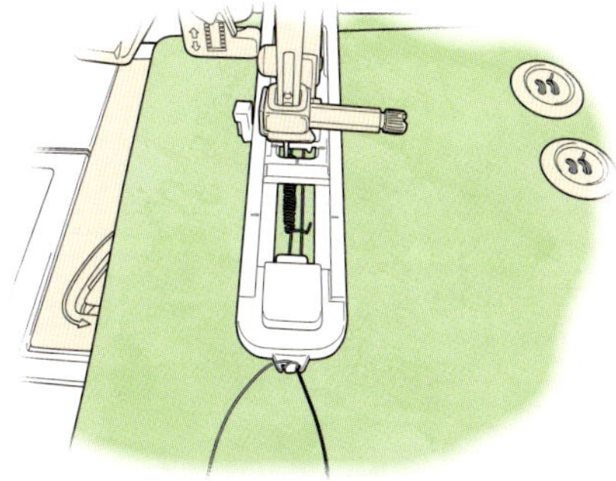

3 Nähfuß absenken, einen Knopflochstich wählen und das Knopfloch wie gewohnt nähen. Beilauffaden nach vorn ziehen, Fadenenden abschneiden.

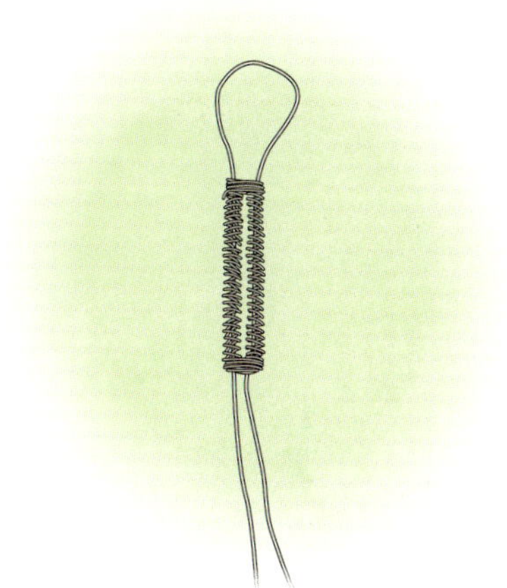

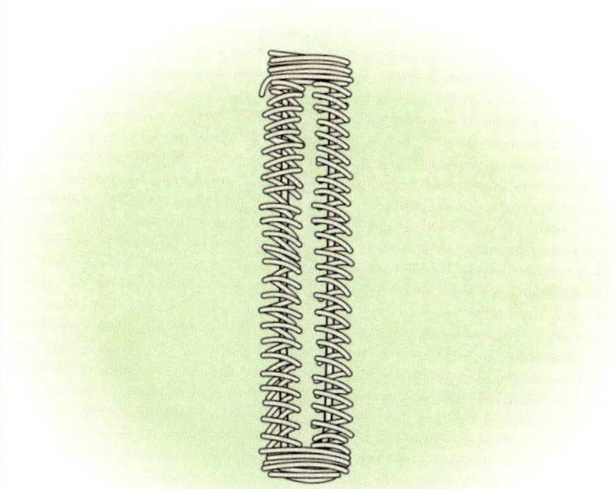

Knöpfe und Knopflöcher

Knöpfe annähen mit der Nähmaschine

Mit der Nähmaschine und dem Knopfannähfuß ist das Annähen eines Knopfes schnell erledigt.

WERKZEUGE

- Knopfannähfuß
- Stopfplatte (optional)
- Stecknadel oder Zahnstocher
- Handnähnadel

1 Wählen Sie eine Stichlänge von 0 mm (alternativ Transporteur versenken oder Stopfplatte einsetzen) sowie den breitesten Zickzackstich. Knopfannähfuß einsetzen. Legen Sie den Knopf auf die gewünschte Stelle und senken Sie den Nähfuß ab, sodass sich die Knopflöcher zwischen den Zehen des Nähfußes befinden. Schieben Sie eine Stecknadel zwischen Nähfuß und Knopf. So sitzt das Garn lockerer und bildet einen Garnstiel am Knopf.

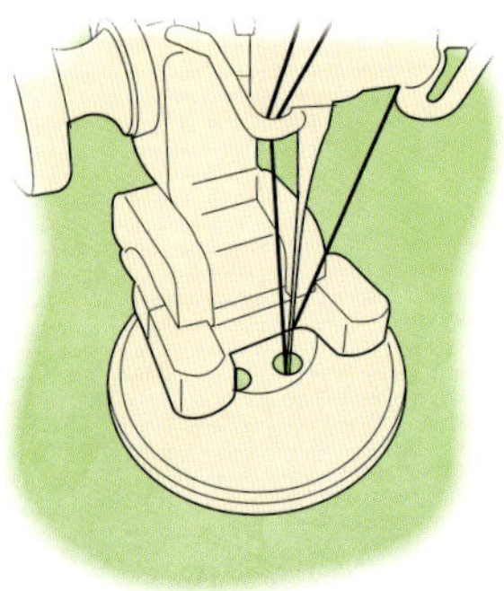

2 Senken Sie die Nadel durch Drehen des Handrades in ein Loch des Knopfes, Nadel wieder nach oben holen und auch am zweiten Loch prüfen, ob die Nadel die Löcher problemlos durchsticht. Passen Sie eventuell die Stichbreite an. Ist diese korrekt, mit Fußpedal fünf- bis sechsmal im Zickzack von Loch zu Loch nähen. Bei einem Vier-Loch-Knopf den Knopf drehen, um auch die anderen Löcher zu nähen.

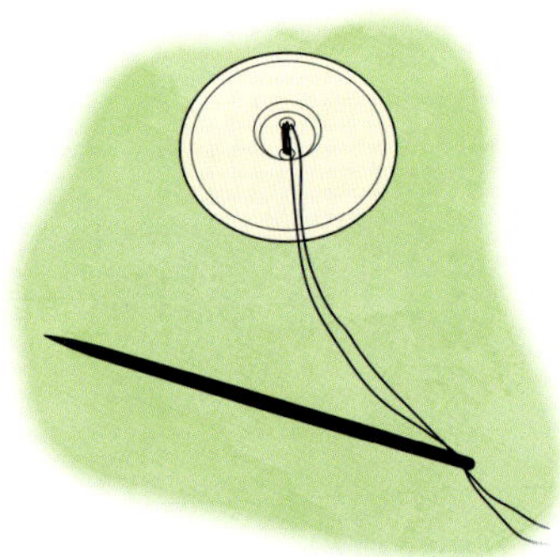

3 Endfäden ausreichend lang stehen lassen. In eine Handnähnadel einfädeln, durch den Knopf ziehen und die Stielfäden mit dem Nähgarn umwickeln. Fäden zur linken Stoffseite ziehen, verknoten und abschneiden.

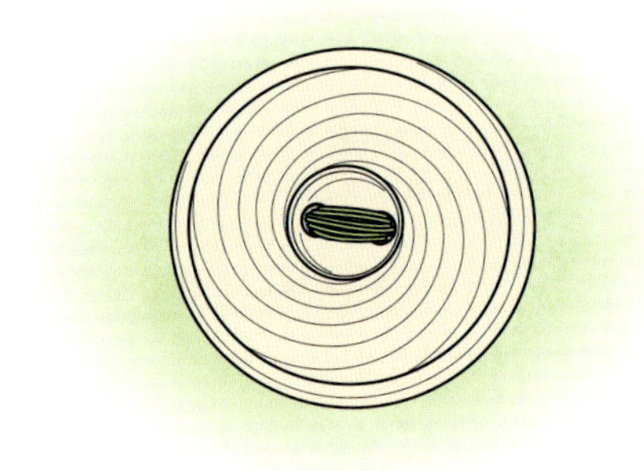

INSIDER-TIPP

Mit einem Nähfaden in Kontrastfarbe werden Knöpfe zum dekorativen Element. Bei Vier-Loch-Knöpfen können Sie die Stiche über Kreuz, parallel oder quadratisch fertigen.

Knopflöcher aufschneiden

WERKZEUGE

- Nahttrenner
- Stecknadel
- Stoffstanzer oder Ahle

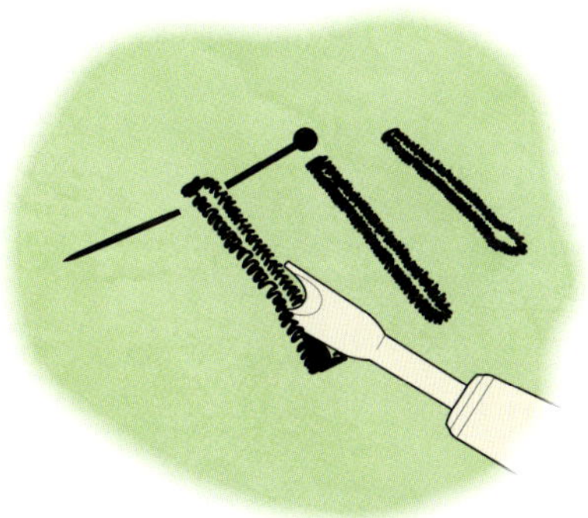

1 Platzieren Sie eine Stecknadel vor dem oberen Riegel. Mit dem Nahttrenner das Knopfloch vorsichtig von unten nach oben aufschneiden. Die Stecknadel dient als Stopper und verhindert, dass der Riegel beschädigt wird.

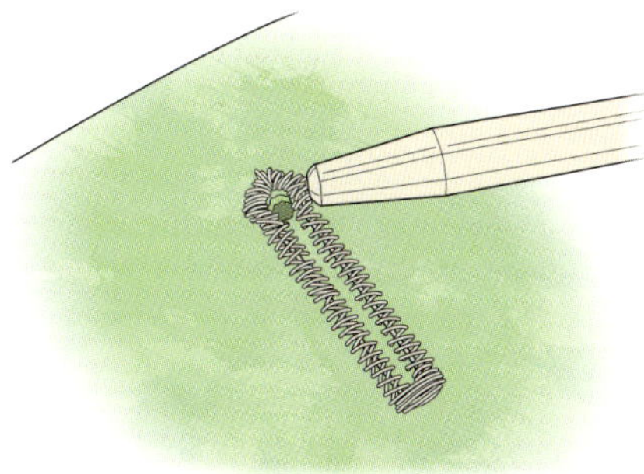

2 Die Rundung eines Augenknopfloches oder einer Sticköse lässt sich mühelos mit einem Stoffstanzer aufschneiden.

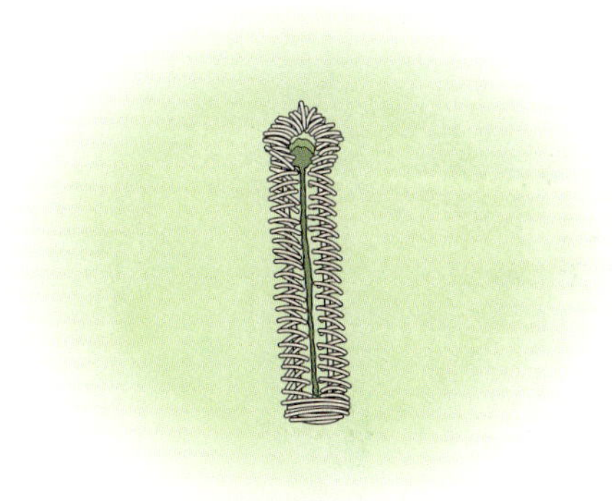

INSIDER-TIPP

Geben Sie einen Tropfen Stoffkleber auf das Knopfloch. Vor dem Aufschneiden den Kleber gut trocknen lassen, so wird ein Ausfransen der Nähfäden verhindert.

Nähfüße zum Säumen

Ein Standardsaum kann mit einem Allzwecknähfuß genäht werden, aber zum Erzielen professioneller Ergebnisse erfordern einige Techniken einen Spezialnähfuß.

Blindstichfuß

AUF EINEN BLICK

- Fertigt unsichtbare Saumabschlüsse bei eleganten Kleidungsstücken
- Geeignet für mittelschwere bis dicke Stoffe
- Geeignete Nadelgrößen sind 75/11 oder 80/12 Universal
- Zur Verwendung mit Universal-Polyester- oder Baumwollnähfäden in passender Farbe oder mit Transparentfäden

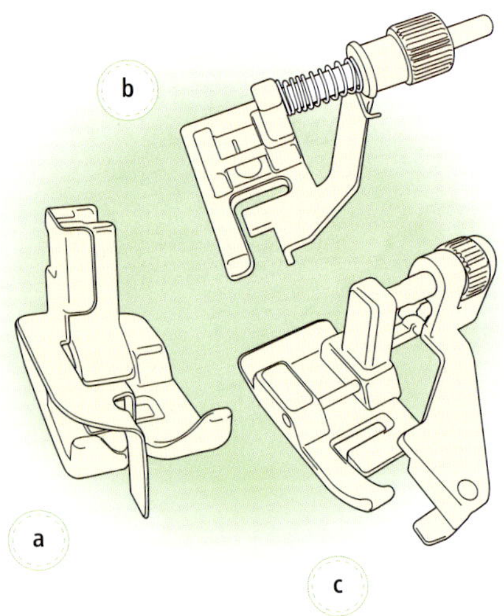

Ein Blindsaum (oder unsichtbarer Saum) verleiht Hosen, Röcken und Kleidern einen eleganten Touch, wenn sichtbare Nähte auf der rechten Stoffseite unerwünscht sind. Er wird häufig bei Anzughosen und Röcken verwendet. Ein gut genähter Blindsaum sollte auf der rechten Stoffseite kaum wahrnehmbar sein, erkennbar sind lediglich kleine Stiche im Abstand von circa 1,3 cm. Auf der linken Stoffseite sind Zickzackstiche **(d)** sichtbar. Blindsäume lassen sich bei verschiedenen Stoffarten fertigen und sind daher gut für Kleidungsstücke geeignet, jedoch auch für schwerere Stoffe wie Vorhänge ideal.

Blindstichnähfüße sind zum Anschrauben **(a)** oder als Klickfuß **(b und c)** erhältlich. Ein guter Nähfuß hat eine verstellbare Schiene, an der sich der Umbruch beim Nähen bündig ausrichten lässt, die aber auch als Führung beim Steppen oder bei Zierstichen dienen kann **(b und c)**. Ebenso gibt es Blindstichfüße mit einer mittigen Metallführung, an die sich der Umbruch anschmiegt und so exaktes Nähen erleichtert **(a)**.

INSIDER-TIPP

Der Blindstichfuß ist auch zum Steppen sowie für knappkantiges Steppen und Zierstiche geeignet.

Rollsäumer

AUF EINEN BLICK

- Fertigt schmale Rollsäume von 2–6 mm
- Am besten für leichte bis mittelschwere Stoffe geeignet
- Geeignet sind Universal- oder Microtex-nadeln in 70/10 oder 80/12
- Zur Verwendung mit Universal-Polyester- oder Baumwollnähfäden in passender Farbe

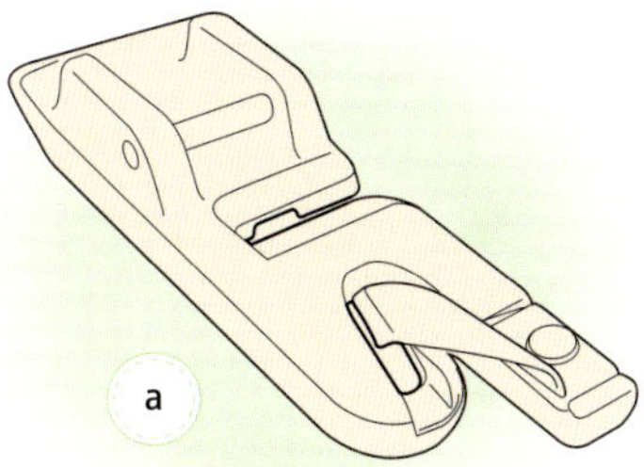

INSIDER-TIPP

Der Rollsäumer erleichtert das Aufnähen von schmalen Borten oder Zierbändern. Dazu das Zierband in die Schnecke des Rollsäumers einführen, beim Nähen wird es automatisch geführt und gerade aufgenäht.

Mit dem Rollsäumer **(a)** wird ein schmaler Stoffstreifen in einem Arbeitsschritt zweimal eingeschlagen und vernäht **(b)**. Ohne Rollsäumer wäre es sehr mühselig, die schmalen Stoffpartien bügeln zu müssen. Rollsäumer werden auch als Säumerfuß bezeichnet und sind in unterschiedlichen Größen erhältlich. Die gebräuchlichste Größe ist 2 mm, es sind jedoch auch Säumer in 4 mm oder 6 mm erhältlich. Die Breite des fertigen Saums entspricht der Breite der vorderen Fußöffnung sowie der Aussparung an der Unterseite.

Einen Rollsaum fertigt man häufig als Abschluss an Halstüchern oder Servietten, aber ebenso als Saum bei Kleidern und Röcken sowie Rüschen. Ein Rollsaum funktioniert am besten bei leichten Stoffen, wie Chiffon, Georgette, Batist, Voile, Linon und Charmeuse.

Bei den meisten Maschinen gehört ein 2-mm-Rollsäumer zum Lieferumfang. Bei hochwertigen Maschinen ist eventuell auch ein größerer Rollsäumer dabei, diese können jedoch auch als Sonderzubehör gekauft werden. Rollsäumer gibt es als Klickfüße oder zum Anschrauben für Nähmaschinen mit kurzem, hohem oder abgewinkeltem Schaft.

Blindsaum

Der Blindsaum, auch unsichtbarer Saum genannt, verhindert sichtbare Nähte auf der rechten Stoffseite. Er ist vor allem für gerade Stoffkanten geeignet.

WERKZEUGE

- Blindstichfuß
- Lineal
- Stecknadeln
- Bügeleisen und Bügelbrett

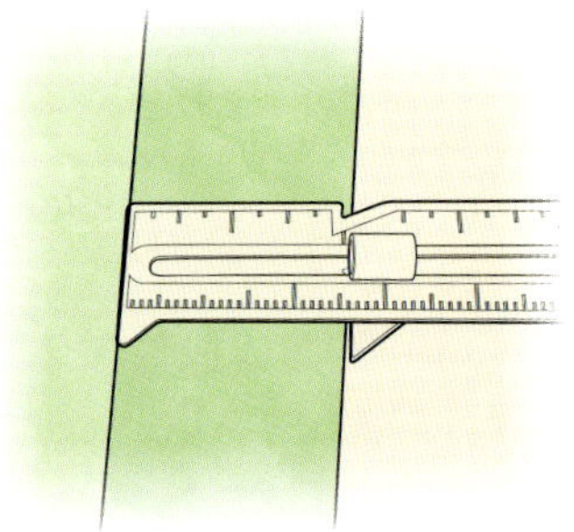

1 Bügeln Sie die gesamte Breite der Saumzugabe zur linken Seite. Anschließend nach rechts falten, sodass eine 6 mm breite Stoffkante hervorschaut.

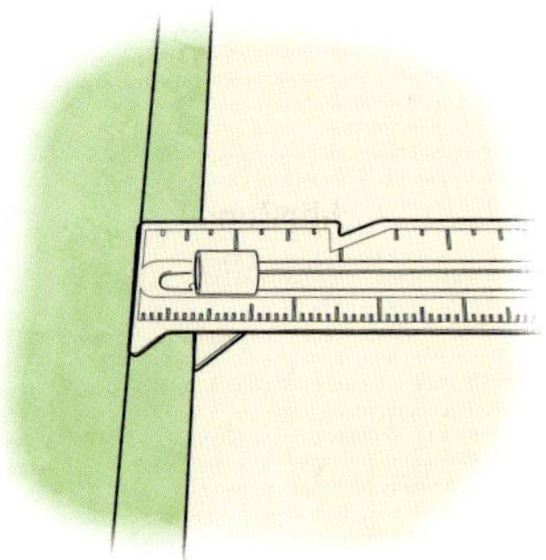

2 Blindstichfuß einsetzen und Blindstich mit Stichlänge 2,5 mm wählen.

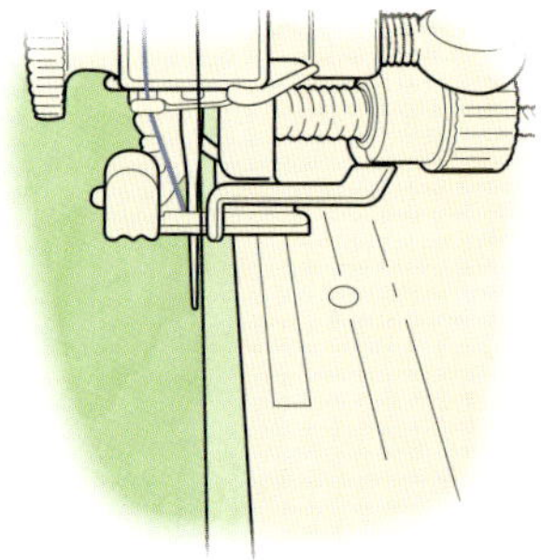

3 Drehen Sie das Handrad, bis die Nadel den linken äußeren Zickzackbereich erreicht hat, die Nadel sollte nur knapp in die Bruchkante einstechen. Richten Sie die Führung des Nähfußes durch Drehen der Justierschraube so aus, dass diese an der Bruchkante entlang läuft und als Nahtführung dient.

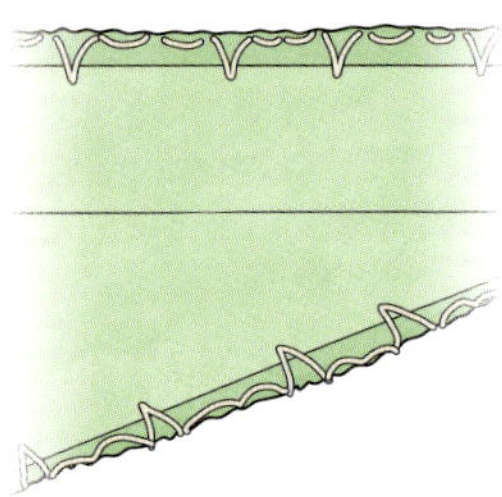

4 Beginnen Sie zu nähen. Der große Zickzackstich erfasst nur einen Gewebefaden im Stoffbruch, der kleine Zickzackstich versäubert die Kante und verhindert ein Ausfransen.

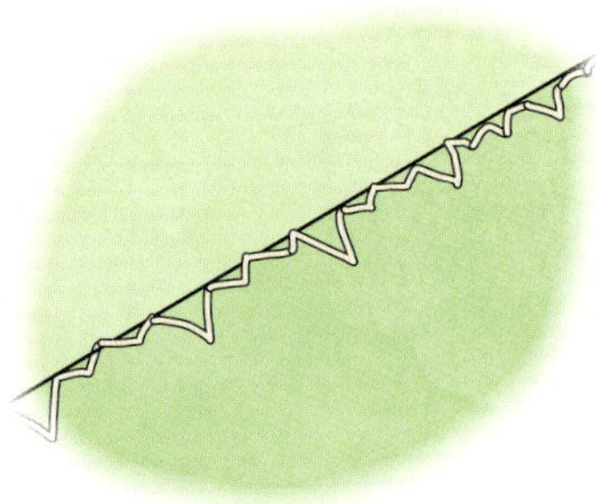

5 Saum aufklappen und flach bügeln. Auf der linken Stoffseite zeigen sich Zickzackstiche, auf der rechten Stoffseite sollten nur kleine Stiche im Abstand von circa 1,3 cm zu sehen sein.

INSIDER-TIPP

Sind auf der rechten Stoffseite größere Stiche sichtbar, haben Sie zu weit von der Bruchkante entfernt genäht. Wird kein Faden erfasst, war der Abstand zur Kante zu klein. Blindsäume können eine Herausforderung sein, also nehmen Sie sich Zeit zum Üben.

Rollsaum

Ein Rollsaum ist ein dekorativer Abschluss bei leichten Stoffen und ideal bei Kleidern und Blusen sowie an Ärmeln.

WERKZEUGE

- Rollsäumer
- Lineal
- Stecknadeln
- Bügeleisen und Bügelbrett

1 Saumzugabe 3 mm zur linken Stoffseite bügeln, dann noch einmal weitere 3 mm.

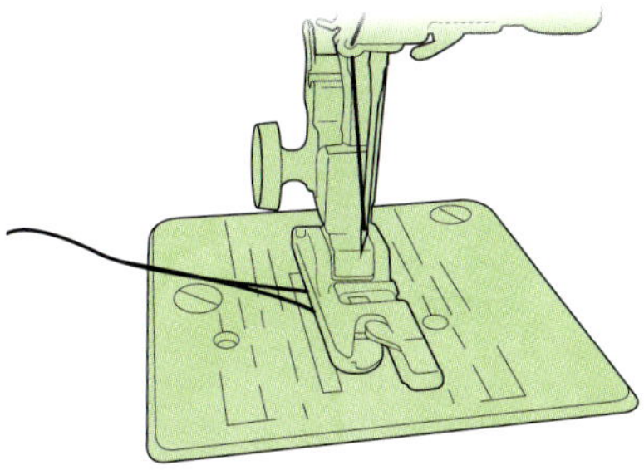

2 Rollsäumer einsetzen und den Geradstich mit Stichlänge 2,5 mm wählen.

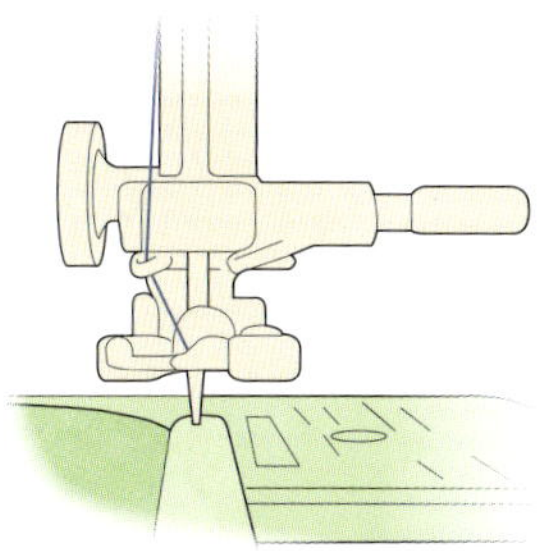

3 Einige Geradstiche an der Stoffkante nähen, dann den Nähfuß anheben. Die Nadel bleibt im Stoff.

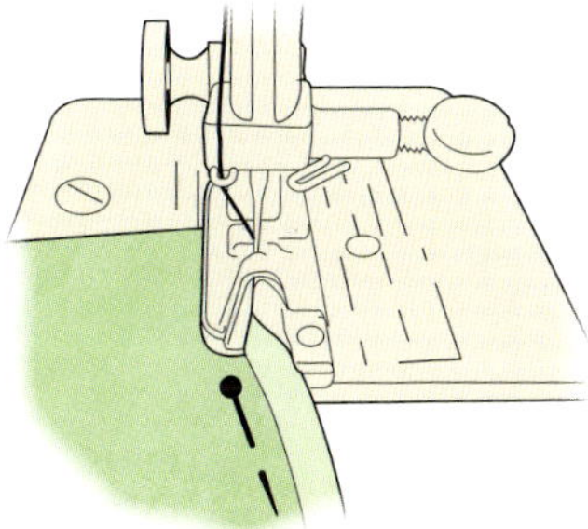

4 Mithilfe einer Stecknadel die Stoffkante vorsichtig in die Schnecke des Rollsäumers einführen und den Nähfuß absenken.

5 Den Rollsaum langsam fertig nähen, dabei den Stoff behutsam in die Schnecke führen.

INSIDER-TIPP

Sehr glatten Stoff mit Sprühstärke einsprühen und anschließend bügeln. Die Stärke stabilisiert den Stoff und erleichtert das Einführen in die Schnecke des Nähfußes. Die Stärke lässt sich nach Fertigstellung des Nähprojektes leicht auswaschen, vergewissern Sie sich jedoch vorher anhand einer Probe auf einem Stoffrest, dass die Stärke keine bleibenden Flecken verursacht.

Gesteppte und Covernaht-Säume

Steppen und knappkantig steppen

Werden die Nahtführungen vom Stoff verdeckt, fällt das Nähen von perfekt geraden Steppnähten schwer. Der Blindstichfuß bietet eine leicht zu positionierende und sichtbare Nahtführung.

WERKZEUGE

- Allzwecknähfuß
- Blindstichfuß
- Bügeleisen und Bügelbrett

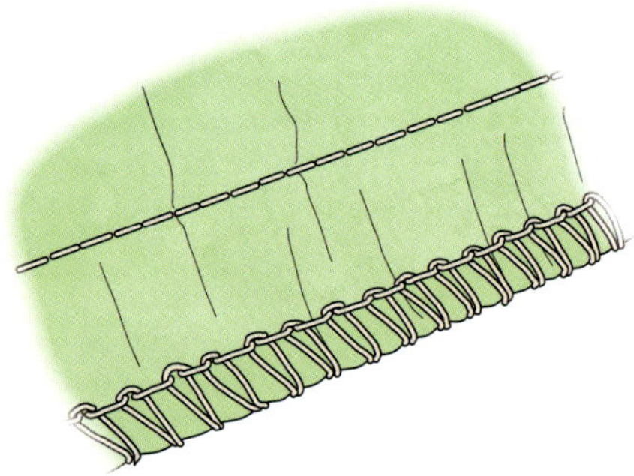

1 Die Naht fertigen und die Stoffkante mit einer Overlocknaht, einem Zickzackstich oder mit der Zackenschere versäubern.

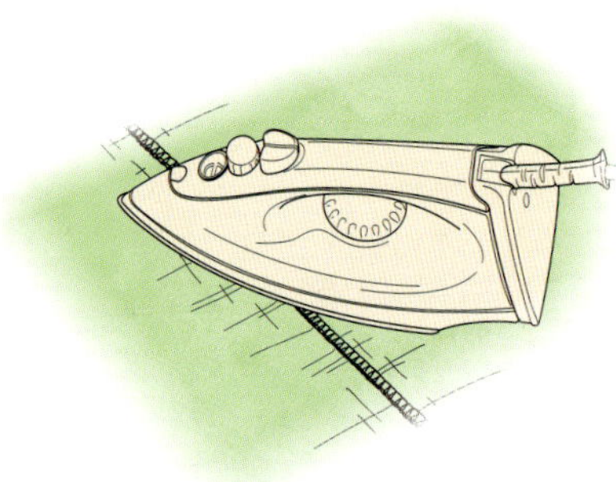

2 Naht bügeln und zur Stoffoberseite umfalten. Sie arbeiten auf der rechten Stoffseite.

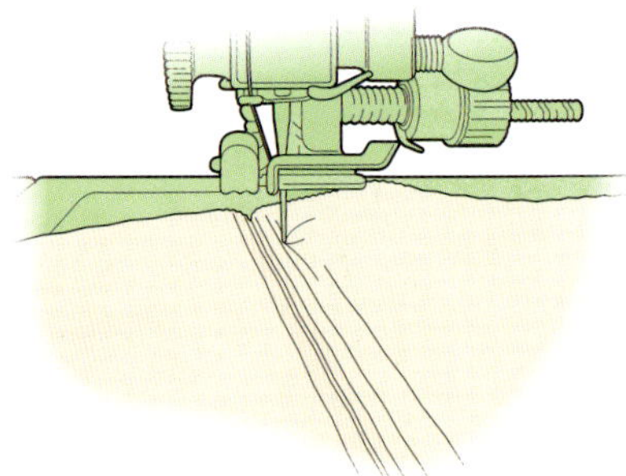

3 Allzwecknähfuß entfernen und Blindstichfuß einsetzen. Stoff unter den Nähfuß schieben und die Nadel durch Drehen des Handrads auf die Position der gewünschten Naht senken.

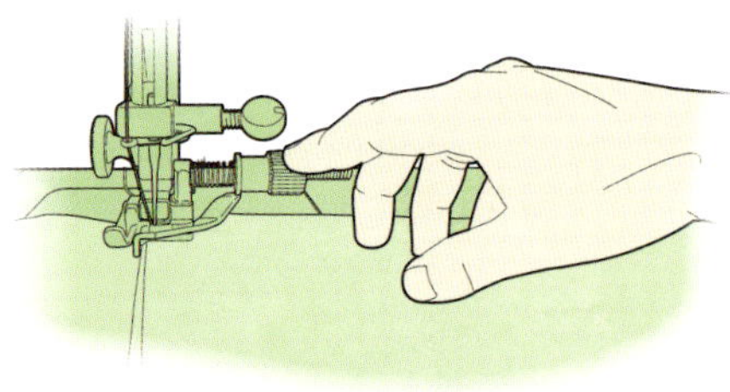

4 Mithilfe der Justierschraube die Führung des Nähfußes so einstellen, dass diese an der Naht oder Kante anliegt. Sie dient als Nahtführung und sollte beim Nähen stets im Blick bleiben. Steppen Sie nun die Naht.

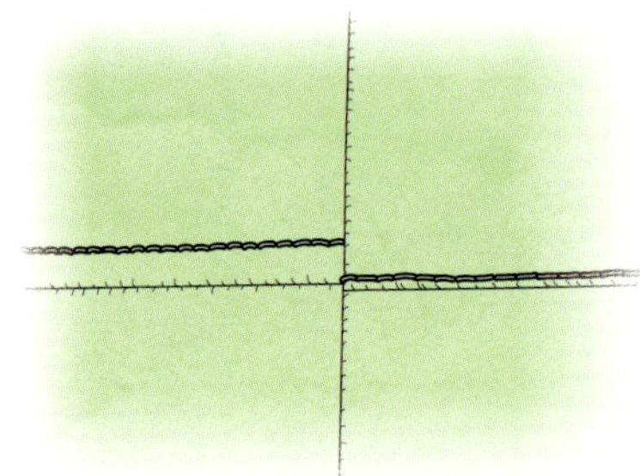

INSIDER-TIPP

Sowohl Säume als auch Nähte können gesteppt werden.

Covernaht-Saum

Es bedarf keiner Coverlockmaschine, um professionelle Saumabschlüsse bei Strickwaren zu nähen. Eine falsche Covernaht kann mit einer Zwillingsnadel und einem Geradstich auf jeder Nähmaschine genäht werden. Der Unterfaden läuft im Zickzack zwischen den Nadeln hin und her und bildet eine elastische Naht.

WERKZEUGE

- Blindstichfuß
- Zwillingsnadel
- Lineal
- Stecknadeln
- Bügeleisen und Bügelbrett

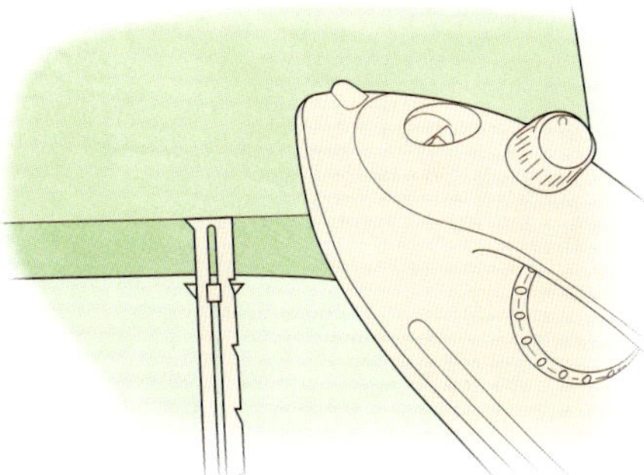

1 Die gesamte Breite der Saumzugabe zur linken Stoffseite bügeln und feststecken.

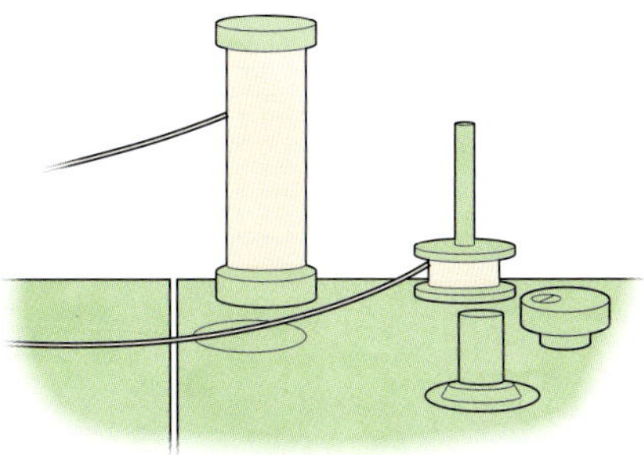

2 Zwillingsnadel einsetzen und zwei Fäden einfädeln, dabei darauf achten, dass diese nicht verheddern.

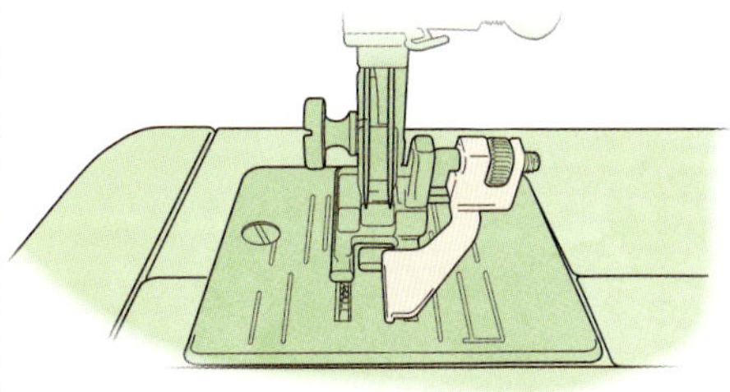

3 Blindstichfuß in die Maschine einsetzen und den Geradstich mit Stichlänge 2,5 mm einstellen.

4 Richten Sie den Stoff mit der rechten Seite nach oben so an der Zwillingsnadel aus, dass diese direkt an der Kante einsticht. Die Führung des Nähfußes sollte bündig mit der unteren Stoffkante positioniert sein.

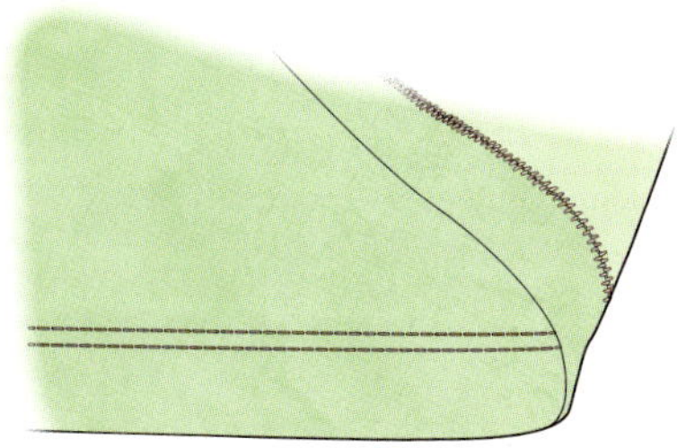

5 Saum fertig nähen und mit Rückstichen an Nahtanfang und -ende sichern.

INSIDER-TIPP

Anstatt eine zweite Garnspule mit Oberfaden zu kaufen, spulen Sie einfach einen weiteren Unterfaden auf und verwenden diesen als zweiten Faden.

12 Rüschen und Kräusel

Kräuselfuß und Mehrstichkräusler

Die meisten Näherinnen fertigen Kräuselungen und Raffungen mit zwei Heftstichreihen, anschließend werden die Unterfäden zusammengezogen. Die Nähfüße für diese Techniken erledigen das schneller und genauer. Sie können die unterschiedlichen Kräuselfüße für dekorative Elemente mit Kräuselungen einsetzen, geraffte oder gerüschte oder mit Fältchen versehene Kantenabschlüsse sowie Verzierungen nähen.

Kräuselfuß

AUF EINEN BLICK

- Fertigt feine Kräuselungen
- Geeignet für feine bis mittelschwere Stoffe
- Geeignet sind Universalnadeln in 75/11 oder 80/12
- Für Universalnäh- oder Elastikfäden

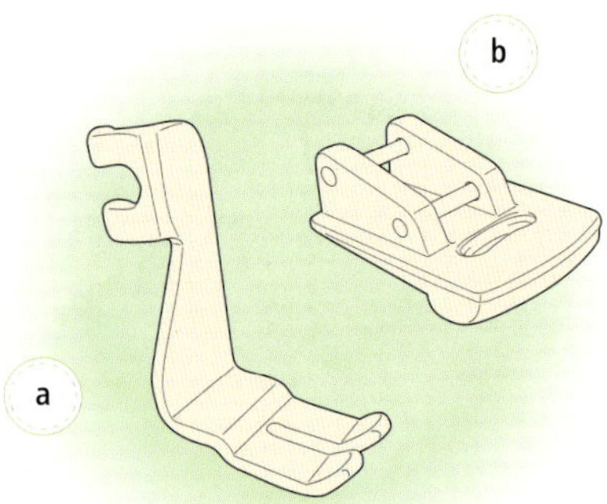

Der Kräuselfuß hat eine breite, flache Sohle an der Vorderseite und eine erhabene Partie an der Rückseite. Nur die Vorderseite kommt mit dem Transporteur in Kontakt, so entstehen feine Kräuselungen. Der Nähfuß hat entweder eine Öffnung für Geradstiche oder ein breiteres Loch für Zickzackstiche. Kräuselfüße gibt es in einfacher oder doppelter Ausführung. Der Doppelfuß hat eine Kerbe auf der linken Seite und ist vielfältiger einzusetzen, denn er ermöglicht es, ein Stück Stoff während des Kräuselns auf das Gekräuselte zu nähen. Kräuselfüße sind aus Metall und entweder als Klickfuß **(b)** oder mit mit kurzem, abgewinkeltem **(a)** oder hohem Schaft erhältlich.

Ein Kräuselfuß verleiht Ärmelnähten mehr Volumen, ermöglicht das Kräuseln von Röcken und das Annähen an das Bündchen oder das Fertigen von Rüschen **(c)**. Kräuselfüße sind gut geeignet für feine Stoffe, weniger für dicke oder steife Textilien. Für elastische Kräuselnähte kann Elastiknähfaden verwendet werden. Je länger die Stichlänge, desto voluminöser wirkt die Kräuselung. Einige Probestiche auf einem Stoffrest zeigen, wie der Kräuseleffekt bei der verwendeten Stichlänge ausfällt.

INSIDER-TIPP

Falls Sie über einen Kräuselfuß mit breitem Loch verfügen, versuchen Sie auch einmal, mit einer Zwillingsnadel zu nähen, um zwei Kräuselnähte parallel zu fertigen. Dies verhindert, dass sich der Stoff beim Kräuseln verzieht.

Mehrstichkräusler

AUF EINEN BLICK

- Fertigt regelmäßige Fältchen im Abstand von einem, sechs oder zwölf Stichen
- Für alle Stoffqualitäten von fein bis dick
- Geeignet sind Universalnadeln in 75/11 oder 80/12
- Zur Verwendung mit Universal-Polyester- oder Baumwollnähfäden

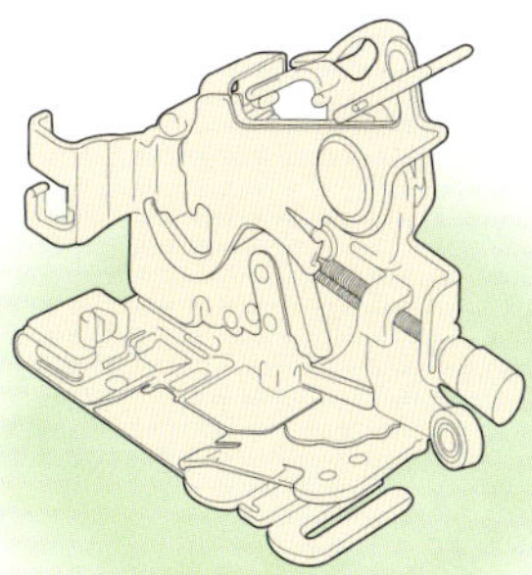

a

INSIDER-TIPP

Um herauszufinden, wie Sie den Stoff zuschneiden müssen, nähen Sie zunächst ein Probestück. Schneiden Sie einen 25 cm langen Stoffstreifen zu und nähen Sie mit dem Kräuselfuß oder Mehrstichkräusler. Messen Sie nach, um das korrekte Größenverhältnis zu ermitteln. Ist die fertige Kräuselung beispielsweise 18 cm lang, ist der Stoff nun um 30 Prozent gekürzt. Sie müssen also beim Zuschnitt eine 30-prozentige Zugabe zur gewünschten Länge berücksichtigen.

b

Ein Mehrstichkräusler ist ein Nähfuß aus Metall zum Nähen regelmäßiger Falten. Der Nähfuß hat eine Gabel, die an der Nadelstange einhakt, sowie kleine Zähnchen an der Unterseite, die den Stoff unter die Nadel schieben. Der Mehrstichkräusler lässt sich so einstellen, dass Fältchen nach jedem, nach sechs oder zwölf Stichen gefertigt werden. Mithilfe einer Justierschraube an der Vorderseite lässt sich die Faltentiefe regulieren. Mehrstichkräusler sind häufig als Nähfüße zum Anschrauben **(a)** erhältlich, sie müssen auf den jeweiligen Schaft der Maschine abgestimmt sein.

Mit einem Mehrstichkräusler lassen sich Falten auf ein Stoffstück nähen oder gleichzeitig Falten fertigen und auf einen anderen Stoff annähen. Es ist sogar möglich, Falten zu fertigen, auf einen Stoff nähen und gleichzeitig einen Besatz aufzunähen. Mehrstichkräusler sind ebenso ideal, um Zierbänder zu kräuseln oder gekräuselte Zierbänder aus Stoffstreifen herzustellen **(b)**. Mehrstichkräusler sind für alle Stoffqualitäten geeignet.

Kräuseltechnik

Diese Technik fertigt feine Kräusel in leichten Stoffen. Sie ist ideal, um Kanten zusammenzufassen oder einen gerüschten Saum zu nähen.

WERKZEUGE

- Kräuselfuß
- Universalnähfaden

1 Kräuselfuß in die Maschine einsetzen, Geradstich mit Stichlänge 3 mm wählen.

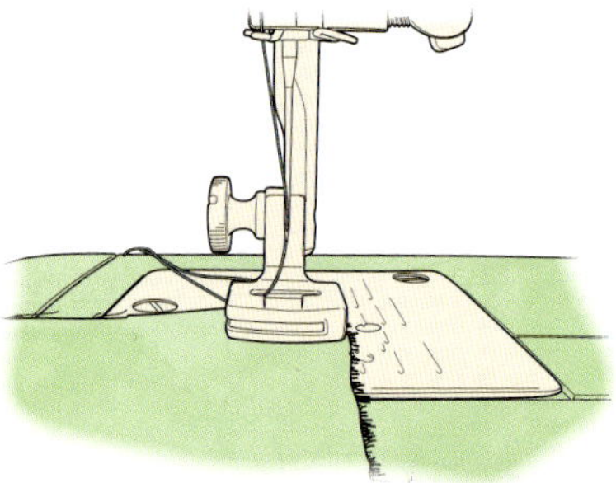

2 Die zu kräuselnde einfache Stofflage an die untere Seite des Kräuselfußes legen, die Kante an der rechten Nähfußseite ausrichten.

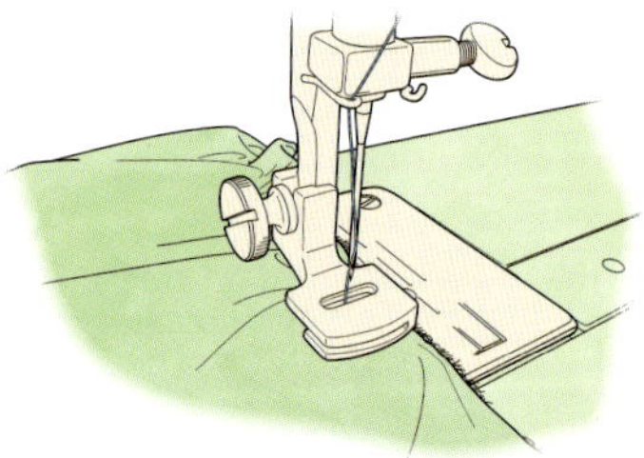

3 Fertigen Sie einige Rückstiche und beginnen Sie zu nähen, Sie werden sehen, wie sich der Stoff zu kräuseln beginnt. Das Nahtende mit Rückstichen sichern.

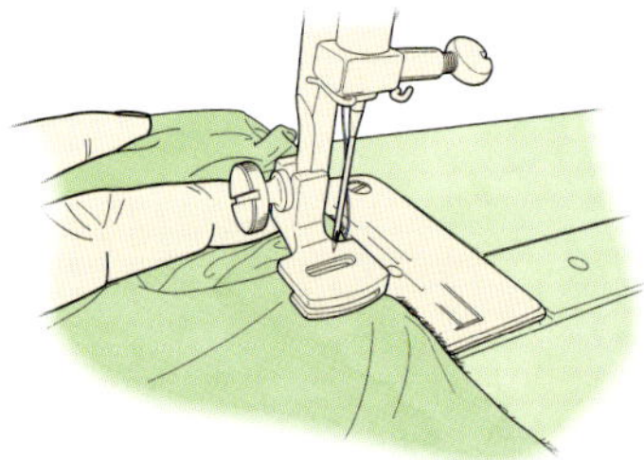

4 Für einen stärkeren Kräuseleffekt beim Nähen mit dem Finger gegen die Rückseite des Nähfußes drücken.

5 Für gleichzeitiges Kräuseln und Annähen muss die zu kräuselnde Stofflage unten liegen, der andere Stoff wird in die Führungsspalte des Nähfußes geschoben.

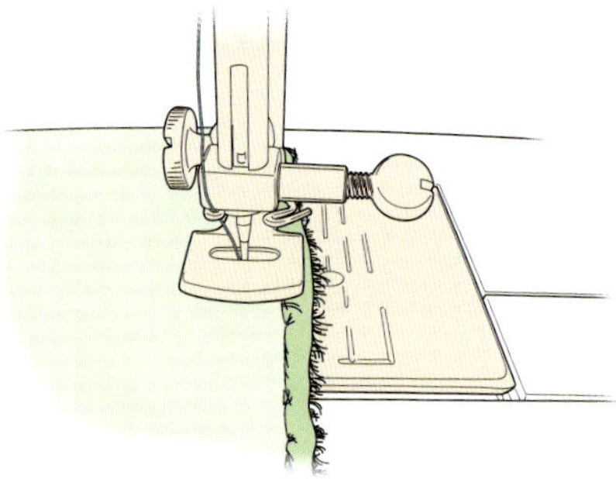

INSIDER-TIPP

Die Nahtzugabe des nicht gekräuselten Stoffes fällt schmaler aus, markieren Sie deshalb mit einem Trickmarker oder Schneiderkreide den unteren Stoff, um beide Stofflagen vor dem Nähen passgenau aufzulegen.

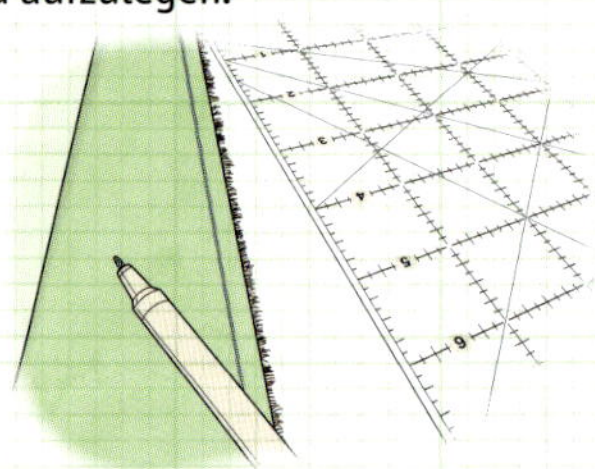

Faltentechnik

Der Mehrstichkräusler fertigt Falten anstatt Kräusel und ist für alle Stoffqualitäten geeignet.

WERKZEUGE

- Mehrstichkräusler
- Universalnähfaden

1 Mehrstichkräusler in die Maschine einsetzen. Achten Sie darauf, dass der Haken an der Nadelstange liegt.

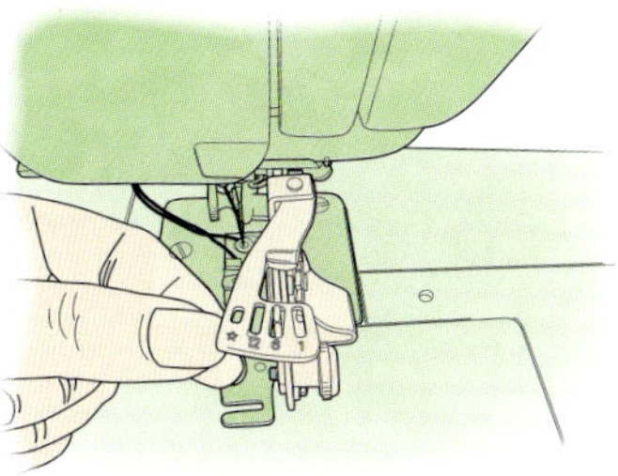

2 Stellen Sie den gewünschten Faltenabstand ein. Ein Fältchen pro Stich ergibt eine voluminöse Rüsche, Fältchen bei jedem zwölften Stich fallen flacher aus.

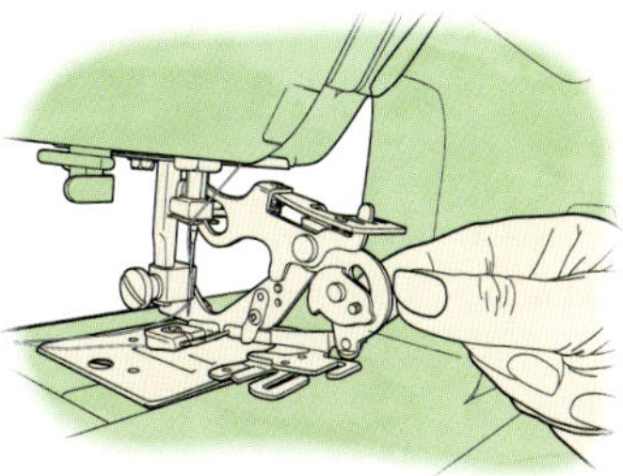

3 Die Fältchentiefe mithilfe von Justierschraube und Wählscheibe einstellen, Acht ist die maximale Faltentiefe. Bei einigen Mehrstichkräuslern wird die Schraube für tiefere Falten nach rechts gedreht.

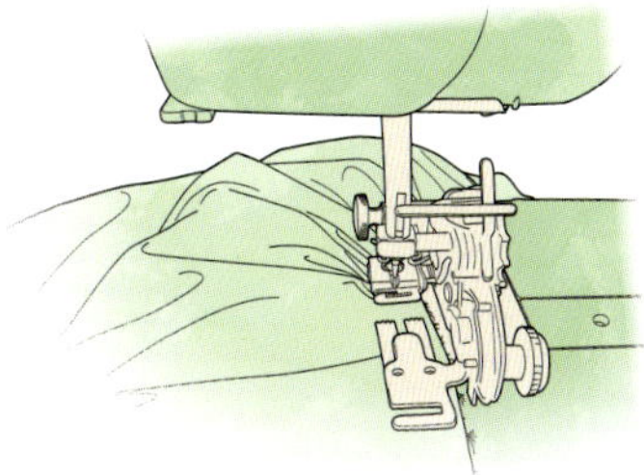

4 Den Stoff unter die gezahnte Partie des Mehrstichkräuslers schieben, Nähfuß absenken und zu nähen beginnen.

5 Um gleichzeitig Fältchen zu fertigen und zu nähen, schieben Sie den Trägerstoff unter die glatte Unterseite des Mehrstichkräuslers.

6 Um gleichzeitig einen Besatz aufzunähen, schieben Sie den Stoff durch die obere Führung.

Smoken

Beim Smoken entstehen parallele Nähte, die den Stoff voluminös raffen.

WERKZEUGE

- Kräuselfuß
- Trickmarker oder Schneiderkreide
- Kantenführungslineal
- Universalnähfaden

1 Kräuselfuß in die Maschine einsetzen und das Kantenführungslineal installieren. Geradstich mit Stichlänge 3 mm wählen.

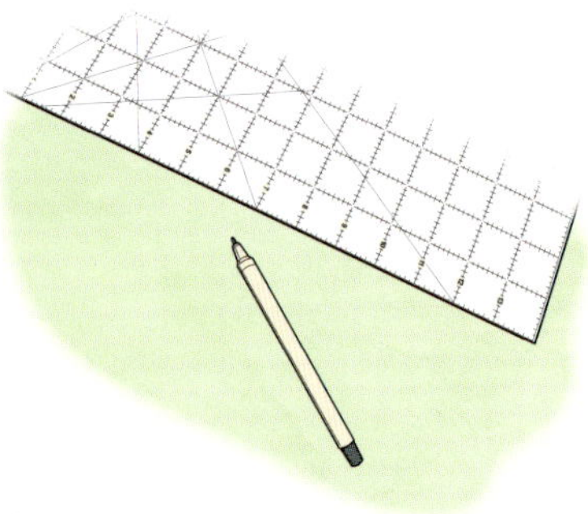

2 Die erste Nahtlinie auf dem Stoff markieren.

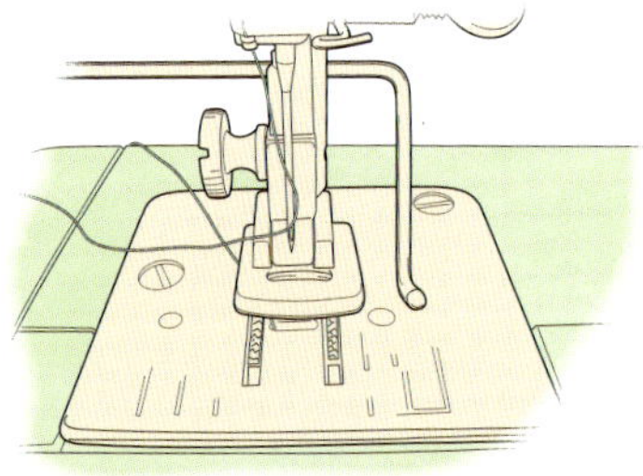

3 Bestimmen Sie den Abstand zwischen den Nahtlinien und richten Sie das Kantenführungslineal entsprechend aus.

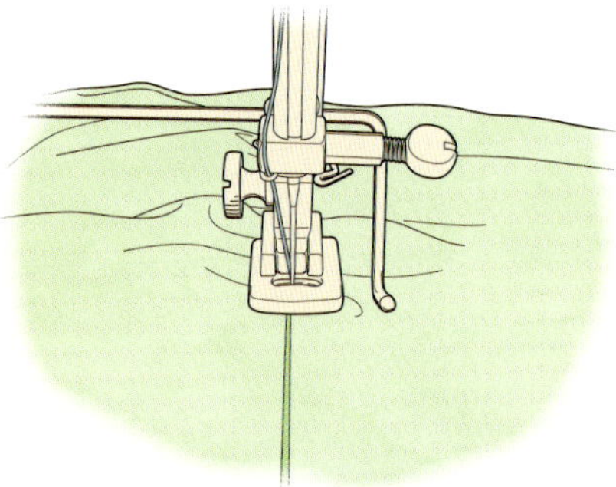

4 Nähen Sie entlang der ersten Naht und nutzen Sie das Kantenführungslineal zum Nähen weiterer paralleler Nahtreihen.

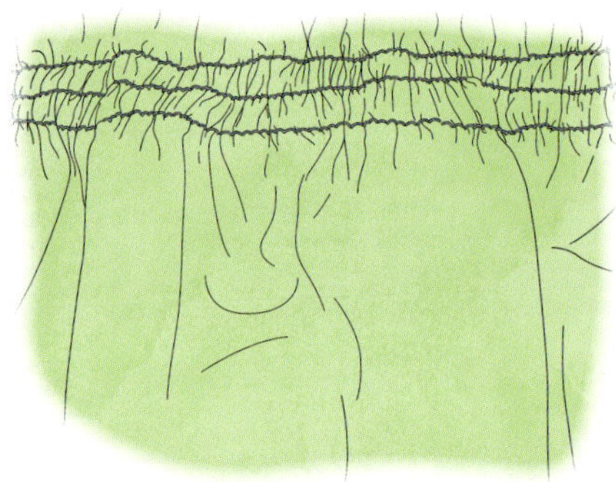

INSIDER-TIPP

Soll der gesmokte Stoff dehnbar sein, verwenden Sie Elastikfaden als Unterfaden und Universalnähfaden für die Nadel. Je mehr Nahtreihen genäht werden, desto stärker der Smok-Effekt.

Dekorative Bordüren

Mit einem Mehrstichkräusler lassen sich einfach und schnell schöne Bordüren herstellen – für einen Bruchteil dessen, was sie im Geschäft kosten.

WERKZEUGE

- Mehrstichkräusler
- Flaches Zierband, z. B. Satin oder Rips
- Passender Universalnähfaden

1 Mehrstichkräusler in die Maschine einsetzen. Achten Sie darauf, dass der Haken an der Nadelstange liegt.

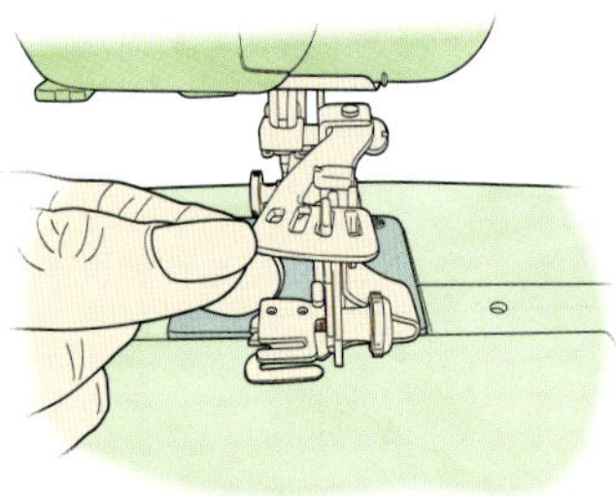

2 Faltenabstand wählen, die Faltentiefe mithilfe der Justierschraube einstellen.

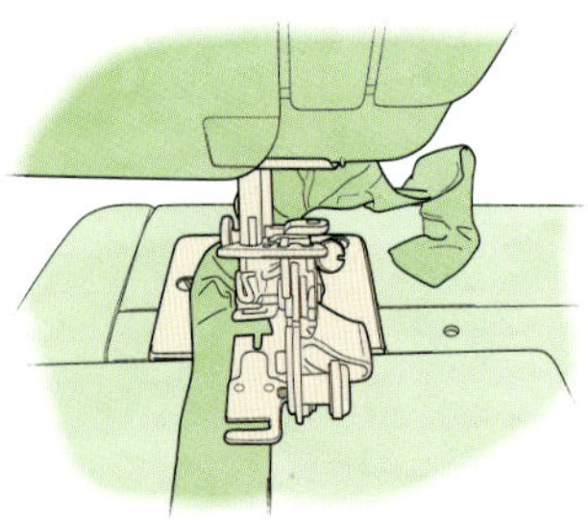

3 Das Zierband unter die gezahnte Partie des Mehrstichkräuslers schieben, Nähfuß absenken und entlang einer Kante zu nähen beginnen.

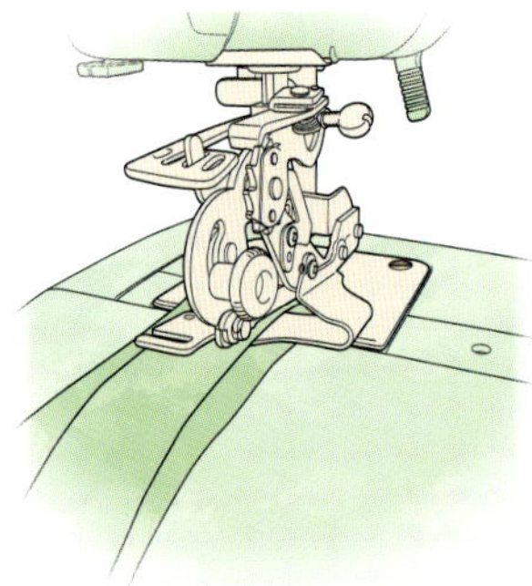

4 Um das Band gleichzeitig zu kräuseln und auf ein weiteres Band zu nähen, schieben Sie das Trägerband mithilfe einer der Führungsschienen unter die flache Partie des Mehrstichkräuslers.

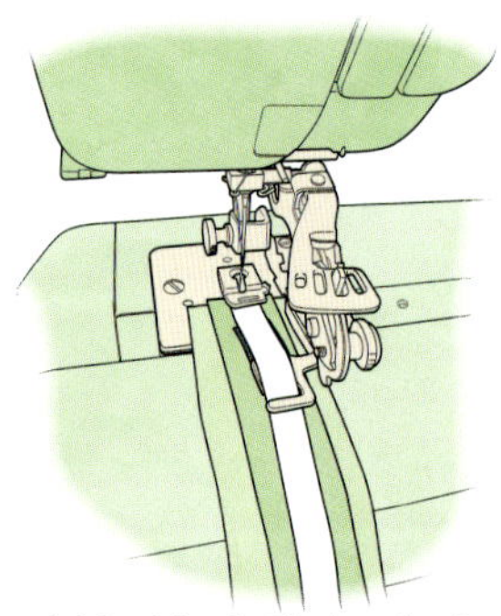

5 Um gleichzeitig ein Zierband aufzunähen, schieben Sie das Band durch eine der oberen Führungen.

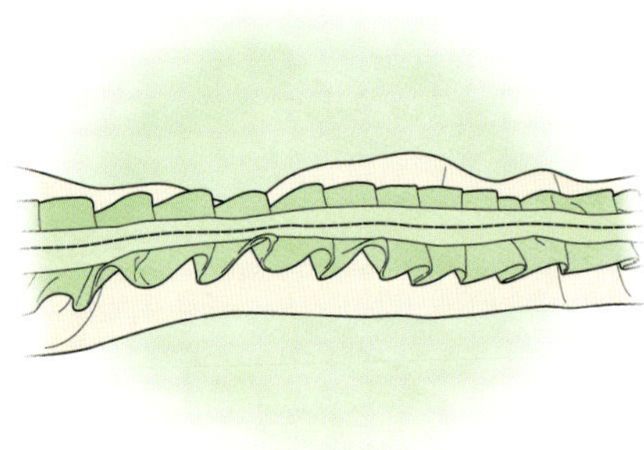

INSIDER-TIPP

Mehrere Zierbänder übereinander genäht wirken dekorativ. Kräuseln Sie ein Ripsband und nähen Sie es auf ein breiteres Satinband. Sie können gleichzeitig mehrere Zierbänder kräuseln. Experimentieren Sie mit verschiedenen Breiten für unterschiedliche Effekte.

Nähte versäubern

Nähfüße zur Nahtversäuberung

Viele Näherinnen meinen, Nahtzugaben nur mit einer Overlockmaschine versäubern zu können. Verschiedene Nähfüße für herkömmliche Nähmaschinen erleichtern jedoch das ordentliche und professionelle Versäubern.

Überwendlichfuß

AUF EINEN BLICK

- Der Stift hält den Stoff flach, die Stiche werden über den Stift gefertigt
- Für alle Stoffqualitäten
- Nadelgröße und -typ auf den Stoff abstimmen
- Zur Verwendung mit Universal-Polyester- oder Baumwollnähfäden

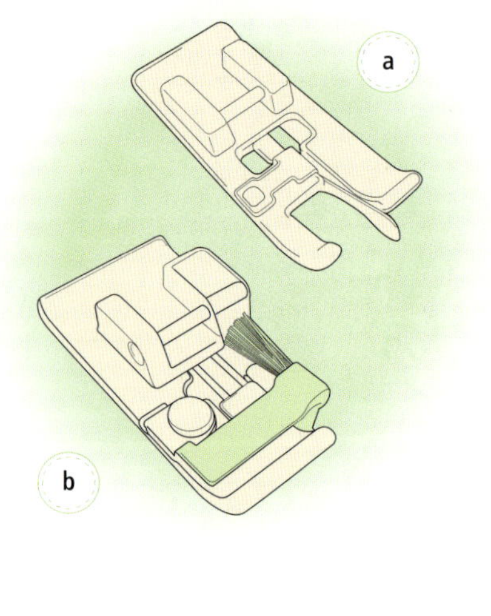

Der Überwendlichnähfuß hat einen kleinen Stift **(a)** oder Bürsteneinsatz **(b)**, der die Stoffkanten flach hält und so ein Einrollen verhindert, sowie eine Führung auf der rechten Fußseite, die als Nahtführung dient. Die Nadel verläuft im Zickzack über den Stift oder durch den Bürsteneinsatz. Um ein Ausfransen zu vermeiden, versäubern Sie die Stoffkanten **(c)**. Mit einem Überwendlichstich kann der Nähfuß zum gleichzeitigen Nähen und Versäubern der Naht verwendet werden. Das Ergebnis ähnelt einer Overlockmaschinen-Naht. Der Überwendlichnähfuß ist meist aus Metall und entweder als Klickfuß oder zum Anschrauben für alle Schaftarten erhältlich. Moderne Nähmaschinen werden mit einem Überwendlichnähfuß geliefert, dieser ist aber auch als Sonderzubehör erhältlich.

INSIDER-TIPP

Wählen Sie niemals einen Geradstich oder elastischen Multistich-Zickzack für diesen Nähfuß, die Nadel würde den Stift berühren und abbrechen.

Kapper

AUF EINEN BLICK

- Schlägt die obere Nahtzugabe ein und fertigt eine Steppnaht
- Für mittelschwere bis dicke Stoffe
- Geeignet sind Universal-, Jeans- oder Topstitchnadeln in 90/14 oder 100/16
- Zur Verwendung mit Universalnäh- oder Zierstichfäden

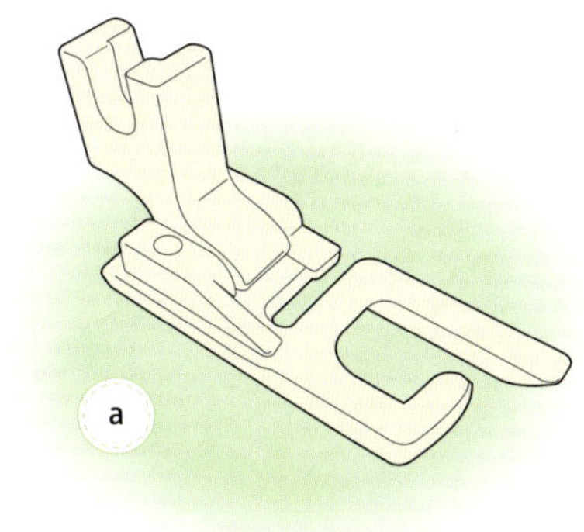
a

b

INSIDER-TIPP

Für einen Ready-to-wear-Look verwenden Sie einen dickeren Zierstichfaden und eine Topstitchnadel. Goldfarbenes Sticknähgarn wird traditionell bei Jeansstoffen verwendet, probieren Sie jedoch auch andere Farben für einen individuellen Look aus.

Bei der Kappnaht wird die Nahtzugabe gesteppt, sie ist durch die doppelt genähte Naht **(b)** sehr stabil. Sie wird meist bei Jeans oder Arbeitskleidung mit einem farblich kontrastierenden Nähfaden eingesetzt. Eine Kappnaht lässt sich mit einem Allzwecknähfuß fertigen, ein Kapper erledigt dies jedoch einfacher und gleichmäßiger. Der Nähfuß hat eine Schnecke oder lange Zehe, die die obere Nahtzugabe einschlägt und somit die untere Nahtzugabe kaschiert. Die rechte Nähfußseite wird als Nahtführung genutzt und hält somit beim Steppen einen konstanten Abstand ein. Der Kapper ist aus Plastik oder Metall und zum Anschrauben **(a)** oder als Klickfuß für kurze, hohe oder abgewinkelte Schäfte erhältlich. Er gehört selten zum Lieferumfang der Nähmaschine und muss als Sonderzubehör gekauft werden.

Kantenschneider

AUF EINEN BLICK

- Näht und versäubert in einem Arbeitsschritt
- Am besten geeignet für leichte bis mittelschwere Stoffe
- Nadelgröße und -typ auf den Stoff abstimmen
- Zur Verwendung mit Universal-Polyester- oder Baumwollnähfäden

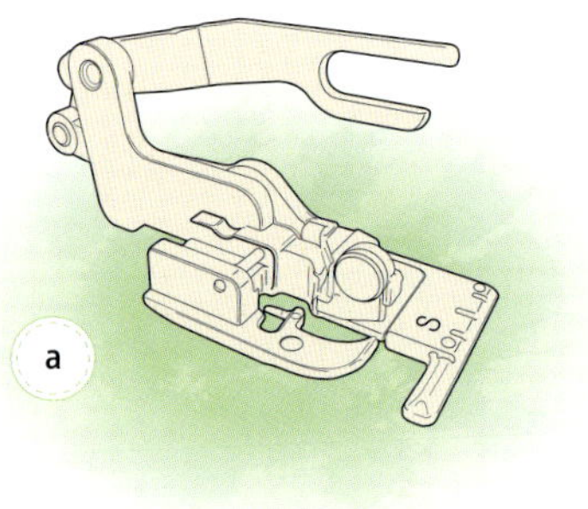

INSIDER-TIPP

Bei vielen Nähmaschinen kann die automatische Einfädelung nicht benutzt werden, sobald der Kantenschneider montiert ist. Fädeln Sie das Garn in die Nadel, bevor Sie den Kantenschneider in die Maschine einsetzen.

Mit dem Kantenschneider können ähnlich wie bei einer Overlockmaschine in einem Arbeitsgang Kanten geschnitten, vernäht und versäubert werden. Er verfügt über ein oberes und ein unteres Messer, die Kanten zurückschneiden, sowie einen Stift, der die Kanten beim Nähen flach hält. Die Nahtzugaben **(b)** werden mit einem Zickzack- oder Überwendlichstich versäubert. Der Kantenschneider hat einen Steg oder Haken, der über die Nadelstange geschoben wird und die Messer bei jedem Stich in Bewegung setzt. Es ist ein großes Zubehörteil und als Klicksystem oder zum Anschrauben für kurze, abgewinkelte oder hohe Schäfte **(a)** erhältlich. Der Kantenschneider muss als Sonderzubehör gekauft werden.

Schmalkantenfuß

AUF EINEN BLICK

- Hat einen mittleren Steg, der als Führung dient
- Für alle Stoffqualitäten
- Nadelgröße und -typ auf den Stoff abstimmen
- Zur Verwendung mit Universal-Polyester- oder Baumwollnähfäden

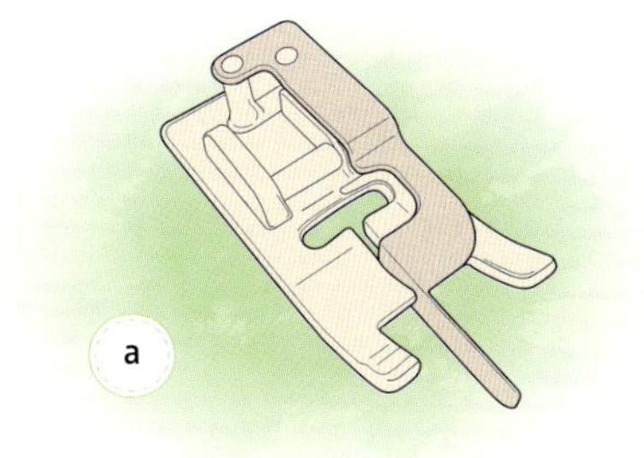

INSIDER-TIPP

Der Schmalkantenfuß ist auch zum Quilten im Nahtschatten und für traditionelles Nähen im Nahtschatten an Taillen- und Ärmelbündchen sowie Kragen geeignet.

Der Schmalkantenfuß hat einen festen Steg zwischen den Zehen. Dieser gleitet entlang der Naht oder Kante und dient so als Nahtführung beim Steppen oder knappkantigen Steppen, ist aber auch vorteilhaft bei Einfassnähten **(b)** und französischen Nähten. Der Nähfuß mit der großen Metallführung ist aus Metall und entweder als Klickfuß **(a)** oder zum Anschrauben für alle Schaftsysteme erhältlich. Hochwertige Maschinen werden mit einem Schmalkantenfuß geliefert, er ist aber auch für alle Maschinen und Modelle als Sonderzubehör erhältlich.

Überwendlich- und Kappnähte

Überwendlichnaht

Die Überwendlichnaht ähnelt dem Overlockstich und verhindert ein Ausfransen der offenen Stoffkanten.

WERKZEUGE

- Überwendlichnähfuß
- Allzwecknähfuß
- Stecknadeln

1 Allzweckfuß in die Maschine einsetzen, Geradstich mit Stichlänge 2,5 mm wählen.

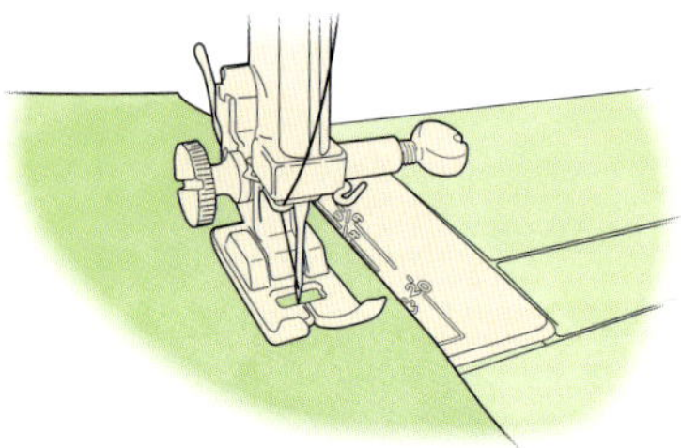

2 Stoff rechts auf rechts stecken und Außenkanten bündig ausrichten. Eine gerade Naht mit Rückstichen an Anfang und Ende nähen. Fadenenden abschneiden.

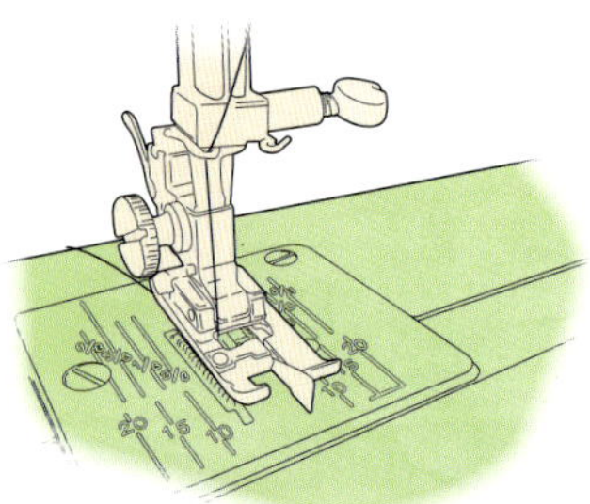

3 Überwendlichfuß einsetzen, Zickzackstich mit Stichlänge 2,5 mm einstellen.

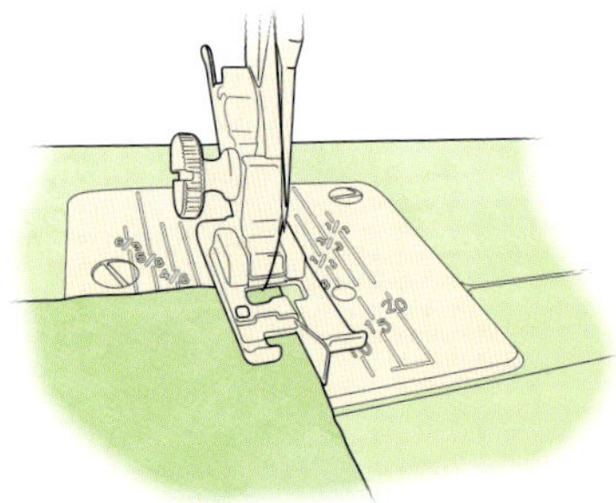

4 Stoffkanten entlang der Nähfußführung ausrichten und Nähfuß absenken.

5 Eine Überwendlichnaht nähen und Fadenenden abschneiden.

INSIDER-TIPP

Um in einem Arbeitsgang zu nähen und zu versäubern, nähen Sie mit 6 mm Nahtzugabe und dem Überwendlichstich.

Kappnaht

Eine Kappnaht ist eine doppelt genähte Naht, die sehr stabil ist. Sie wird vor allem bei geraden Nähten verwendet und ist auf beiden Stoffseiten versäubert.

WERKZEUGE

- Kapper
- Schere
- Stecknadeln
- Bügeleisen und Bügelbrett

1 Kapper in die Maschine einsetzen, Geradstich mit Stichlänge 2,5 mm einstellen.

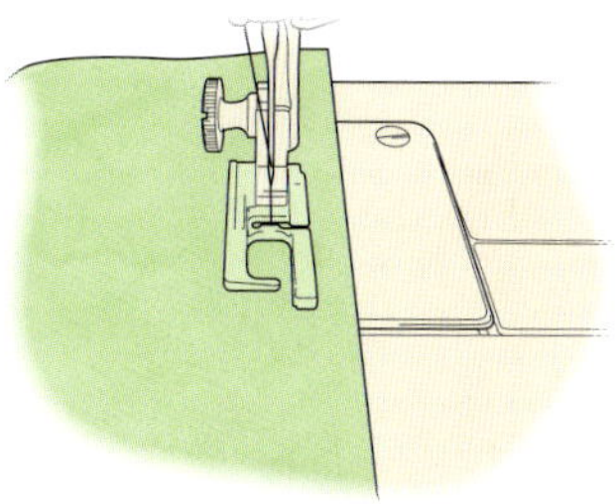

2 Stoff links auf links legen und Schnittkanten bündig ausrichten. Eine gerade Naht mit Rückstichen an Anfang und Ende nähen. Fadenenden abschneiden.

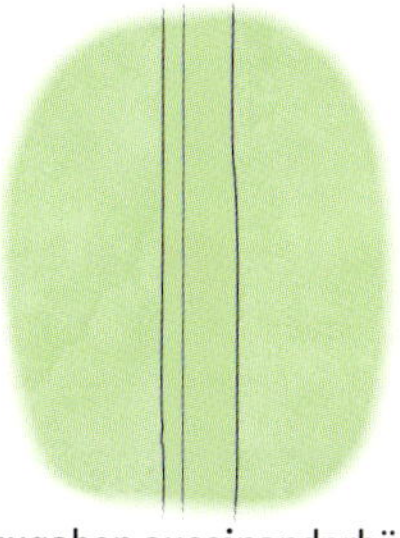

3 Nahtzugaben auseinanderbügeln und die linke Nahtzugabe auf 6 mm zurückschneiden.

4 Stichlänge auf 3 mm erhöhen.

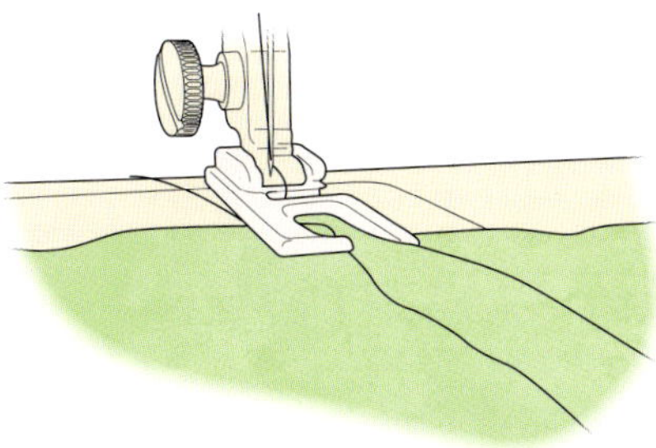

5 Die obere, breitere Nahtzugabe so über die Schnecke rollen, dass sie die schmalere Nahtzugabe verdeckt. Nähfuß absenken.

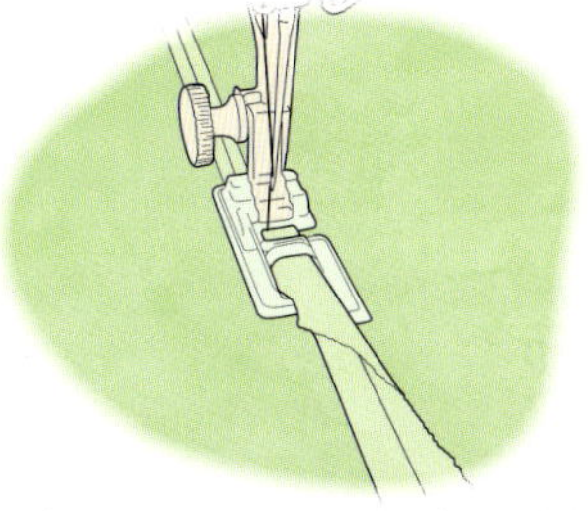

6 Die Naht an der rechten Seite des Nähfußes ausrichten und die Naht fertigen. Mit Rückstichen am Nahtanfang und -ende sichern.

INSIDER-TIPP

Ein dekorativer Look wird durch die Verwendung eines Zickzackstiches oder Zierstichfadens erzielt.

Overlocknaht

Eine Overlocknaht wirkt akkurat und ist sehr stabil, ist jedoch dehnbar und daher ideal für Strickwaren.

WERKZEUGE

- Kantenschneider
- Stecknadeln
- Schere

1 Kantenschneider in die Maschine einsetzen. Achten Sie darauf, dass der Haken die Nadelstange umfasst.

2 Überwendlich- oder Zickzackstich mit Stichlänge 2,5 mm wählen.

3 Den Stoff kantenbündig rechts auf rechts legen. Ein Ende circa 2 cm lang einschneiden.

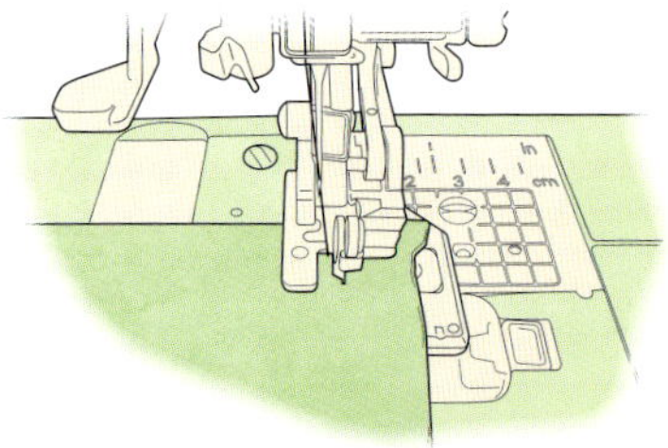

4 Den Stoff unter den Nähfuß und Nähfußstift schieben. Der Einschnitt liegt über der Führungsplatte und neben den Messern.

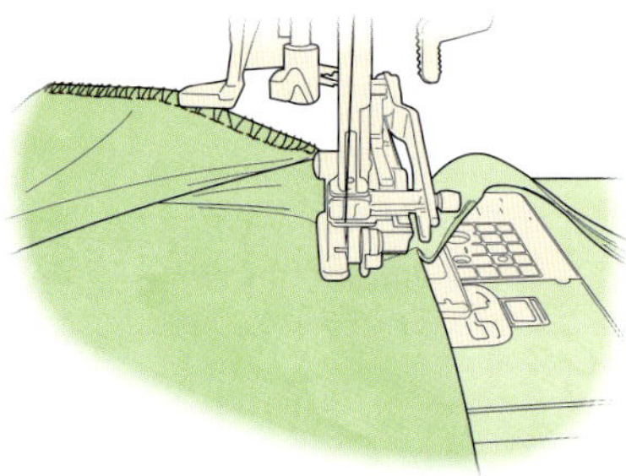

5 Nähfuß absenken, Naht fertigen und mit Rückstichen an Anfang und Ende sichern.

INSIDER-TIPP

Der Einschnitt von ca. 2 cm am Anfang ist wichtig, da der Kantenschneider sonst nicht funktioniert. Reinigen Sie nach Gebrauch die Messer, damit sich keine Fusseln festsetzen.

Französische Naht

Bei der französischen Naht sind die Nahtzugaben sauber eingeschlossen. Auf der linken Stoffseite wirkt die Naht optisch ansprechend und auf der rechten Seite sieht sie wie eine Standardnaht aus. Sie ist ideal für transparente und leichte Stoffe.

WERKZEUGE

- Allzwecknähfuß
- Überwendlichnähfuß
- Stecknadeln
- Schere
- Bügeleisen und Bügelbrett

1 Allzwecknähfuß in die Maschine einsetzen und Geradstich mit Stichlänge 2,5 mm wählen.

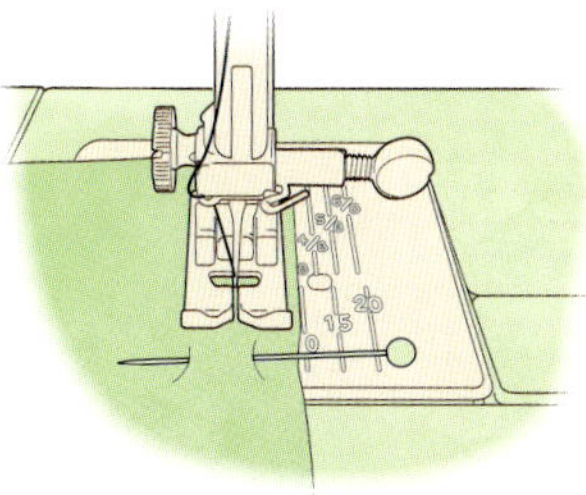

2 Stoff links auf links legen und mit einem Abstand von 1 cm zur Kante eine Naht fertigen. Anfang und Ende mit Rückstichen sichern.

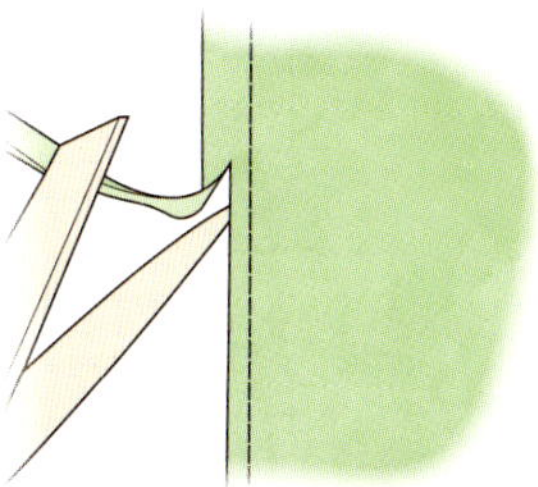

3 Die Nahtzugaben auf 3 mm zurückschneiden und zu einer Seite bügeln. Zurück auf rechts falten und nochmals bügeln, sodass die Naht direkt an der Kante liegt.

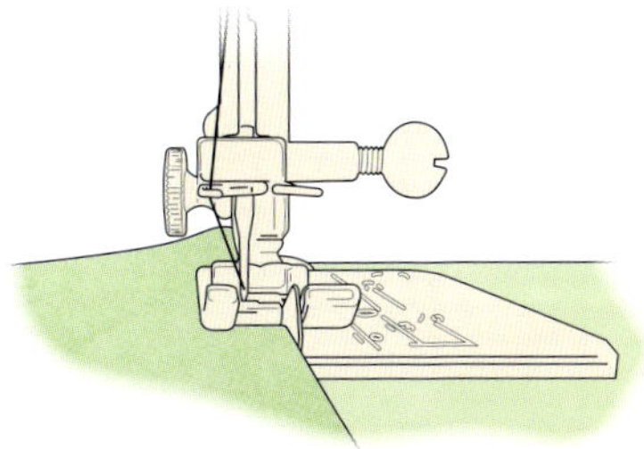

4 Überwendlichnähfuß einsetzen und die Führung an der Stoffkante ausrichten.

5 Nadel auf die linke Position einstellen. Bei einer Nahtzugabe von 1,5 cm nähen Sie mit 6 mm Abstand zur Kante. Anfang und Ende mit Rückstichen sichern.

INSIDER-TIPP

Französische Nähte sind für dickere Stoffe ungeeignet, da mehrere Stoffschichten zu sehr auftragen. Verwenden Sie bei dicken Wollstoffen oder Leinen eine Einfassnaht.

Einfassnaht

Bei einer Einfassnaht (auch Hongkong-Einfassung genannt) wird die Stoffkante mit einem Schrägstreifen versäubert. Dies ist eine empfehlenswerte Technik für dicke Stoffe, die jedoch ebenso bei ungefütterter Bekleidung oder als Kantenabschluss gut zur Geltung kommt.

WERKZEUGE

- Allzwecknähfuß
- Schmalkantenfuß
- Stecknadeln
- Doppelt gefalztes Schrägband
- Bügeleisen und Bügelbrett

1 Allzwecknähfuß in die Maschine einsetzen. Geradstich mit Stichlänge 2,5 mm wählen.

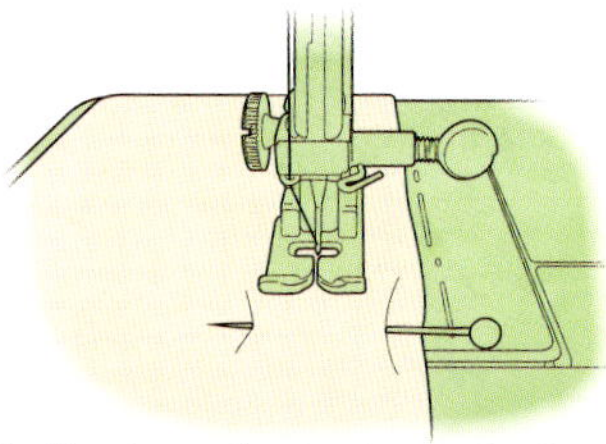

2 Stoff rechts auf rechts legen. Fertigen Sie mit einem Abstand von 1,5 cm zur Kante eine Naht, diese mit Rückstichen sichern. Naht auseinanderbügeln.

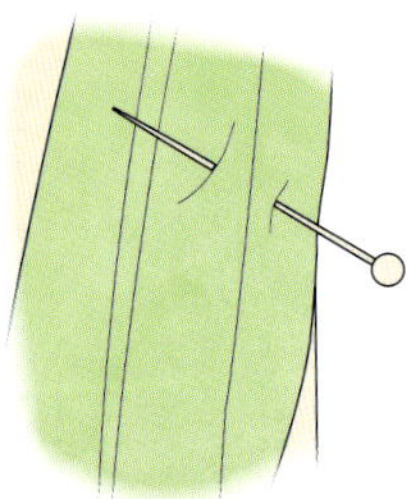

3 Schrägband auseinanderfalten, schmalere Seite kantenbündig mit der Nahtzugabe ausrichten.

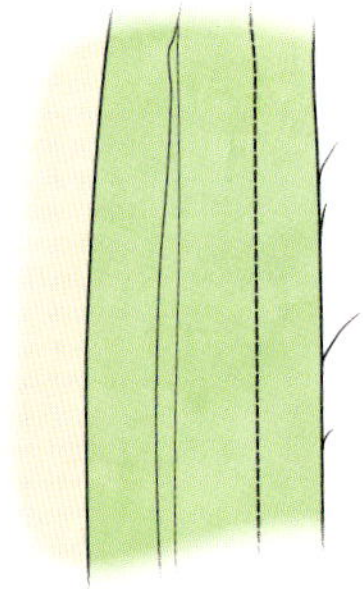

4 In der Falz festnähen, Naht mit Rückstichen sichern.

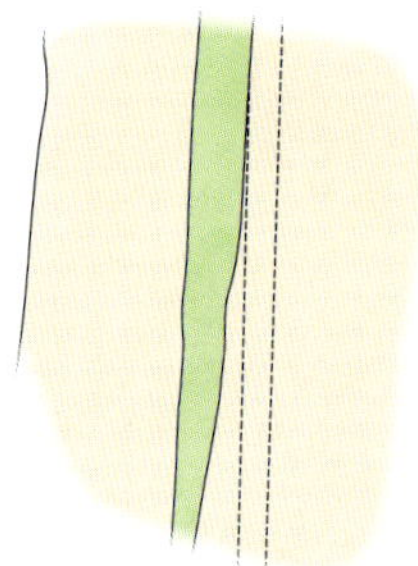

5 Schrägstreifen um die Schnittkante zur Rückseite umklappen.

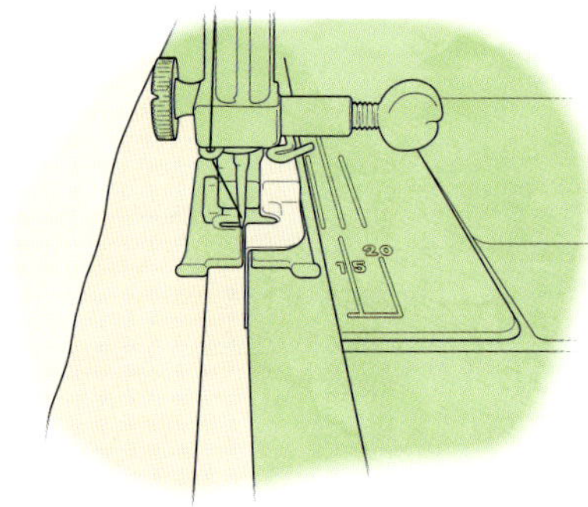

6 Schmalkantenfuß einsetzen. Die Führung liegt auf der Naht des Schrägstreifens. Nähen Sie entlang der Naht, um auch die Unterseite des Schrägbandes festzunähen.

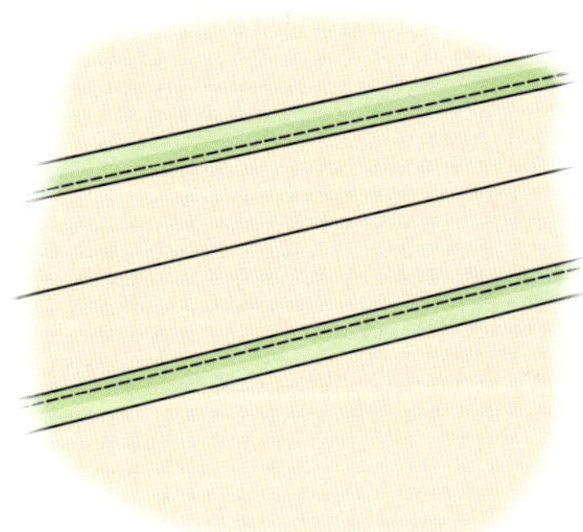

Stick- und Quiltnähfüße

Stick- und Quiltnähfüße erleichtern den Transport des Stoffes und fördern die Kreativität durch einen freien Blick auf das Nähprojekt. Jede Haushalts-Nähmaschine wird damit zur Quelle der Inspiration. Meist gehören diese Nähfüße jedoch nur bei hochwertigen Maschinen zum Lieferumfang.

Zierstichfuß

AUF EINEN BLICK

- Die Rinne auf der Unterseite gleitet auch über erhabene Stickerei
- Nadelgröße und -typ auf Stoff und Nähfaden abstimmen
- Für alle Stoffqualitäten

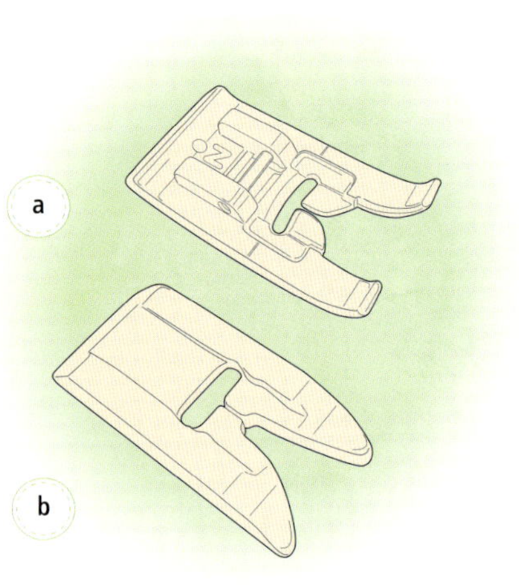

Ein Zierstichfuß ähnelt einem Standard-Zickzackfuß **(a)**, verfügt jedoch über eine tiefe Rinne an der Unterseite **(b)**, um beim Fertigen von Plattstickerei oder anderen Stickstichen **(c)** auch über erhabene Stiche gleiten zu können. Der Zierstichfuß ist aus Metall oder Plastik und hat vorn eine deutliche Markierung, die als Nahtführung genutzt werden kann. Diese Nähfüße sind als Klickfüße oder zum Anschrauben für alle Schaftarten erhältlich.

Applikationsfuß

AUF EINEN BLICK

- Transparenter Nähfuß, gewährt freien Blick auf das Nähprojekt
- Geschlossene Zehe stützt den Stoff
- Nadelgröße und -typ auf Stoff und Nähfaden abstimmen
- Für alle Stoffqualitäten

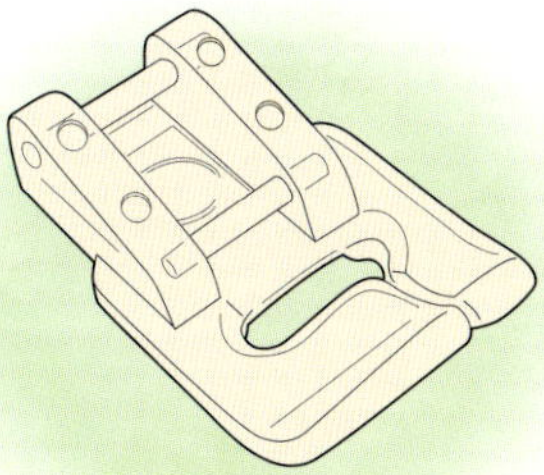

a

INSIDER-TIPP

Bei Flachstickerei (Satinstich) wird die Stofffläche durch einen Zickzackstich mit sehr kurzer Stichlänge ausgefüllt. Wird für Applikationen **(b)**, Monogramme und dekorative Zwecke verwendet.

b

Der Applikationsnähfuß ähnelt dem Zierstichfuß, ist jedoch für eine bessere Sicht komplett durchsichtig und hat eine geschlossene Zehe, die den Stoff beim Sticken stützt. Der Nähfuß ist etwas kleiner, um das Arbeiten auch an engen Rundungen zu ermöglichen und hat eine Markierung an der Vorderseite. Applikationsfüße sind häufig als Klickfüße **(a)** erhältlich.

Offener Applikationsfuß

AUF EINEN BLICK

- Bietet freien Blick
- Nadelgröße und -typ auf Stoff und Nähfaden abstimmen
- Für alle Stoffqualitäten

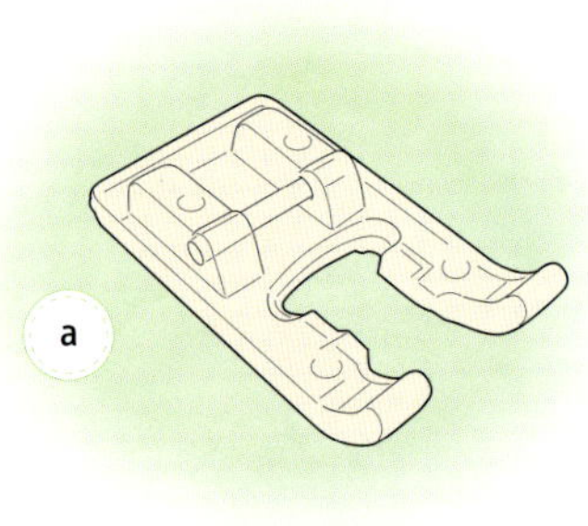

INSIDER-TIPP

Der Applikations- und Zierstichfuß sowie der offene Applikationsfuß sind austauschbar. Sie können gleichermaßen für Applikationen, Monogramme und Zierstiche **(b)** verwendet werden. Der Applikationsfuß ist für enge Rundungen am besten geeignet, während der offene Applikationsfuß und der Zierstichfuß perfekt für gerade Linien oder sanfte Rundungen sind.

Der offene Applikationsfuß gewährt durch die offenen Zehen freien Blick auf die Naht, außerdem sorgen die langen Zehen für ausreichend Griffigkeit beim Transporteur. Wie auch der Applikations- und Zierstichfuß erlaubt die Kerbe an der Unterseite das Gleiten über voluminöse Stiche. Offene Applikationsfüße sind aus Metall oder Plastik und sind als Klickfüße **(a)** oder zum Anschrauben erhältlich.

Quilt- und Patchworkfuß

AUF EINEN BLICK

- Hat eine ¼-Inch-Markierung (6 mm) an der rechten Zehe sowie Markierungen für 1/8 Inch (3 mm) und ¼ Inch (6 mm) für maßgenaues Drehen des Stoffes
- Für Patchwork und zum Absteppen
- Universalnadeln in 75/11 oder 80/12
- Zur Verwendung mit Universal-Polyester- oder Baumwollnähfäden

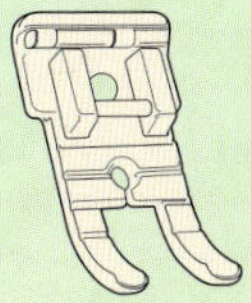
a

Der ¼-Inch-Fuß ist ein Patchworkfuß und hat eine schmale rechte Zehe mit einer Markierung, die sich exakt ¼-Inch (6 mm) entfernt von der mittleren Nadelposition **(a)** befindet. Gegebenenfalls hat der Nähfuß auch eine 1/8-Inch-Markierung (3 mm) an der rechten Zehe sowie seitliche ¼-Inch- (6 mm) und 1/8-Inch- (3 mm) Markierungen, um den Stoff maßgenau um die Nadel drehen zu können. Der Nähfuß wird zum Quilten mehrerer Stofflagen, für Patchwork, zum Absteppen und andere Näharbeiten verwendet, bei denen akkurates Nähen **(b)** verlangt wird. Der Patchworkfuß ist aus Metall oder Plastik und als Klickfuß oder mit Schaft erhältlich.

b

Freihandnähfuß

AUF EINEN BLICK

- Für Stickereien, Monogramme, zum Quilten und für Stopfarbeiten
- Gefederter Nähfuß zur Verwendung mit einem Stickrahmen
- Zur Verwendung mit abgesenktem Transporteur oder mit Stickrahmen
- Zur Verwendung mit Universalnäh- oder Viskosestickfäden

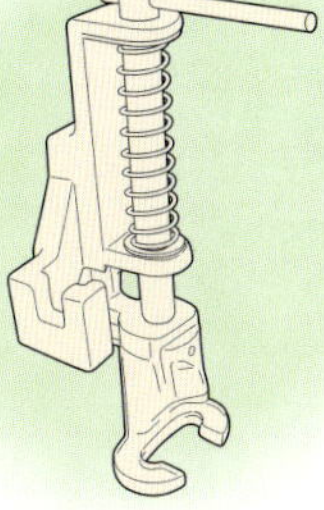
a

Der Freihandnähfuß ist auch als Stopffuß bekannt. Der hohe, schlanke Fuß hat meist eine Federbasis und einen Steg oder Haken, der über der Nadelstange sitzt. Diese übernehmen die Funktion des Transporteurs, während die Hände den Stoff bewegen. Der Nähfuß hat entweder eine offene oder geschlossene Zehe aus Metall oder Plastik. Eine offene Zehe gewährt freien Blick während des Nähens, eine geschlossene Zehe stützt den Stoff besser. Freihandnähfüße sind als Klickfüße für kurze **(a)**, hohe oder abgewinkelte Schäfte erhältlich.

Der Freihandnähfuß für Stickmuster ist optimal für Stickereien, Monogramme **(b)**, zum Quilten, Stippeln (freies Maschinenquilten ohne kreuzende Nähte) und zum Stopfen. Der Nähfuß kann für Gerad-, Zickzack- oder Zierstiche eingesetzt werden. Bewegen Sie bei der Verwendung des Freihandnähfußes Ihre Hände im Einklang mit der Nähmaschine, um gleichmäßige Stiche zu fertigen.

b

Blumenstickfuß

AUF EINEN BLICK

- Größter Radius 2,5 cm
- Nur für Maschinen mit niedrigem Schaft
- Nadeltyp und -größe dem Nähfaden anpassen
- Zur Verwendung mit Universal- oder Effektnähfäden

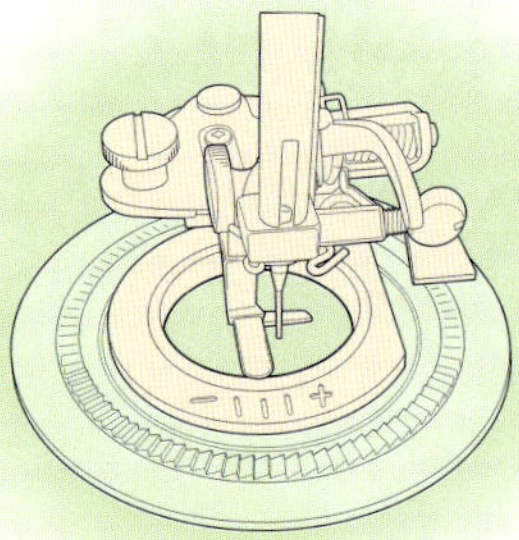

a

b

Der Blumenstickfuß **(a)** ist ein Nähfuß mit Federung, der mithilfe der Nadelstange den Stoff kreisen lässt. Am Fuß befindet sich ein gekerbtes Plastikrad, das sich mit jedem Stich ein Stück weiterdreht. Der Fuß fertigt Kreise von ca. ø 1–2,5 cm. Verwendet werden können alle Stiche, z. B. Geradstich, Zickzackstich oder auch Stickstiche. Die Stiche werden in Kreisform gefertigt, die dann eine Blütenform ergeben **(b)**. Sie können auch eine Zwillingsnadel verwenden, um konzentrische Kreise zu fertigen. Die Kreise können überlappen, so können Sie individuelle Stickarbeiten anfertigen und auch mit Effektgarnen experimentieren, z. B. Garn mit Farbverlauf, Metallicfäden oder Viskosestickfäden. Der Nähfuß ist zum Anschrauben oder als Klickfuß erhältlich, jedoch nur für Nähmaschinen mit niedrigem Schaft.

Kreisnähvorrichtung

AUF EINEN BLICK

- Dreht den Stoff mithilfe eines Stiftes
- Für Zierstiche und Verzierungen
- Nadeltyp und -größe dem Stoff und Nähfaden anpassen
- Zur Verwendung mit einem beliebigen Nähfuß

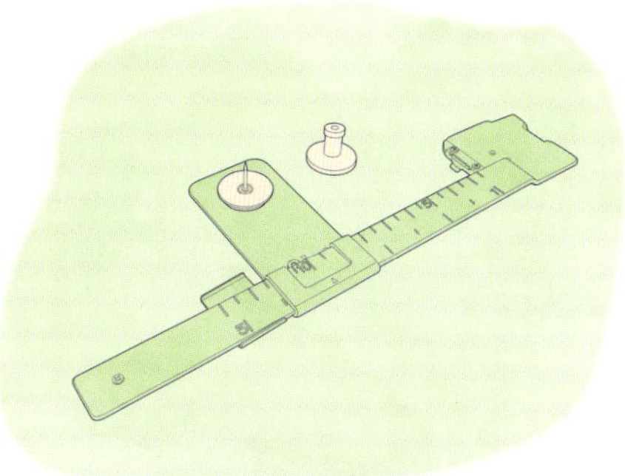

a

b

INSIDER-TIPP

Verwenden Sie einen Stoffstabilisator zum Auswaschen oder Ausreißen, damit sich dünne Stoffe beim Nähen mit dem Blumenstickfuß oder der Kreisnähvorrichtung nicht zusammenziehen. Alternativ den Stoff in einen Stickrahmen spannen.

Die Kreisnähvorrichtung wird an das Nähmaschinengehäuse oder die Nähplatte geklemmt oder geschraubt und hat einen spitzen Stift, der den Stoff hält **(a)**. Während des Nähens dreht sich der Stoff im Kreis um die Nadel. Die Größe ist von einem Kreis mit kleinem Durchmesser (2,5 cm) bis zu einem 30 cm großen Kreis wählbar. Mit diesem Zubehör können alle Nähfüße und jeder beliebige Stich verwendet werden. Die Kreisnähvorrichtung ist ideal für im Kreis gearbeitete Zierstiche **(b)**, aber auch für kreisförmig aufgenähte Zierbänder. Experimentieren Sie mit Perlenbändern oder -borten oder verwenden Sie die Kreisnähvorrichtung für Applikationen. Kreisnähvorrichtungen sind in unterschiedlichen Ausführungen erhältlich. Verwenden Sie ein für Ihre Nähmaschine passendes Modell.

Applikationen

Hübsche Motive aus Stoff werden auf einen Trägerstoff aufgenäht. Applikationen können einen rein dekorativen Zweck erfüllen oder geschickt Flecken oder Löcher verdecken.

WERKZEUGE

- Applikations-, Zierstich- oder Freihandnähfuß
- Applikationsstoff
- Trickmarker oder Schneiderkreide
- Schere
- Stabilisierendes Vlies zum Aufbügeln
- Sprühfixierer oder Stecknadeln
- Bügeleisen und Bügelbrett
- Handnähnadel

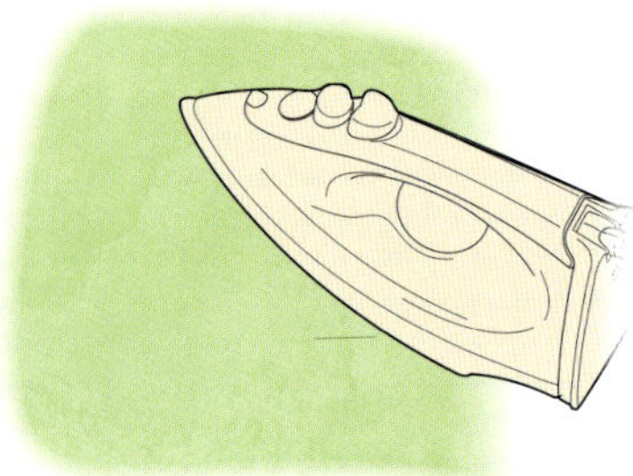

1 Vlies auf die linke Seite der Applikation bügeln. Achten Sie dabei auf die Herstellerhinweise bezüglich der Bügeltemperatur und -dauer. Sie können ein- oder beidseitig aufbügelbares Vlies verwenden.

2 Die Kontur der Applikation mit einem Trickmarker oder Schneiderkreide auf das Vlies bzw. auf das Trägerpapier des Vlieses (bei beidseitig aufbügelbarem Vlies) zeichnen.

3 Motiv exakt ausschneiden.

4 Motiv mit der rechten Seite nach oben auf den Trägerstoff legen und mit Fixierspray oder Stecknadeln fixieren bzw. bügeln (bei beidseitig aufbügelbarem Vlies).

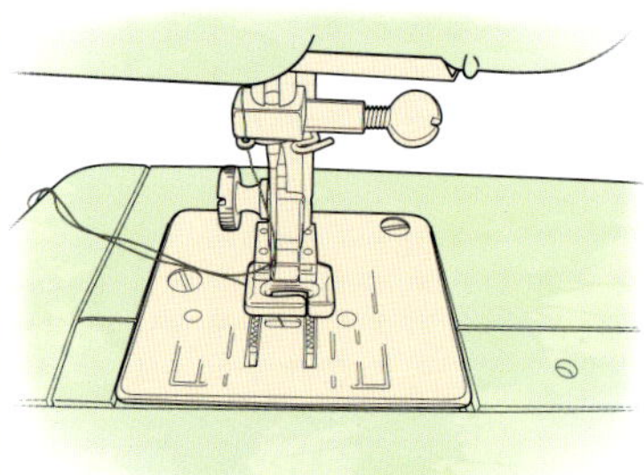

5 Applikations-, Zierstich- oder Freihandnähfuß in die Maschine einsetzen. Zickzackstich mit Stichlänge 1 mm und Stichbreite 4 mm wählen.

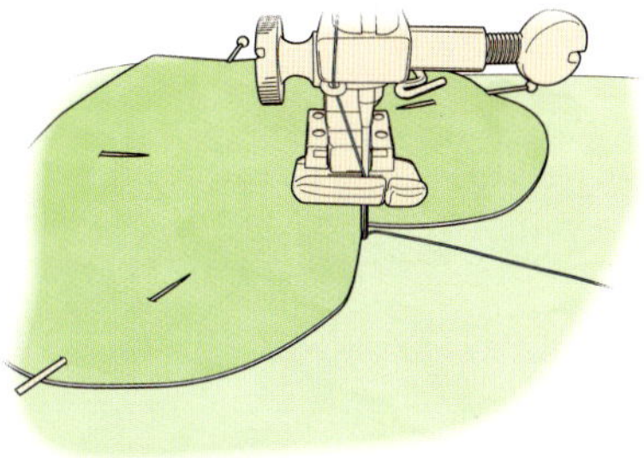

6 Handrad drehen, bis die Nadel die rechte Position des Zickzacks erreicht. Stoff so ausrichten, dass die Nadel direkt neben der Applikationsstoffkante in den Trägerstoff einsticht.

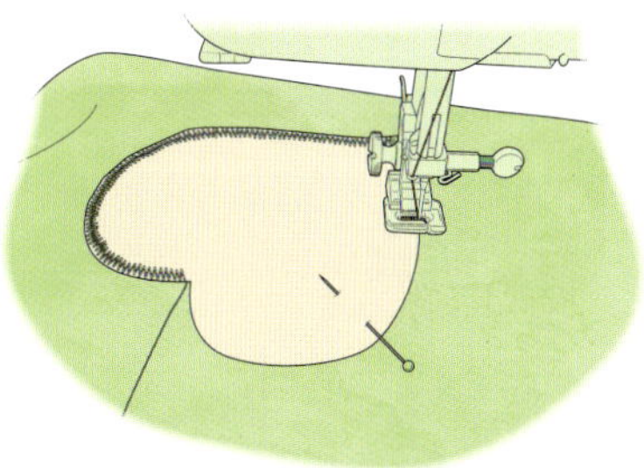

7 Nähen Sie mit dem Satinstich entlang der Kanten der Applikation. Keine Rückstiche nähen, sondern an Anfang und Ende Fadenenden lang hängen lassen.

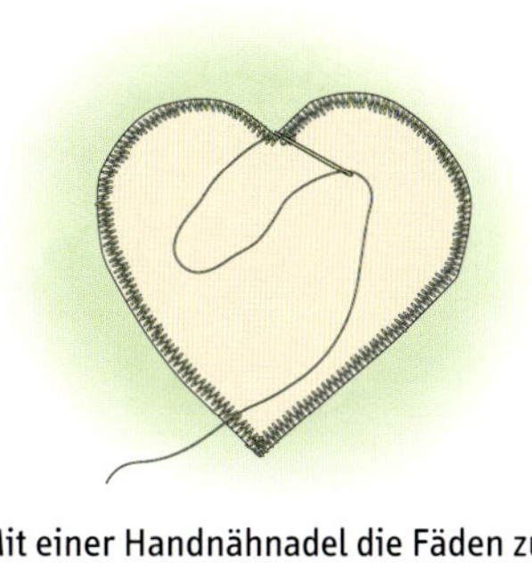

8 Mit einer Handnähnadel die Fäden zur linken Stoffseite ziehen und verknoten.

INSIDER-TIPP

- Für Applikationen können auch andere dekorative Stiche verwendet werden. Einige Maschinen verfügen z. B. über den Langettenstich.
- Da die Konturen auf die Rückseite des Applikationsstoffes gezeichnet werden, muss das Motiv spiegelverkehrt sein, damit es appliziert richtig herum erscheint. Dies ist besonders bei Buchstaben wichtig.

Zierstiche

Viele Nähmaschinen verfügen über eine große Auswahl an Zierstichen. Dazu gehören der Zickzackstich, der dreistufige Zickzackstich, Stick-, Smok- und Kreuzstich. Probieren Sie verschiedene Stichlängen und -breiten aus.

WERKZEUGE

- Zierstich- oder Freihandnähfuß
- Kantenführungslineal
- Zierstichfaden (Viskose-, Metallic-, Stickgarn oder Faden mit Farbverlauf)
- Sticknadel oder Metallnadel
- Stabilisierendes Vlies zum Nähen
- ggf. Stecknadeln
- Bügeleisen und Bügelbrett

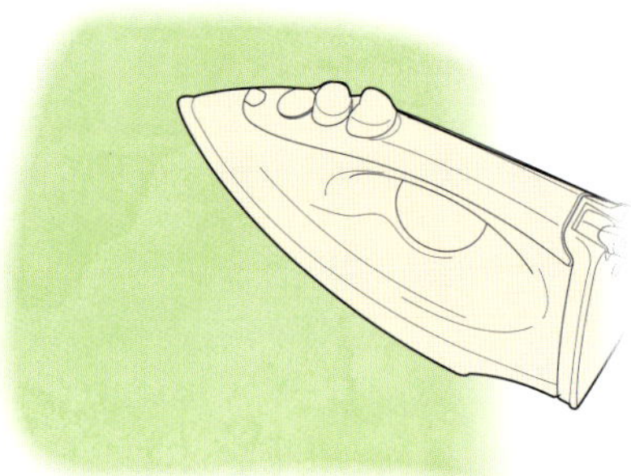

1 Stabilisierendes Vlies auf die linke Stoffseite legen, ggf. feststecken, den Stoff bügeln.

2 Zierstich sowie die gewünschte Stichlänge und -breite auswählen.

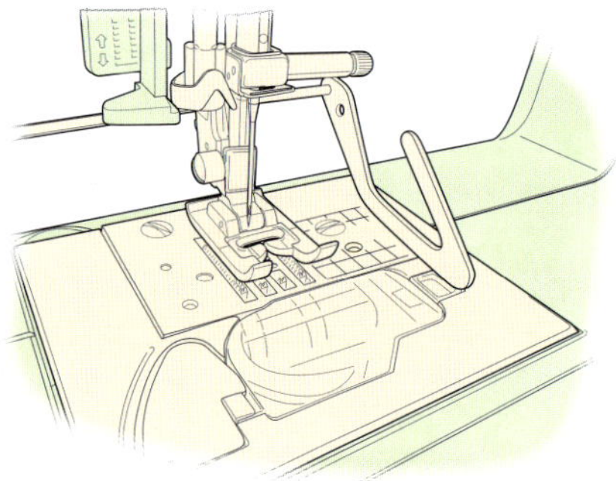

3 Zierstich- oder Freihandnähfuß in die Maschine einsetzen und das Kantenführungslineal am Schaft befestigen.

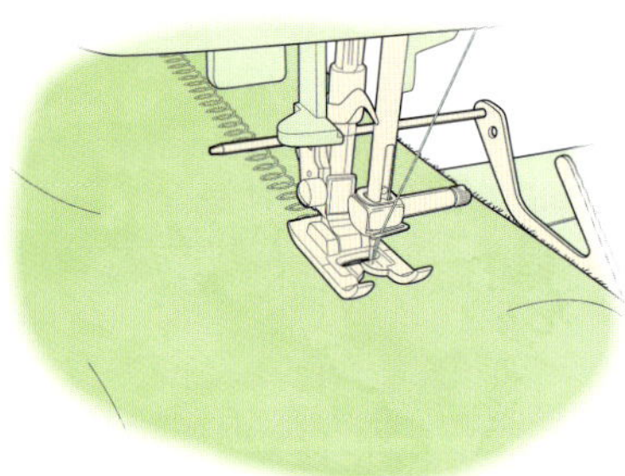

4 Zierstich entlang der gesamten Stofflänge nähen.

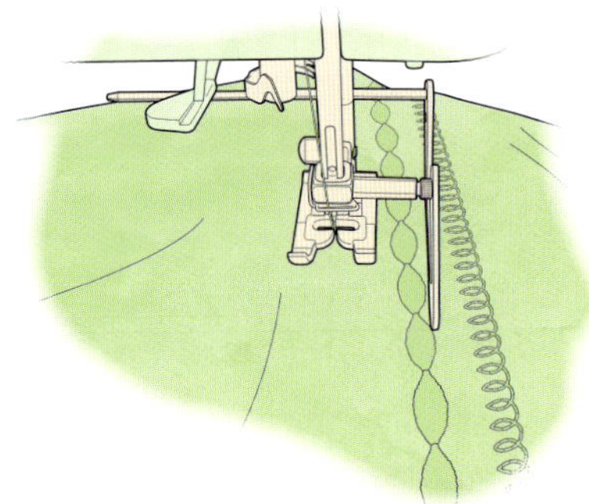

5 Einen weiteren Zierstich wählen. Kantenführungslineal an der ersten Zierstichreihe ausrichten und die zweite Reihe parallel nähen.

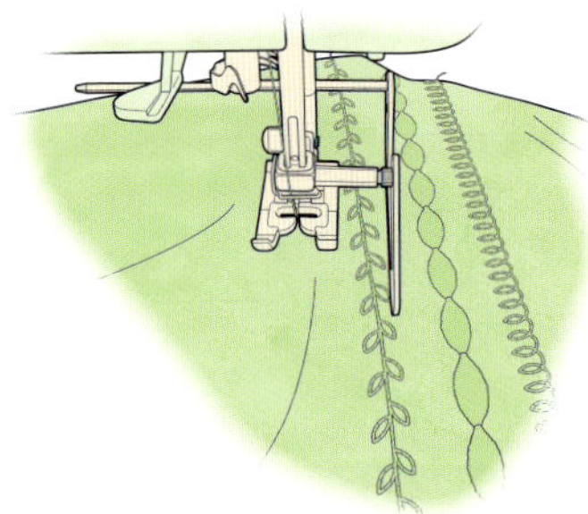

6 Nähen Sie weiter, bis der gewünschte Effekt erreicht ist. Überstehendes Vlies auf der Rückseite vorsichtig entfernen.

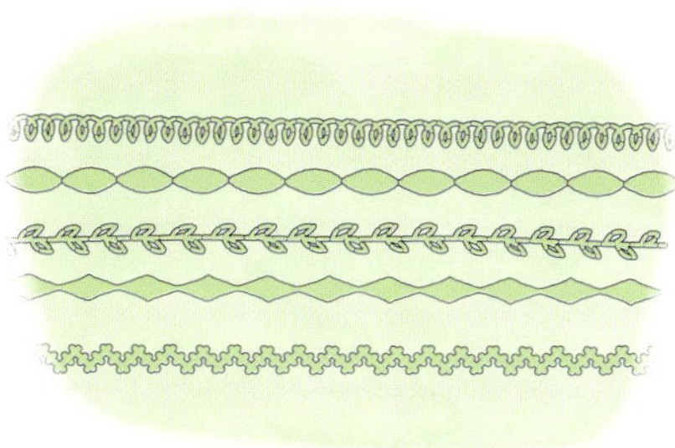

INSIDER-TIPP

- Zwar können Sie durchaus Universalnähfäden für Zierstiche einsetzen, jedoch ist dies eine gute Gelegenheit, ausgefallene Garne zu verwenden, beispielsweise Multicolor mit Farbverlauf, Fäden, die im Dunkeln leuchten, oder Metallicnähfäden.
- Soll ein Teil eines Kleidungsstücks verziert werden, schneiden Sie zunächst ein Stoffstück zu, um die Zierstiche auszuprobieren. Erst dann das Schnittteil zuschneiden.

Monogramme

Ein Monogramm kann aus einfacher Blockschrift oder aufwändiger Schreibschrift gestaltet werden.

WERKZEUGE

- Freihandnähfuß
- Buchstabenvorlage
- Zierstichfaden (Viskose-, Metallic-, Stickgarn oder mit Farbverlauf)
- Stick- oder Metallicnadel
- Stabilisierendes Vlies zum Nähen
- Trickmarker
- Stickrahmen
- Stopfplatte (optional)
- ggf. Stecknadeln
- Bügeleisen und Bügelbrett
- Handnähnadel

1 Entwerfen Sie das Monogramm. Dazu entweder einen Computerausdruck anfertigen oder eine vorgefertigte Vorlage verwenden.

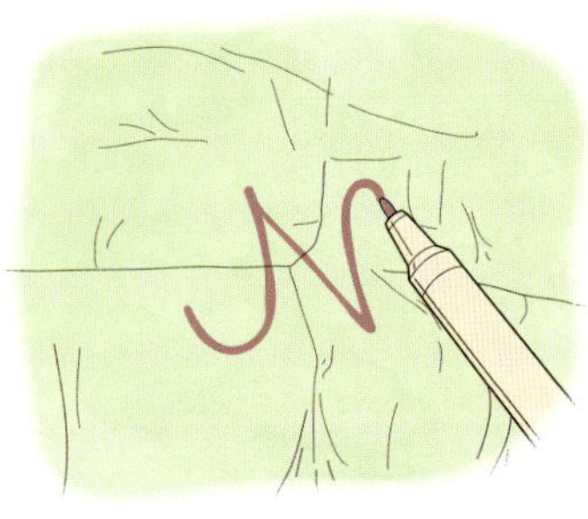

2 Pausen Sie mit einem Trickmarker den Buchstaben auf das Vlies.

3 Stoff zwischen zwei Lagen Vlies gleichmäßig in den Stickrahmen spannen. Das Vlies mit dem Buchstaben liegt oben.

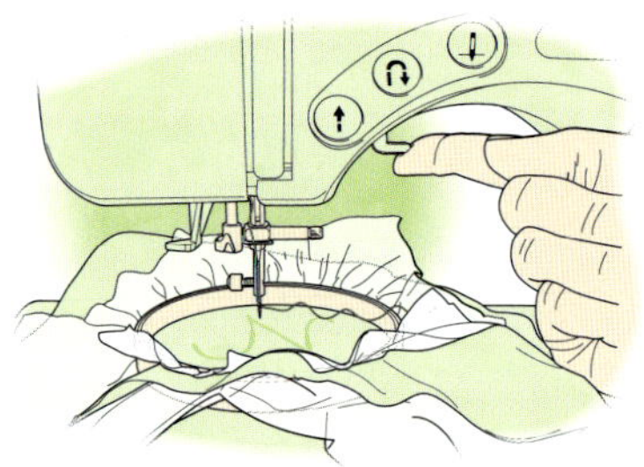

4 Stickrahmen unter den Nähfuß schieben. Eventuell müssen Sie den Nähfußhebel stärker anheben, um den Stickrahmen unter der Nadel platzieren zu können.

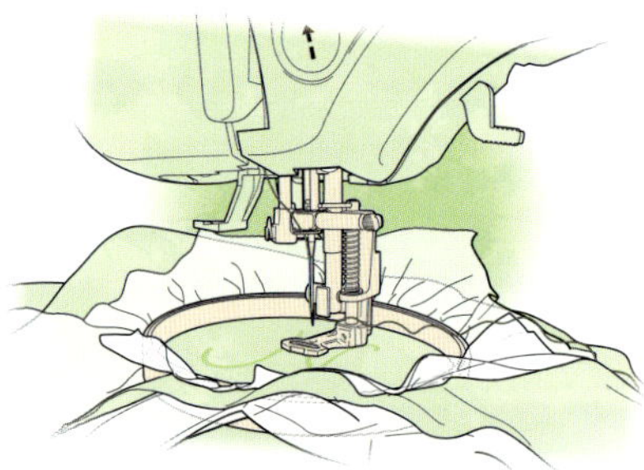

5 Den Freihandnähfuß in die Maschine einsetzen. Achten Sie darauf, dass der Steg korrekt über der Nadelstange sitzt. Nun die Stick- oder Metallicnadel einsetzen.

6 Transporteur versenken oder mit der Stopfplatte abdecken. Wählen Sie einen breiten Zickzackstich.

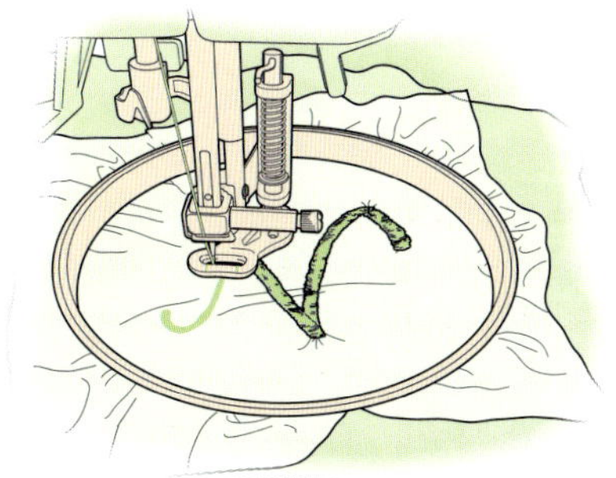

7 Beginnen Sie zu nähen. Da der abgesenkte Transporteur den Stoff nicht bewegt, den Stickrahmen beim Nähvorgang mit den Händen vorwärts bewegen. Die Federung am Nähfuß senkt und hebt sich mit jedem Stich, sodass der Stoff bewegt werden kann.

8 Fadenenden lang hängen lassen, mit einer Handnähnadel Fäden zur linken Stoffseite ziehen und verknoten. Überstehendes Vlies auf Vorder- und Rückseite vorsichtig entfernen.

INSIDER-TIPP

Blockschrift ist am einfachsten, also üben Sie zunächst damit, bevor Sie sich an aufwändige Schreibschrift wagen. Um gleichmäßige Stiche zu fertigen, verfügen einige hochwertige Nähmaschinen über eine Stichregulierung, diese stimmt die jeweiligen Stiche auf die Bewegung des Stickrahmens ab.

Freies Sticken

Freies Sticken eignet sich sehr gut, um Stoffe zu verzieren. Seien Sie kreativ und entwickeln Sie das Design während des Nähens oder arbeiten Sie mit einer Motivvorlage. Diese Technik ähnelt der Malerei, nur dass hier ein Nähfaden verwendet wird.

WERKZEUGE

- Freihandnähfuß
- Zierstichfaden
- Stopfplatte od. absenkbarer Transporteur
- Stabilisierendes Vlies zum Nähen
- Stickrahmen
- Schneiderkreide, Trickmarker oder Transferpapier
- Handnähnadel

1 Stabilisierendes Vlies auf die linke Stoffseite legen, ggf. feststecken, den Stoff bügeln.

2 Zeichnen Sie das Motiv mit Schneiderkreide, Trickmarker oder mithilfe von Transferpapier auf die rechte Stoffseite.

3 Den Freihandnähfuß in die Maschine einsetzen, sodass der Steg korrekt über der Nadelstange liegt.

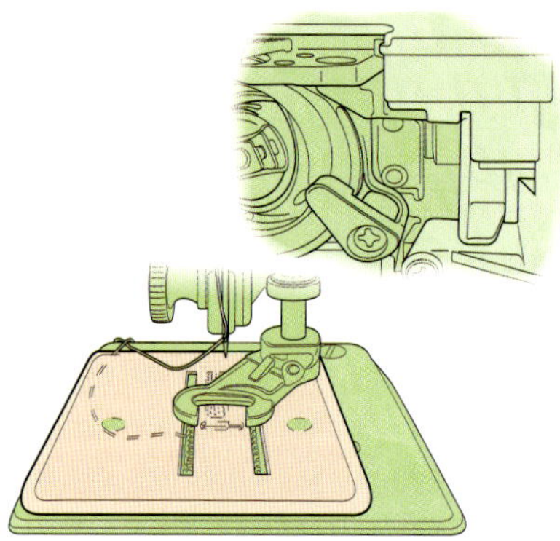

4 Transporteur versenken oder mit der Stopfplatte abdecken.

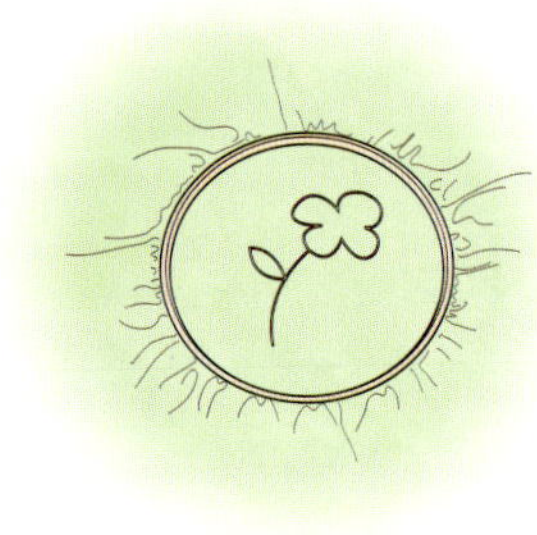

5 Stoff mit Vlies fest und gleichmäßig in den Stickrahmen spannen.

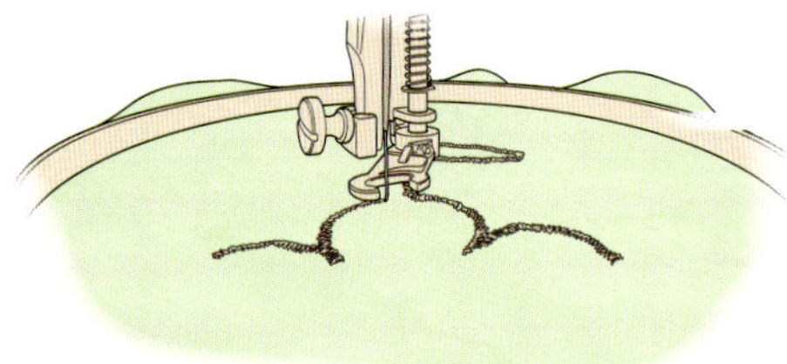

6 Stickrahmen unter den Nähfuß schieben. Eventuell müssen Sie den Nähfußhebel stärker anheben, um den Stickrahmen unter der Nadel zu platzieren zu können.

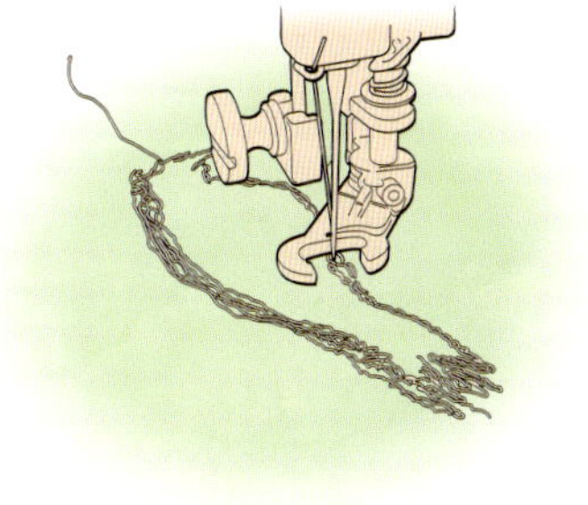

7 Beginnen Sie zu nähen. Da der Transporteur den Stoff nicht bewegt, den Stickrahmen beim Nähvorgang mit den Händen vorwärts bewegen. Die Federung am Nähfuß senkt und hebt sich mit jedem Stich, sodass der Stoff bewegt werden kann.

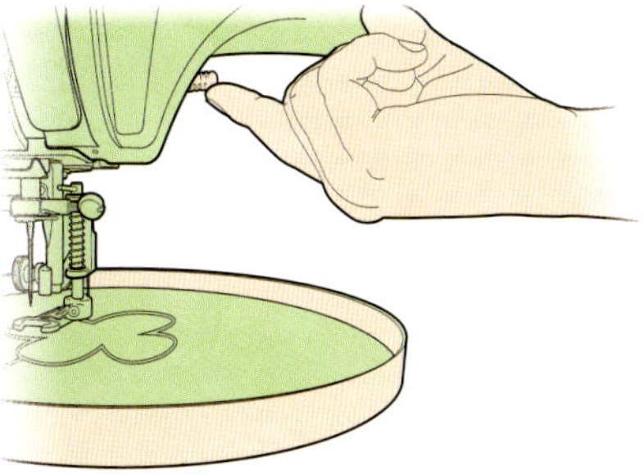

8 Fadenenden lang hängen lassen, mit einer Handnähnadel Fäden zur linken Stoffseite ziehen und verknoten. Überstehendes Vlies auf der Rückseite vorsichtig entfernen.

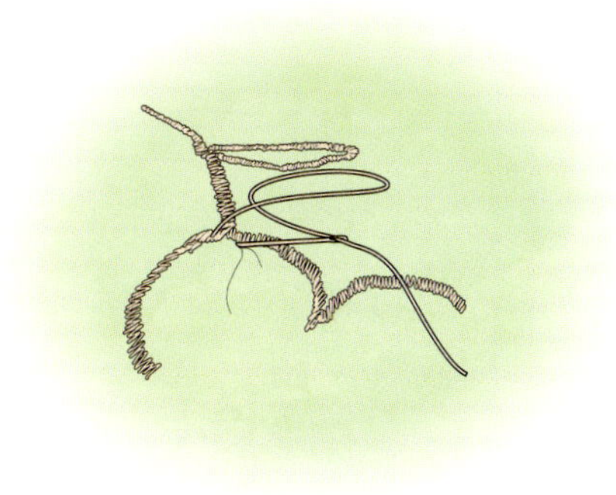

INSIDER-TIPP

Verwenden Sie zum Nähen einer Orientierungsnaht den Geradstich.

Patchwork

Patchwork besteht aus dem Zusammennähen kleiner Stoffstücke zu einer größeren Einheit. Exaktes Arbeiten ist hier unerlässlich, damit alle Einheiten zu einer Fläche zusammengefügt werden können. Mithilfe des Patchworkfußes (1/4 Inch, 6 mm) geht diese Aufgabe leicht von der Hand. Hier sehen Sie ein einfaches Tischset-Design.

WERKZEUGE

- Patchworkfuß (1/4 Inch, 6 mm)
- Stecknadeln
- Papier und Stift
- Schere
- Universalnähfaden und Universalnadel
- Rollschneider, Schneideunterlage und Quiltlineal
- Bügeleisen und Bügelbrett

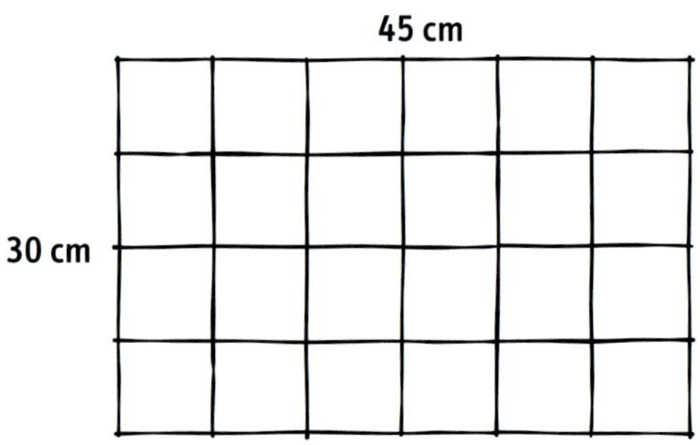

1 Die gewünschte Größe des Tischsets bestimmen und das Design auf Papier zeichnen. Das Beispiel zeigt ein Rechteck in der Größe 45 x 30 cm.

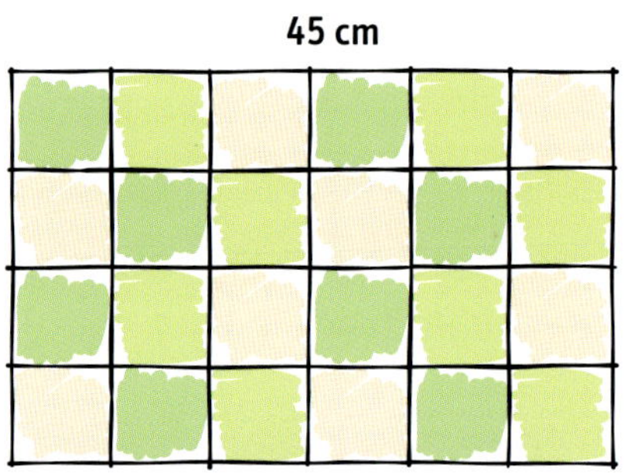

2 Rechteck durch Linien in einzelne Blöcke teilen. Hier wurde alle 7,5 cm eine Linie gezogen, so entstehen 24 Quadrate. Messen Sie die Seiten der einzelnen Blöcke und addieren jeweils 1,3 cm Nahtzugabe dazu, dies entspricht der Nahtzugabe von 6 mm auf jeder Seite.

3 Stoff mithilfe von Rollschneider, Schneideunterlage und Quiltlineal nach Plan zuschneiden.

4 Stoffstücke für jede Reihe in der Reihenfolge des Vernähens zurechtlegen.

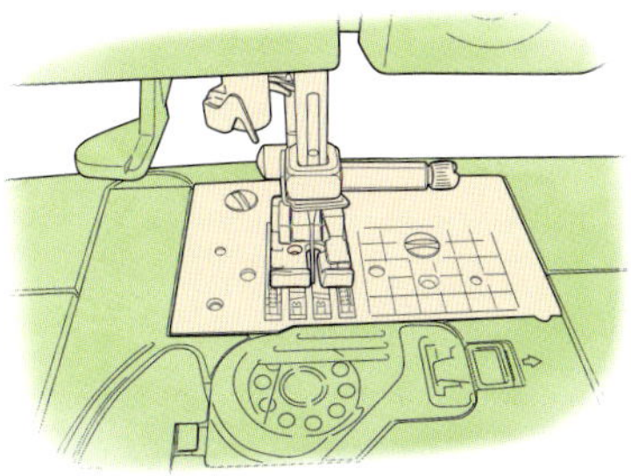

5 Patchworkfuß in die Maschine einsetzen und Geradstich einstellen. Nadel mittig positionieren, Stichlänge 2,5 mm wählen.

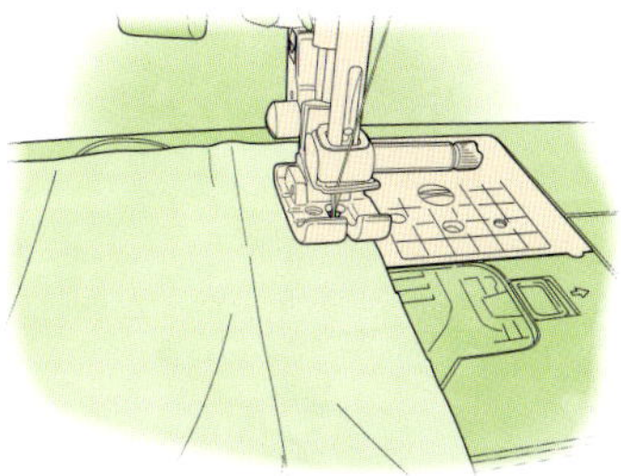

6 Nähen Sie die ersten Stücke zusammen, die Stoffkanten sind dabei an der ¼-Inch-/6-mm-Markierung des Nähfußes ausgerichtet.

7 Nähen Sie alle Quadrate der ersten Reihe zusammen. Nahtzugaben gemeinsam zu einer Seite bügeln.

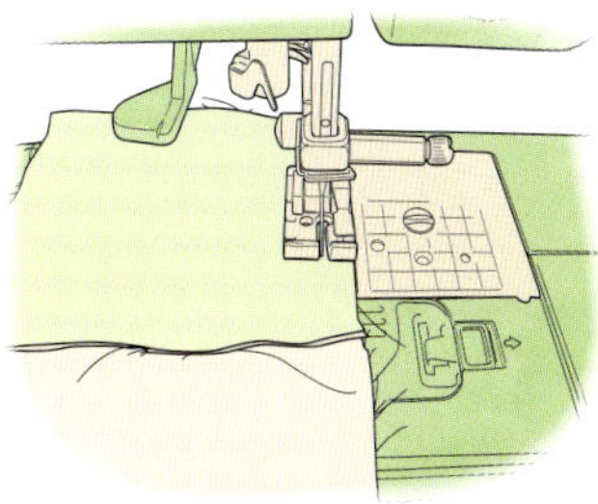

8 Nun die übrigen Blöcke zusammennähen. Nahtzugaben wie zuvor bügeln. Das Tischset durch das Zusammennähen aller Reihen mit 6 mm Nahtzugabe fertigstellen.

INSIDER-TIPP

Das sogenannte Kettennähen spart beim Zusammennähen mehrerer Stoffstücke viel Zeit. Nähen Sie am Ende einer Naht einen Stich über die Kante hinaus. Ohne den Nähfuß zu heben, nähen Sie die nächste Partie und nacheinander alle gewünschten Stoffpartien, ohne den Faden zwischendurch abzuschneiden. Zur Fertigstellung die zusammengenähten Stoffstückchen auseinanderschneiden und die Nahtzugaben bügeln.

Blumen

Mit einem Blumenstickfuß können die verschiedensten Dinge mit Blumen verziert werden. Effektnähfäden beflügeln die Kreativität.

WERKZEUGE

- Blumenstickfuß
- Zierstichfaden
- Stabilisierendes Vlies zum Nähen
- ggf. Stecknadeln
- Bügeleisen und Bügelbrett
- Trickmarker oder Schneiderkreide
- Stopfplatte (optional)
- Handnähnadel

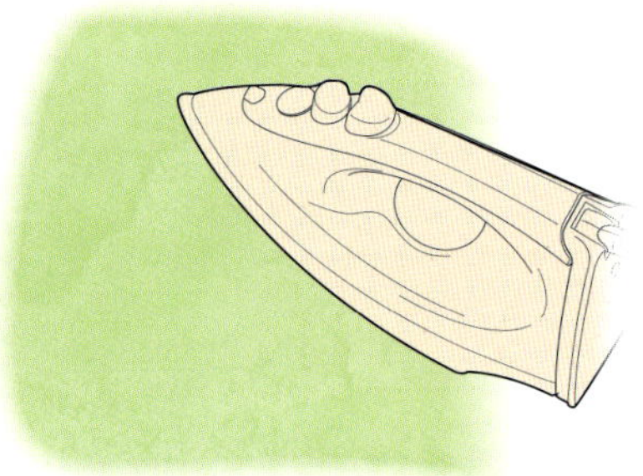

1 Stabilisierendes Vlies auf die linke Stoffseite legen, ggf. feststecken, den Stoff bügeln. Mit Trickmarker oder Schneiderkreide die gewünschte Position der Blumen aufzeichnen.

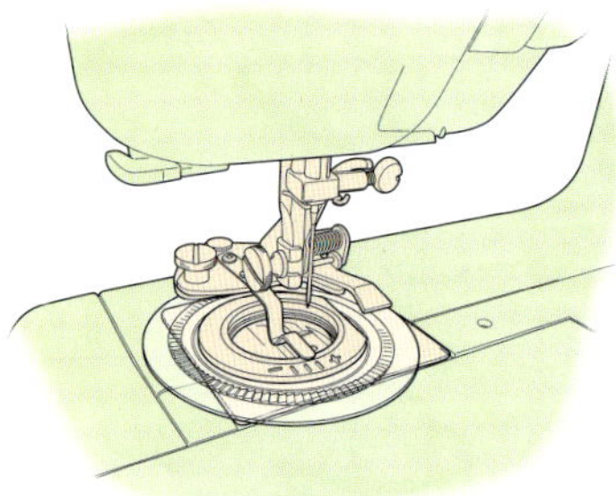

2 Blumenstickfuß einsetzen, dabei darauf achten, dass der Steg oder Haken über der Nadelstange liegt. Transporteur versenken oder die Stopfplatte einsetzen.

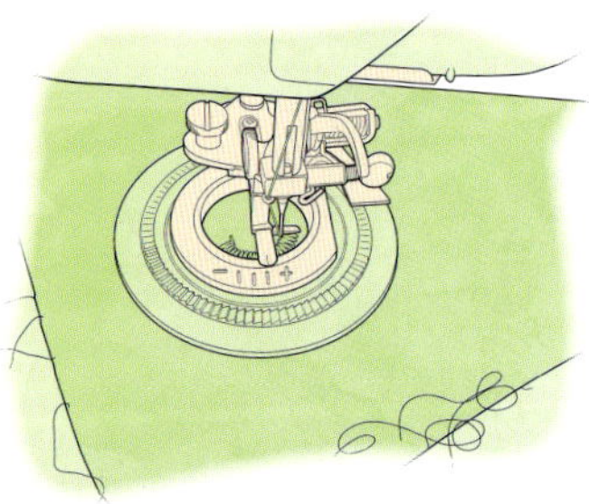

3 Einen breiten Zickzackstich wählen und den Stoff unter den Nähfuß legen. Nähfuß absenken und zu nähen beginnen. Der Stoff dreht sich mit jedem Stich.

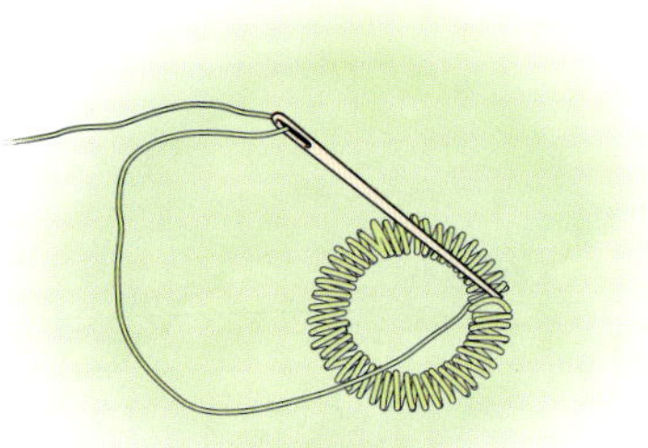

4 Fadenenden lang hängen lassen, mit der Handnähnadel zur linken Stoffseite ziehen und verknoten.

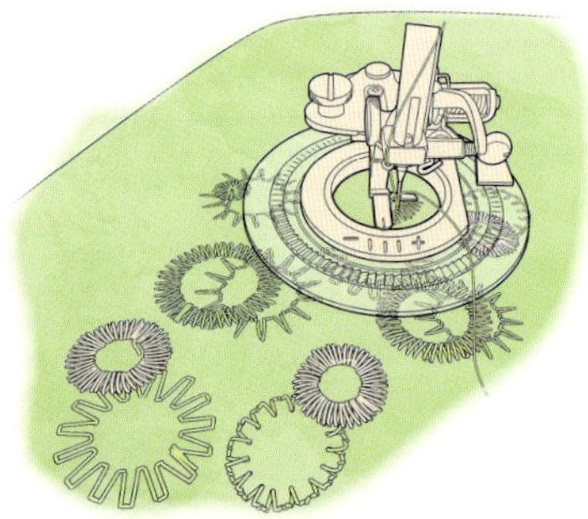

5 Weiternähen, bis das gewünschte Ergebnis erzielt ist. Überstehendes Vlies auf der Rückseite vorsichtig entfernen.

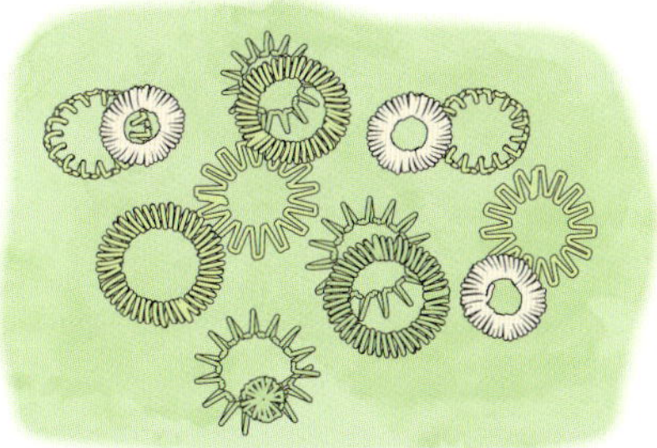

INSIDER-TIPP

Der Blumenstickfuß ist vielfältig einsetzbar. Nähen Sie eine kleine Blume innerhalb einer größeren oder lassen Sie einzelne Blumen für einen schattierten Effekt überlappen.

Kreise

Mit der Kreisnähvorrichtung lassen sich perfekte Kreise fertigen, sie ist darüber hinaus zum Nähen einfacher Stiche mit einem Allzwecknähfuß oder anderen Spezialnähfüßen geeignet.

WERKZEUGE

- Kreisnähvorrichtung
- Zierstichfaden
- Stabilisierendes Vlies zum Nähen
- ggf. Stecknadeln
- Trickmarker oder Schneiderkreide
- Bügeleisen und Bügelbrett
- Beliebiger Nähfuß

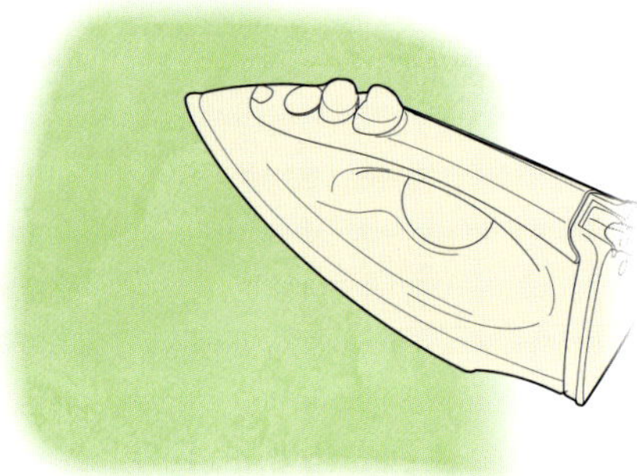

1 Stabilisierendes Vlies auf die linke Stoffseite legen, ggf. feststecken, den Stoff bügeln. Mit Trickmarker oder Schneiderkreide die Kreismitte markieren.

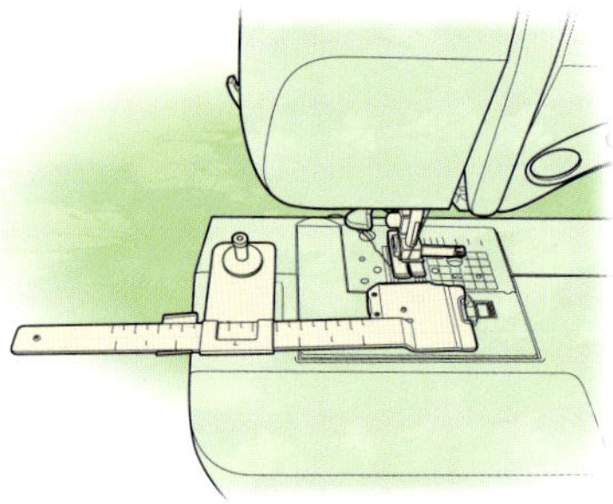

2 Kreisnähvorrichtung lt. Bedienungsanleitung in die Maschine einsetzen. Gewünschte Größe des Kreises wählen.

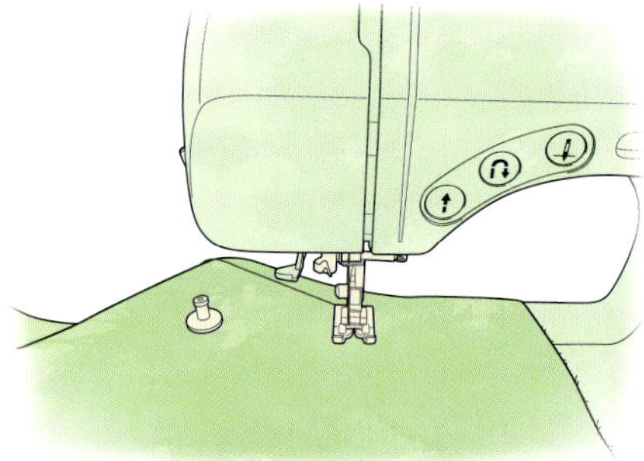

3 Den Stopper vom Stift entfernen. Stift von der linken Stoffseite durch die markierte Kreismitte einsetzen.

4 Nähfuß in die Maschine einsetzen und absenken, Rückstiche fertigen und zu nähen beginnen. Überstehendes Vlies auf der Rückseite vorsichtig entfernen.

INSIDER-TIPP

Für perfekt gestickte Kreise kombinieren Sie die Kreisnähvorrichtung mit dem Obertransportfuß. Für Applikationen in Kreisform verwenden Sie sie mit dem Zierstich- oder Applikationsnähfuß. Borten und Bänder können mit dem Perlennähfuß kreisförmig umnäht werden.

Nähfüße für besondere Stoffe

Teflonnähfüße sind leichtgängig bei schwer gleitenden Stoffen wie Vinyl. Obertransportfüße sorgen für einen gleichmäßigen Stofftransport und verhindern ein Verziehen von Karo- oder Streifenstoffen. Rollenfüße nähen mühelos sogar über ungleiche Stoffschichten, Strickwarenfüße vermeiden ein Zusammenziehen von Strickwaren.

Teflonfuß

AUF EINEN BLICK

- Leichtgängig bei Stoffen, über die ein Standardfuß nur schwer gleitet
- Erhältlich für Zickzack- und Geradstich sowie für Reißverschlüsse
- Nadelgröße und -typ auf den Stoff abstimmen
- Zur Verwendung mit Universal-Polyesternähfäden

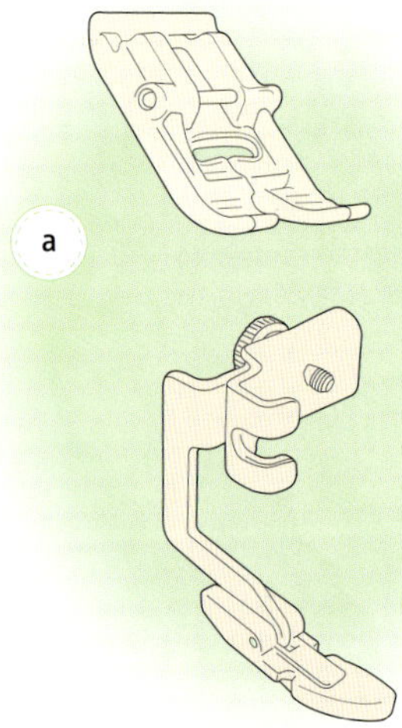

Ein Teflonfuß besteht aus thermoplastischem Polymer. Dieser Gleitnähfuß wird bei schwer gleitenden Stoffen und Materialien eingesetzt, die gerne an Metallnähfüßen haften **(c)**. Der Teflonfuß ist ideal für beschichtete Stoffe, Wachstuch, Vinyl, Plastik und Leder, da er leicht über diese Materialien gleitet und gleichmäßige Stiche fertigt. Teflonfüße sind häufig für Zickzackstiche **(a)** konzipiert, es gibt jedoch Ausführungen für Geradstiche oder zum Einnähen von Reißverschlüssen. Teflonfüße sind als Klickfüße oder als Nähfüße mit kurzem, abgewinkeltem oder hohem Schaft **(b)** erhältlich, müssen jedoch meist als Sonderzubehör gekauft werden.

INSIDER-TIPP

Im Fachhandel sind spezielle Teflonstreifen erhältlich, die auf die Unterseite von Standard-Metallnähfüßen geklebt werden. Damit die Streifen nicht immer wieder entfernt werden müssen, sollten Sie einen extra Nähfuß für diese Nähaufgaben reservieren.

Rollenfuß

AUF EINEN BLICK

- Rollt über dicke Stoffe und ungleiche Stoffhöhen
- Gut geeignet für schwer gleitende und rutschige Stoffe
- Nadeltyp und -größe dem Stoff anpassen
- Nähfaden auf Stoff und Nadel abstimmen

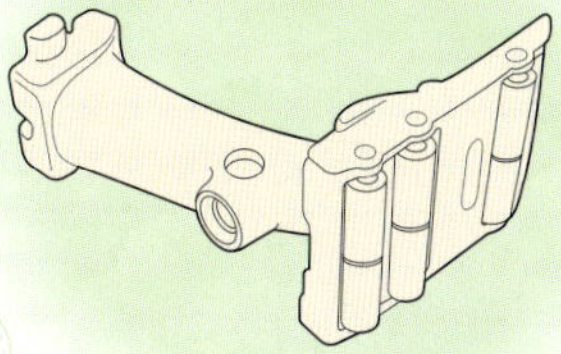

a

b

INSIDER-TIPP

Verwenden Sie beim Nähen von Leder, Vinyl oder Wachstuch eine Ledernadel. Sie sticht ein akkurates Loch und fertigt gleichmäßige, saubere Stiche.

Der Rollenfuß ermöglicht dank seiner kleinen Metallrollen oder -rädchen einen gleichmäßigen Stofftransport und eignet sich besonders gut für Leder, Plastik oder Wildleder, die an Standardfüßen häufig haften bleiben.

Der Rollenfuß ist ebenso geeignet für dicke Stoffe **(b)** und ungleiche Stoffhöhen sowie für Samt und Jeansstoffe. Er klettert mühelos über ungleiche Stoffhöhen und ist ideal zum Säumen dicker Textilien. Die strukturierten Rollen sind perfekt für rutschiges Nähgut, wie Satin oder Charmeuse. Der Rollenfuß hat eine breite Öffnung zum Nähen von Zickzackstichen und ist meist transparent, damit der Blick frei bleibt. Der Nähfuß hat Rollen an der Vorder- und Rückseite oder Rädchen **(a)** an den Ecken und ist als Klickfuß oder am Schaft **(a)** erhältlich. Fast immer müssen Rollenfüße als Sonderzubehör gekauft werden.

Strickwarenfuß

AUF EINEN BLICK

- Für gleichmäßigen Stofftransport leichter und seidiger Stoffe
- Klickfuß für Maschinen mit kurzem Schaft
- Für Strickwaren eine Nadel mit Kugelspitze oder Stretchnadel in 70/10 und Polyesternähfaden verwenden
- Für Seide eine Microtexnadel in 70/10 und Baumwollnähfaden verwenden

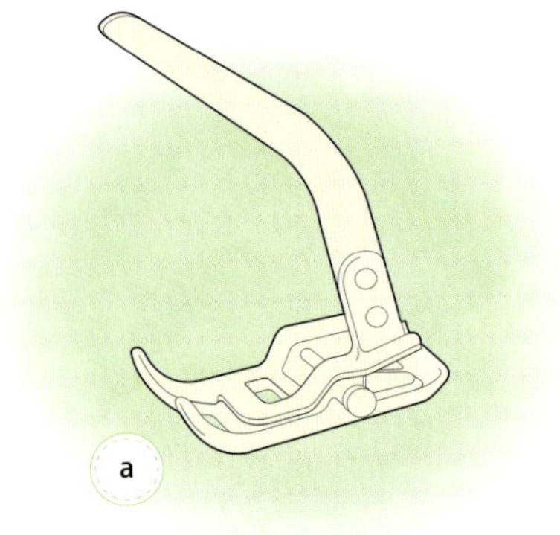
a

b

INSIDER-TIPP

Der Strickwarenfuß ist für Maschinen mit kurzem Schaft konzipiert, viele Näherinnen setzen ihn jedoch auch bei Maschinen mit hohem Schaft und Klickfußsystem erfolgreich ein.

Der Strickwarenfuß **(a)**, auch bekannt als Trikotfuß, wird beim Nähen von leichten und dünnen Strickwaren oder seidigen Stoffen verwendet, damit sich diese nicht dehnen und wellen **(b)**. Der Fuß hält den Stoff während des Einstechens der Nadel im Griff und hat einen über der Nadelstange liegenden Steg. Geht die Nadelstange hoch, wird der Hebel am Nähfuß angehoben, dieser wiederum hebt den Greifer und ermöglicht dem Transporteur, den Stoff für den nächsten Stich zu bewegen. Der Strickwarenfuß hat eine große Öffnung für Zickzack- und Zierstiche sowie für das Nähen mit Zwillingsnadel. Er ist nur als Klickfuß für Maschinen mit kurzem Schaft erhältlich. Der Strickwarenfuß muss meist als Sonderzubehör gekauft werden.

Obertransportfuß

AUF EINEN BLICK

- Obertransport für gleichmäßigen Transport mehrerer Stofflagen
- Gut geeignet für schwer gleitende, rutschige, dehnbare oder dicke Stoffe
- Nadeltyp und -größe dem Stoff anpassen
- Zur Verwendung mit Universal-Polyester- oder Baumwollnähfäden

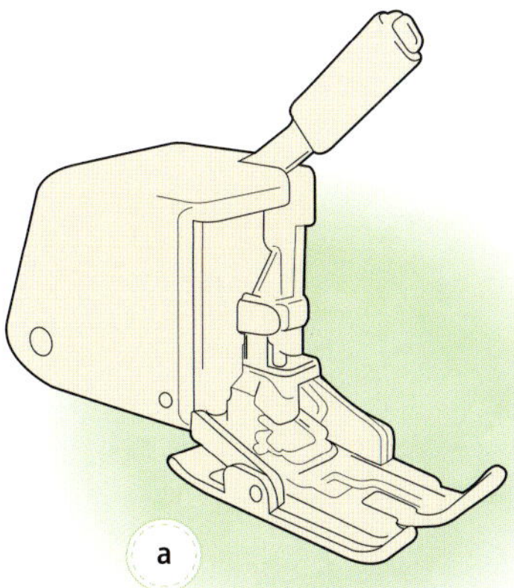

INSIDER-TIPP

Bei einigen (computergesteuerten) Nähmaschinen ist der Obertransport integriert und wird auf Knopfdruck oder durch einen manuellen Hebel aktiviert.

Eine Nahtverschiebung tritt auf, wenn die obere Stofflage nach dem Nähen länger als die untere ist. Der Obertransportfuß bewegt die Stofflagen gleichmäßig und mit gleicher Geschwindigkeit. Der Nähfuß hat einen Steg oder Haken, der an der Nadelstange befestigt wird. Zieht die Nadelstange die Nadel aus dem Stoff, bewegt sich der Obertransport. Dieser Nähfuß ist für exaktes Nähen unerlässlich, er hält Karos und Streifen optimal ausgerichtet und erleichtert das Zusammenfügen von Stoffstücken bei Patchworkarbeiten. Dieser Nähfuß kann sogar bei schwergängigen Stoffen verwendet werden, beispielsweise Plastik, Vinyl, Strickwaren und dicken Stoffen, darunter Jeans und Kunstfell. Er ist perfekt zum Quilten mit voluminösem Vlies **(b)**. Der Obertransportfuß hat eine große Öffnung für Zickzackstiche und Zwillingsnadeln sowie einen Schlitz an der Rückseite zum Einsetzen des Kantenführungslineals. Der Nähfuß ist zum Anschrauben für Maschinen mit kurzem **(a)**, abgewinkeltem oder hohem Schaft erhältlich. Bei hochwertigen sowie für Quilter empfohlenen Nähmaschinen gehört der Obertransportfuß häufig zum Lieferumfang.

Leder und Vinyl nähen

Leder, Vinyl, Wachstuch und beschichtete Stoffe lassen sich mühelos mit einem Teflonfuß vernähen. Einige Näherinnen verwenden einen Obertransport- oder Rollenfuß, diese können jedoch auf sehr weichem Leder Abdrücke hinterlassen.

WERKZEUGE

- Teflonfuß
- Ledernadel in 80/12 oder 90/14
- Falzbein
- Holzhammer (für dickes Material)

1 Teflonfuß in die Maschine einsetzen, Geradstich mit Stichlänge 3 mm wählen.

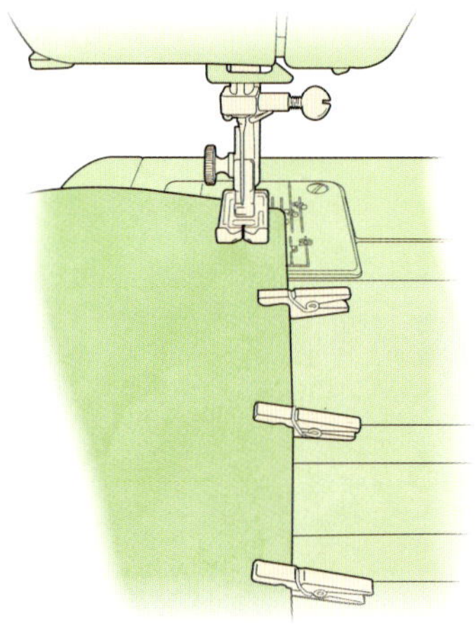

2 Den Stoff kantenbündig rechts auf rechts legen. Eine Naht mit Rückstichen an Anfang und Ende fertigen.

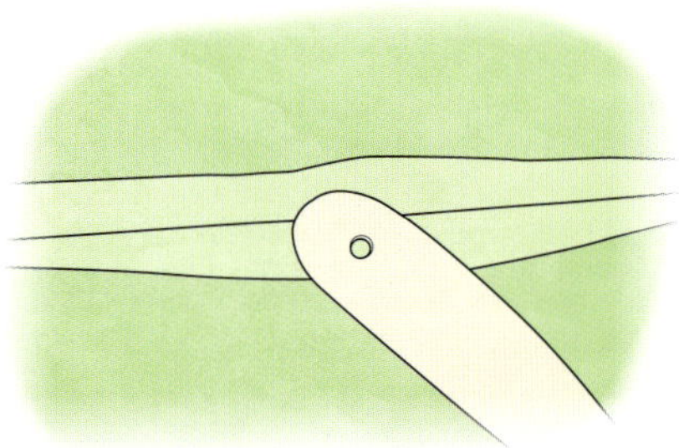

3 Die Nahtzugaben mit dem Falzbein auseinander oder zu einer Seite falten (ein Bügeleisen würde das Material beschädigen).

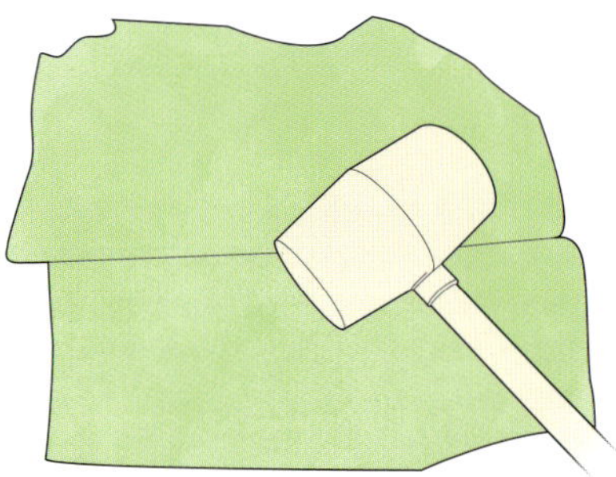

4 Bei besonders schwerem und widerspenstigem Material die Naht von der rechten Stoffseite aus sanft mit einem Holzhammer flach pressen.

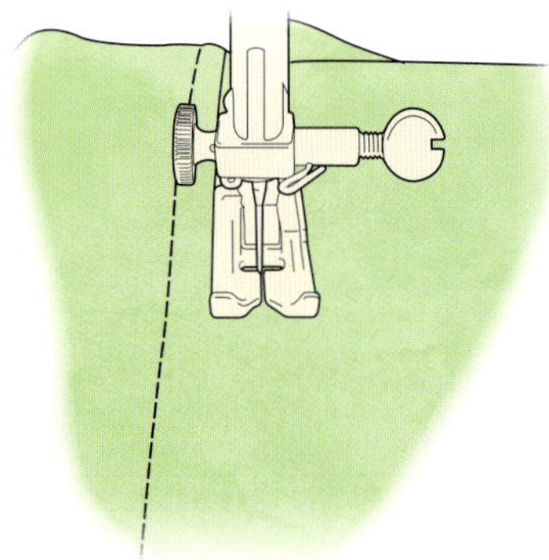

5 Nahtzugaben von der rechten Seite absteppen, damit sie flach liegen.

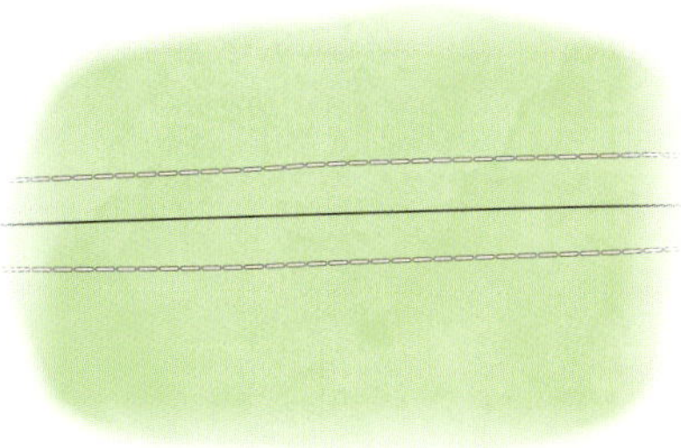

INSIDER-TIPP

Verzichten Sie bei der Verarbeitung von Leder, Wachstuch oder ähnlichen Materialien auf Stecknadeln, da die Nadeleinstiche dauerhafte Löcher hinterlassen. Verwenden Sie stattdessen Büro- oder Wäscheklammern, um die Teile zusammenzuhalten. Auch doppelseitiges Klebeband oder sogar ein Bastelklebestift können zum Einsatz kommen.

Strickwaren und Samt nähen

Strickwaren nähen

Strickstoffe werden beim Nähen mit dem Allzweckfuß gedehnt. Ein Strickwaren- oder Obertransportfuß sorgt für flache Nähte und einen wellenfreien Stoff.

WERKZEUGE

- Strickwaren- oder Obertransportfuß
- Nadel mit Kugelspitze oder Stretchnadel
- Zwillingsnadel (optional)
- Lineal
- Stecknadeln

1 Strickwaren- oder Obertransportfuß in die Maschine einsetzen, Haken über die Nadelstange legen und Elastikstich mit Stichlänge 2,5 mm wählen.

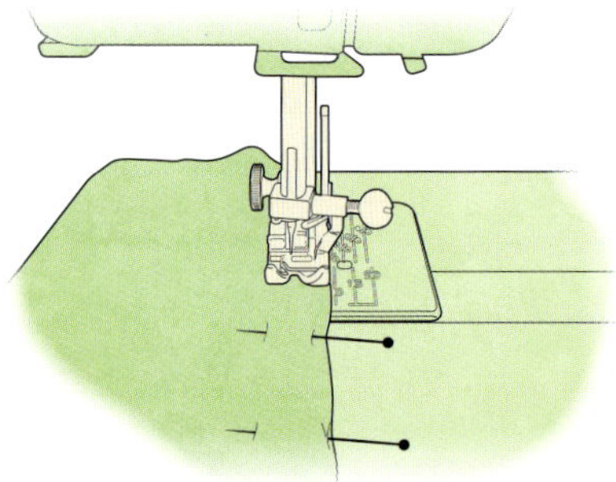

2 Stoffe rechts auf rechts kantenbündig feststecken und Naht mit Rückstichen an Anfang und Ende fertigen. Fadenenden abschneiden.

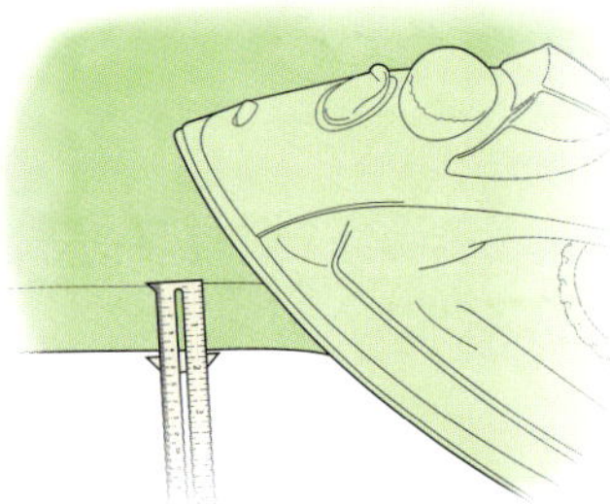

3 Zum Säumen von Strickwaren die Nahtzugabe zur linken Stoffseite bügeln, ein Lineal mit Schieber zum Einstellen der Saumbreite erleichtert exaktes Arbeiten.

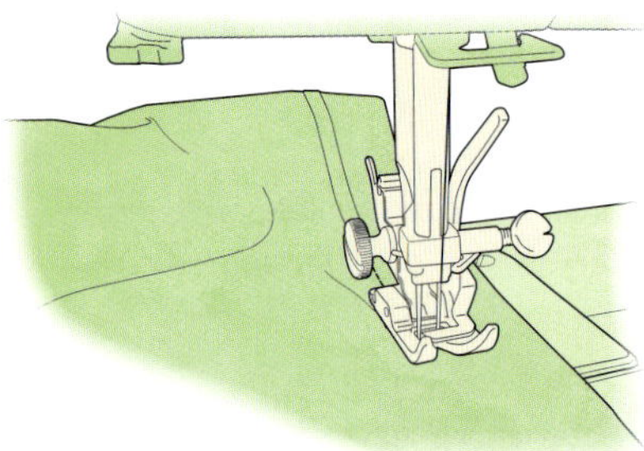

4 Den Saum mit einem Elastikstich oder einer Zwillingsnadel und Coverstich so knappkantig wie möglich nähen.

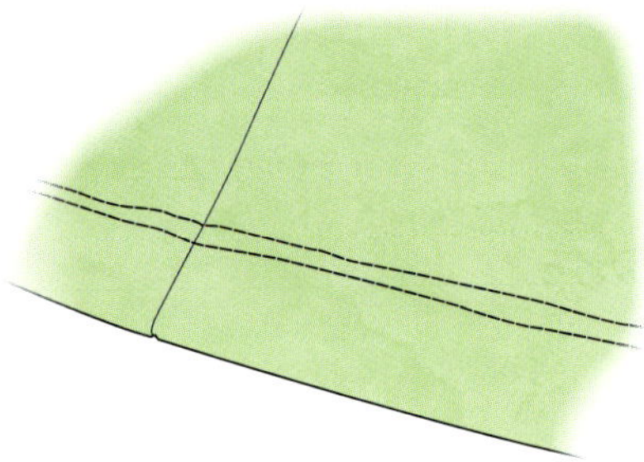

INSIDER-TIPP

Zu den empfehlenswerten Elastikstichen zählen der enge Zickzack- und Überwendlichstich sowie der Stretchstich (Dreifachgeradstich) oder Elastikstich. Während des Nähens den Stoff nicht zu sehr dehnen, lassen Sie die Maschine den Stofftransport erledigen.

Samt nähen

Samt und andere Florgewebe wie Kord neigen zu massiven Nahtverschiebungen, da die Stofflagen beim Nähen verrutschen. Ein Rollen- oder Obertransportfuß sorgt für optimal ausgerichtete Stofflagen und einen gleichmäßigen Stofftransport.

WERKZEUGE

- Rollen- oder Obertransportfuß
- Spitze Microtexnadel
- Falzbein
- Stecknadeln

1 Rollen- oder Obertransportfuß in die Maschine einsetzen und Geradstich mit Stichlänge 2,5 mm wählen.

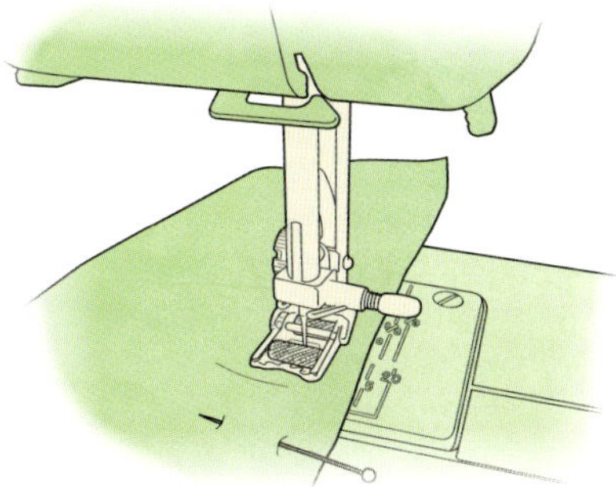

2 Microtexnadel einsetzen. Die Stoffe rechts auf rechts kantenbündig feststecken. Eine gerade Naht mit Rückstichen an Anfang und Ende fertigen. Fadenenden abschneiden.

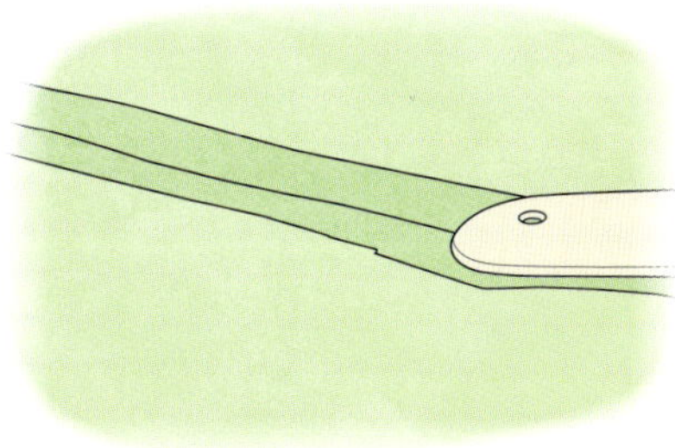

3 Stoff wenden und die Nahtzugaben mit dem Falzbein auseinanderfalten.

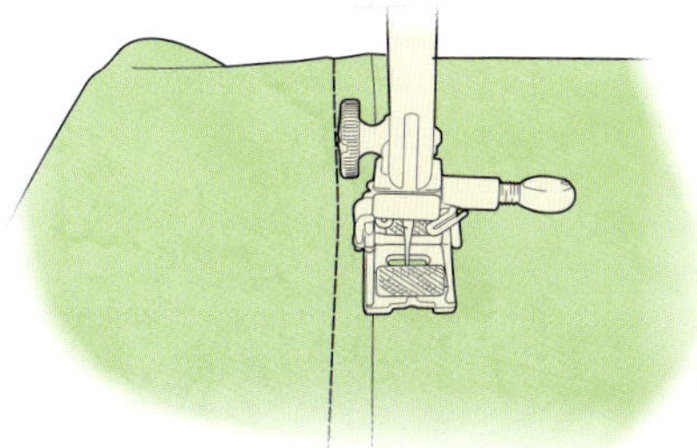

4 Damit die Nahtzugaben nicht auftragen, die Nähte absteppen oder knappkantig steppen.

INSIDER-TIPP

Beim Bügeln von Florgeweben unbedingt Vorsicht walten lassen, da der Flor dauerhaft zusammengedrückt werden und ein glänzender Bügelabdruck auftreten kann. Diese Stoffe nur von links bügeln und einen Stoffrest aus Samt oder ein Frotteetuch auf das Bügelbrett legen, um die Oberfläche zu schützen. Für diese Zwecke sind auch spezielle Bügelbrettunterlagen erhältlich.

Voluminöse Stofflagen quilten

Beim Quilten wird eine meist sehr voluminöse Wattierung zwischen mehrere Stofflagen genäht. Ein Obertransportfuß verhindert ein Verschieben der Stoffe, ein Kantenführungslineal bietet sichtbare Unterstützung beim Nähen.

WERKZEUGE

- Obertransportfuß
- Quiltnadel
- Kantenführungslineal
- Sicherheitsnadeln oder Handnähnadel und Faden

1 Obertransportfuß in die Maschine einsetzen, den Haken an die Nadelstange legen und Geradstich mit Stichlänge 3 mm wählen.

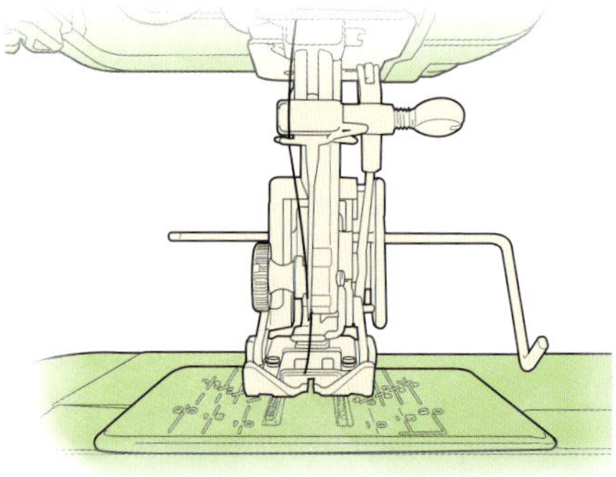

2 Das Kantenführungslineal an der Rückseite des Nähfußes einsetzen und den gewünschten Abstand einstellen.

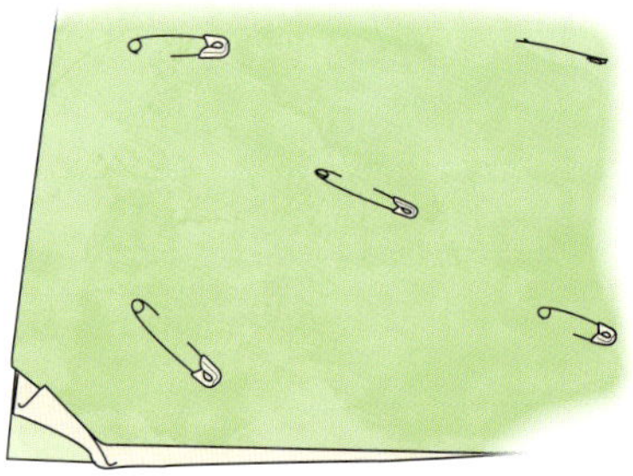

3 Das Volumenvlies zwischen den Stofflagen mit Sicherheitsnadeln feststecken oder mit Heftstichen von Hand sichern.

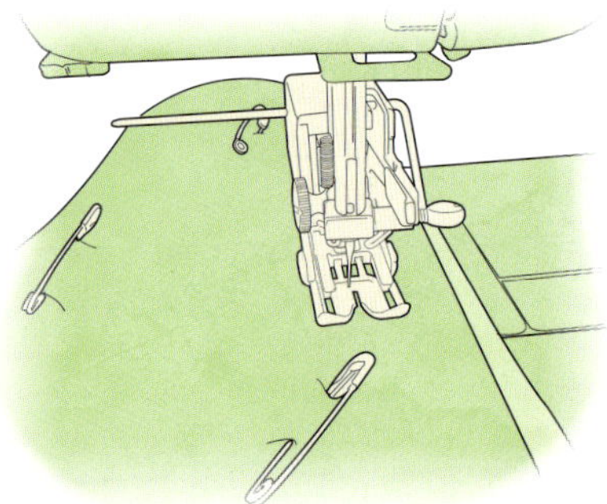

4 Quiltnadel einsetzen und die erste Naht durch alle Stofflagen nähen.

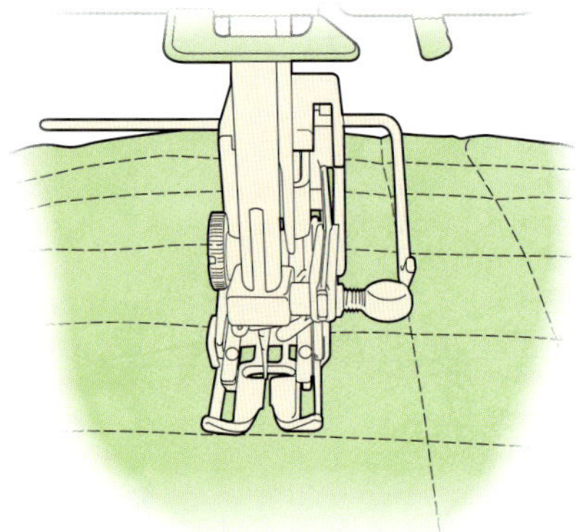

5 Kantenführungslineal an der ersten Nahtlinie ausrichten und die zweite Naht nähen. Wiederholen Sie diese Arbeitsschritte, bis alle Nähte fertiggestellt sind.

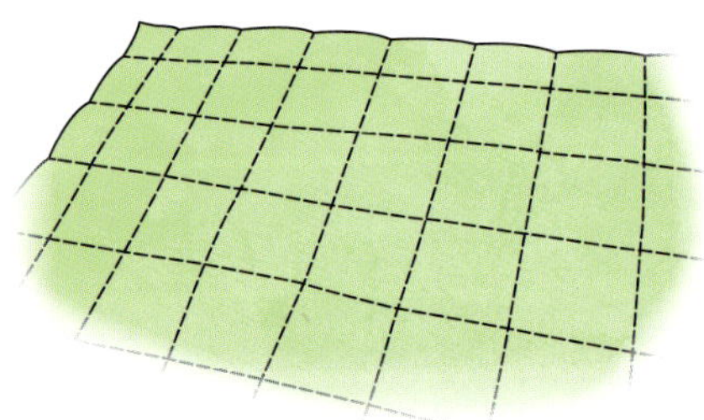

INSIDER-TIPP

Parallele Quiltnähte können mit einer geraden Naht oder mit Zierstichen gefertigt werden. Testen Sie auf einem Stoffrest dekorative Effekte. Universalnähfaden ist gut geeignet, Sie können aber auch Viskosestickgarn oder andere Effektgarne verwenden.

Gemusterte und rutschige Stoffe nähen

Karo- und Streifenstoffe nähen

Beim Verarbeiten von gestreiften und karierten Stoffen ist es unerlässlich, den Stoff exakt aufeinander auszurichten, um ein perfektes Ergebnis zu erzielen.

WERKZEUGE

- Obertransportfuß
- Universalnadel
- Stecknadeln
- Bügeleisen und Bügelbrett

1 Obertransportfuß in die Maschine einsetzen, Haken über die Nadelstange legen und Geradstich mit Stichlänge 2,5 mm wählen.

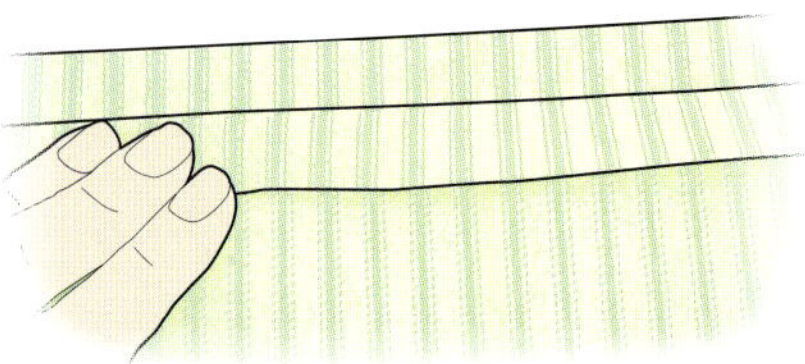

2 Die Nahtzugabe an einer Stofflage zurückfalten, sodass Karos oder Streifen frei liegen.

3 Stoff rechts auf rechts kantenbündig feststecken. Vergewissern Sie sich, dass das Muster präzise ausgerichtet ist.

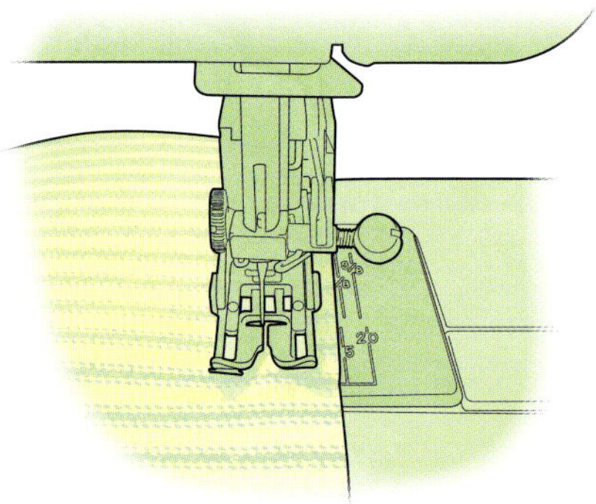

4 Universalnadel in die Maschine einsetzen und eine Naht mit Rückstichen an Anfang und Ende fertigen.

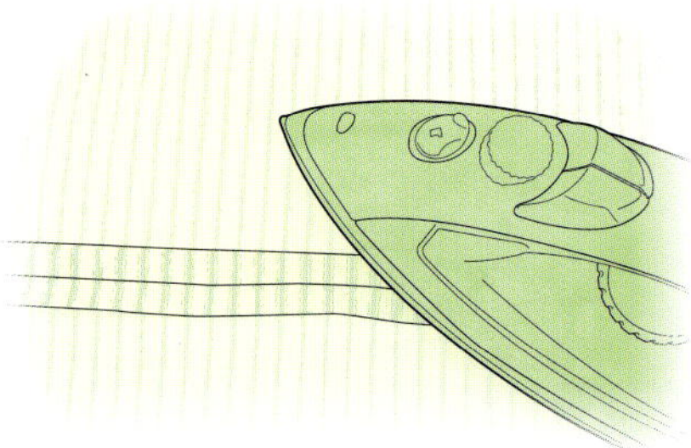

5 Stoff wenden und die Nahtzugaben auseinanderbügeln.

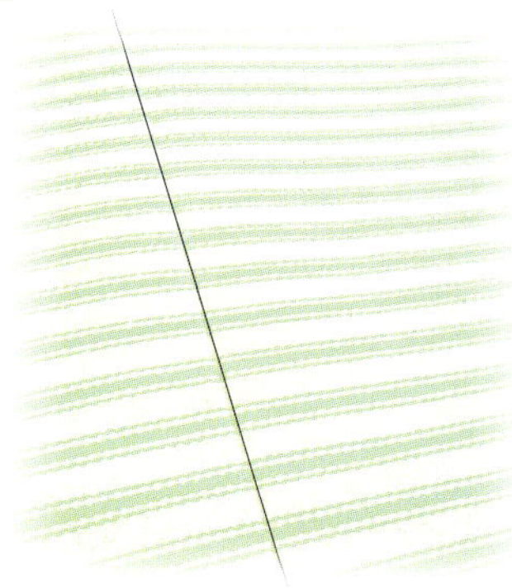

INSIDER-TIPP

Beim Zuschnitt von Karo- und Streifenstoffen muss das Muster deckungsgleich ausgerichtet werden, damit es sich auch nach dem Vernähen korrekt fortsetzt. Suchen Sie die korrespondierenden Karo-Linien auf dem Schnittmuster und platzieren Sie diese auf dem Karostoff. Durch die aufeinander abgestimmten Markierungen wird das Muster ausgerichtet.

Glatte Stoffe nähen

Glatte Stoffe, wie Chiffon oder Charmeuse, können beim Nähen verrutschen oder gedehnt werden. Ein Strickwaren- oder Obertransportfuß verhindert, dass sich Stofflagen gegeneinander verschieben.

WERKZEUGE

- Strickwaren- oder Obertransportfuß
- Spitze Microtexnadel
- Stecknadeln
- Bügeleisen und Bügelbrett
- Bügeltuch

1 Strickwarenfuß in die Maschine einsetzen und Geradstich mit Stichlänge 2,5 mm wählen.

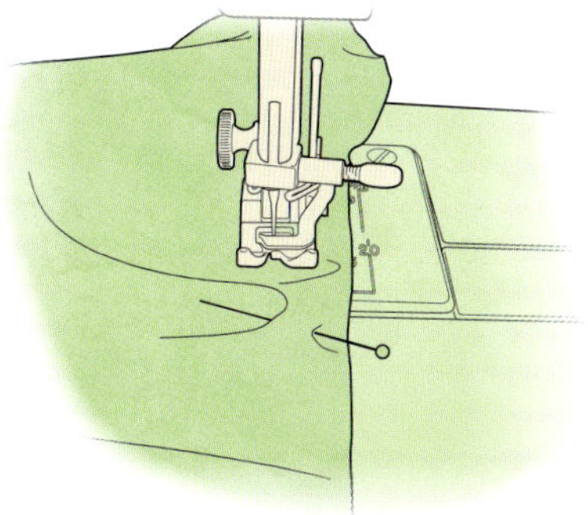

2 Microtexnadel einsetzen, auf dem rechts auf rechts übereinandergelegten, festgesteckten Stoff eine Naht mit Rückstichen an Anfang und Ende nähen.

3 Stoff wenden und die Nahtzugaben auseinanderbügeln. Legen Sie ein Bügeltuch unter die Nahtzugabe, um Abdrücke auf dem Stoff zu vermeiden.

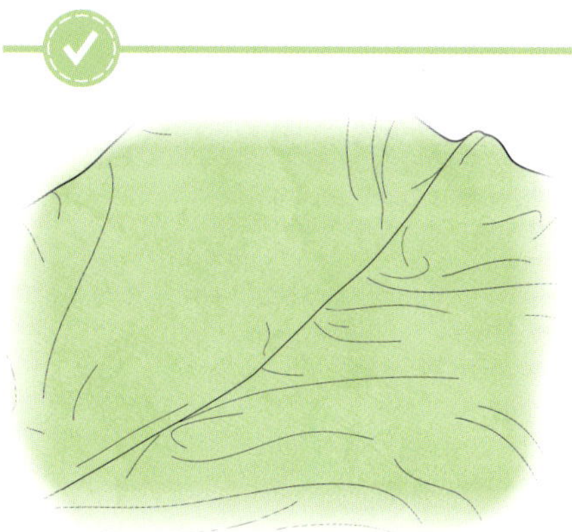

INSIDER-TIPP

Der exakte Zuschnitt von glatten, rutschigen Stoffen ist eine Herausforderung. Es kann hilfreich sein, den Stoff zuvor mit Sprühstärke einzusprühen und trocken zu bügeln. Die Stärke stabilisiert den Stoff und erleichtert das Zuschneiden. Stärke ist auswaschbar, vergewissern Sie sich jedoch an einem Stoffrest, dass die Stärke keine bleibenden Flecken verursacht.

16 Dekorative Nähtechniken

Nähfüße für Bänder, Kordeln und Verzierungen

Die Auswahl an Nähfüßen für dekorative Techniken ist umfangreich, von einfachen Paspel- und Kederfüßen bis zum Fransenfuß. Jeder Nähfuß ist für spezielle Nähaufgaben konzipiert. Paspeln werden für Kleidungsstücke und Keder für Heimtextilien verwendet. Einige Nähfüße für dekorative Techniken werden ausschließlich von bestimmten Nähmaschinenherstellern vertrieben.

Bandannähfuß

AUF EINEN BLICK

- Drei bis sieben Bandführungen
- Zur Verwendung mit Zickzack- oder Zierstichen zum Übersticken von Fäden und Kordeln
- Zur Verwendung mit Universalnähfäden, Transparent- oder Ziergarnen

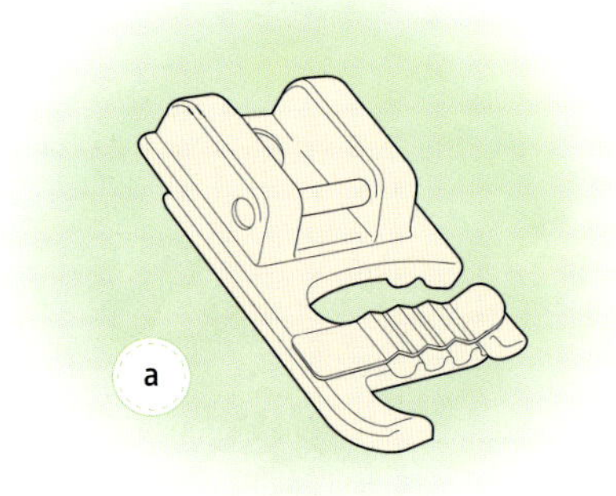

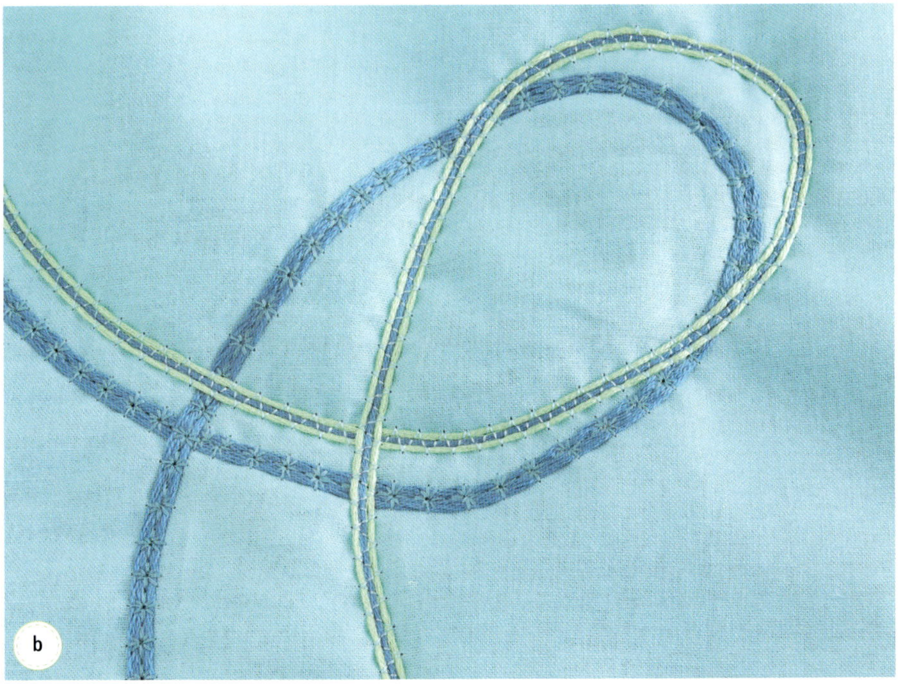

Ein Bandannähfuß hat drei **(a)** bis sieben Öffnungen oder Schlitze, um die Fäden unter dem Fuß zu führen, während sie mit einem Zickzackstich in der Plattstickerei-Technik überstickt werden. Die Plattstickerei kann mit feinen Fäden, Zierstich-, Metallicfäden oder anderen Garnen und Kordeln **(b)** gefertigt werden.

Wählen Sie einen Zickzack-, dreistufigen Zickzack- oder Zierstich. Der Stich sollte breit genug sein, um die zu bestickenden Fäden zu bedecken. Gut geeignet sind Universalnähfäden oder Effektgarne sowie transparente (unsichtbare) Nähfäden.

Biesenfuß

AUF EINEN BLICK

- Fertigt gleichmäßige Biesen
- Empfehlenswert für leichte und mittelschwere Stoffe
- Zur Verwendung mit einer Zwillingsnadel
- Zur Verwendung mit Universal-Polyester- oder Baumwollnähfäden

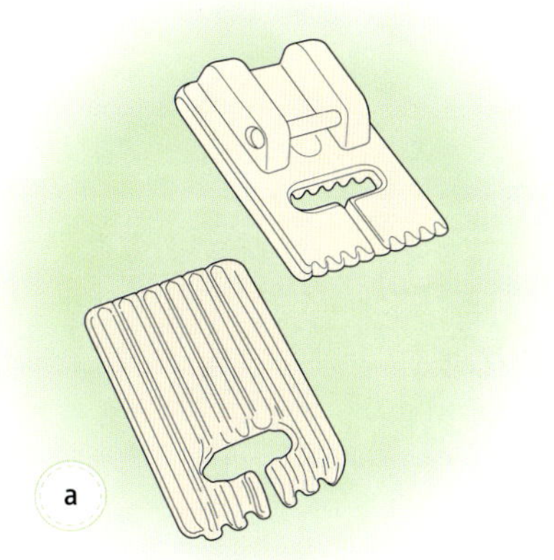

Ein Biesenfuß **(a)** hat drei bis neun Rillen an der Unterseite und wird zum Nähen gleichmäßiger Biesen auf leichten bis mittelschweren **(b)** Stoffen verwendet. Es wird immer mit einer Zwillingsnadel genäht, die Breite der Nadel bestimmt die Tiefe der Biesen. Achten Sie darauf, die Zwillingsnadel passend zum Stoff zu wählen. Ist eine Biese gefertigt, wird diese in die nächste Rille geschoben – so werden die Biesen in gleichmäßigem Abstand genäht.

Paspelfuß

AUF EINEN BLICK

- Hat eine einzelne, tiefe Rinne auf der Unterseite
- Zur Verwendung mit einer Universalnadel, deren Größe auf den Stoff abgestimmt ist
- Zur Verwendung mit Universal-Polyester- oder Baumwollnähfäden

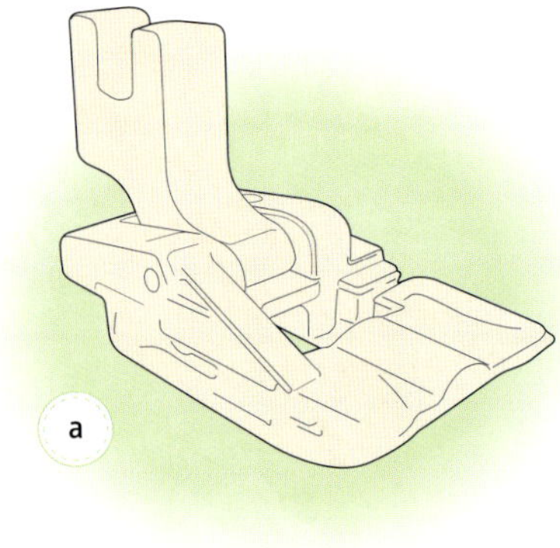
a

INSIDER-TIPP

Der Paspelfuß mit seiner größeren Öffnung kann meist auch anstatt eines Perlenfußes verwendet werden.

b

Zur Führung des Stoffes hat der Paspelfuß eine einzelne, tiefe Rinne auf der Unterseite. Diese Füße sind meist aus transparentem Plastik und werden in verschiedenen Ausführungen für verschiedene Paspelgrößen **(b)** angeboten. Empfehlenswert ist die 3-mm-Ausführung. Paspelfüße haben eine einzelne Öffnung für Geradstiche oder eine breite Öffnung für verschiedene Nadelpositionen und Zickzackstiche.

Kederfuß

AUF EINEN BLICK

- Einzel- oder Doppelrinne auf der Unterseite
- Zur Verwendung mit einer Universalnadel, deren Größe auf den Stoff abgestimmt ist
- Zur Verwendung mit Universal-Polyester- oder Baumwollnähfäden

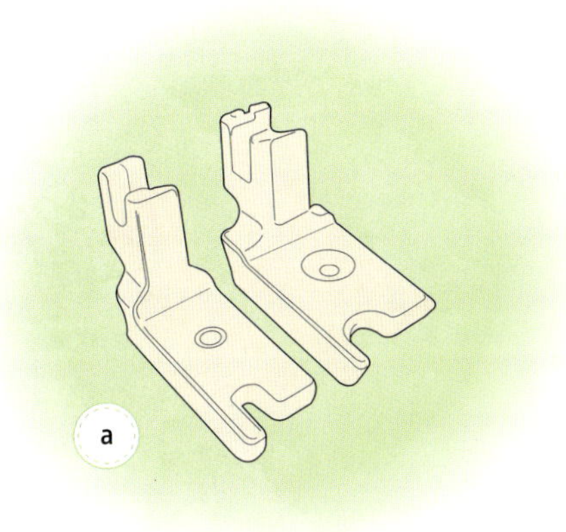

a

INSIDER-TIPP

Paspeln werden für Kleidungsstücke, Keder für Heimtextilien **(b)** verwendet. Eigentlich sind sie sich sehr ähnlich, Paspeln sind jedoch schmaler als Keder.

b

Kederfüße ähneln den Paspelfüßen, haben jedoch eine größere Rinne mit einem Durchmesser von 3 mm **(a)** bis 1,3 cm und sind aus Metall. Die Rille befindet sich links von der Mitte und der Fuß hat ein kleines Nadelloch, das nur den Geradstich erlaubt. Zudem gibt es Doppel-Kederfüße mit zwei parallelen Rinnen.

Zierbandfuß

AUF EINEN BLICK

- Bandführungen transportieren flache Zierbänder, z. B. Borten und Paillettenbänder
- Für alle Stoffqualitäten
- Nadelgröße und -typ dem Stoff und Nähfaden anpassen
- Zur Verwendung mit Universal- und Effektnähfäden oder transparentem Nähgarn

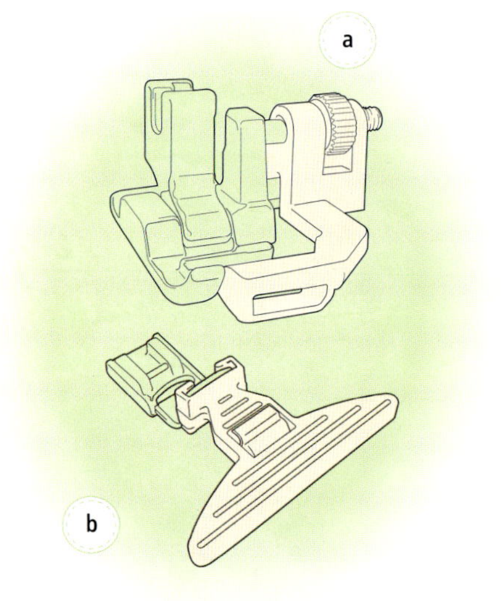

INSIDER-TIPP

Erhältlich sind Bandführungen zum Anschrauben an die Stichplatte der Nähmaschine. Diese haben eine verstellbare Führung, um mit unterschiedlichen Zierbandbreiten zu arbeiten.

Der Zierbandfuß hat im oberen Bereich eine breite, flache Bandführung, durch die flache Zierbänder, wie Elastik- oder Paillettenbänder, geführt werden. Die Größe der Bandführung bestimmt, welche Zierbandbreiten vernäht werden können. Einige Nähfüße können nur mit Bändern bis zu 5 mm Breite arbeiten, andere lassen auch das Nähen mit breiteren Bändern zu. Diese haben eine breitere Nadelöffnung, um unterschiedliche Nadelpositionen zu ermöglichen. Für genaues Positionieren auf dem Stoff ist die Bandführung meist nach links oder rechts justierbar. Die Nähfüße haben entweder eine einzelne Öffnung **(a)** oder mehrere Öffnungen **(b)**, um mehrere Bänder gleichzeitig und auch übereinander zu vernähen. Verwenden Sie beim Nähen einen Gerad-, Zickzack- oder auch Zierstich. Effektgarne, wie Viskose- oder Metallicnähfäden, verleihen Raffinesse, ein unsichtbarer Transparentnähfaden rückt dagegen das Zierband in den Fokus.

Perlenfuß

AUF EINEN BLICK

- Bandführung transportiert gerundete Zierbänder, z. B. Perlenbänder
- Für alle Stoffqualitäten
- Nadelgröße und -typ dem Stoff und Nähfaden anpassen
- Zur Verwendung mit Universal- und Effektnähfäden oder transparentem Nähgarn

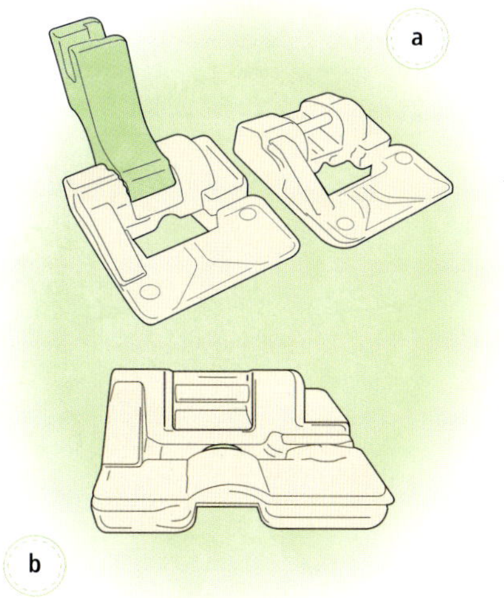

INSIDER-TIPP

Der Perlenfuß ist auch zum Vernähen von Paspeln und Biesen geeignet. Mit diesem Nähfuß lassen sich mühelos runde geflochtene Zierbänder, z. B. Posamentenborte, aufnähen.

Der Perlenfuß ist ein durchsichtiger Plastiknähfuß mit einer runden Führung an der Unterseite, um runde Zierbänder, beispielsweise Perlenbänder, zu verarbeiten. Perlenfüße sind mit unterschiedlichen Bandführungsgrößen erhältlich, z. B. 3 mm **(b)** und 1,6 mm **(a: zum Anschrauben links, Klickfuß rechts)**, die Nähfußgröße muss auf das Zierband abgestimmt werden. Die Nadelöffnung ist breiter, genäht wird mit einem Zickzackstich, sodass die Nadel über das Zierband sticht. Für dekorative Effekte können unterschiedliche Nähfäden, z. B. Seiden- oder Metallicfäden, verwendet werden. Soll das Zierband im Vordergrund **(c)** stehen, ist ein unsichtbarer Transparentnähfaden eine gute Wahl.

Einfassfuß

AUF EINEN BLICK

- Zum Einfassen von Stoffkanten
- Zum Vernähen von einfach- oder doppelt gefalztem Schrägband
- Zur Verwendung mit einer Universalnadel in 80/12
- Zur Verwendung mit Universal-Polyester- oder Baumwollnähfäden

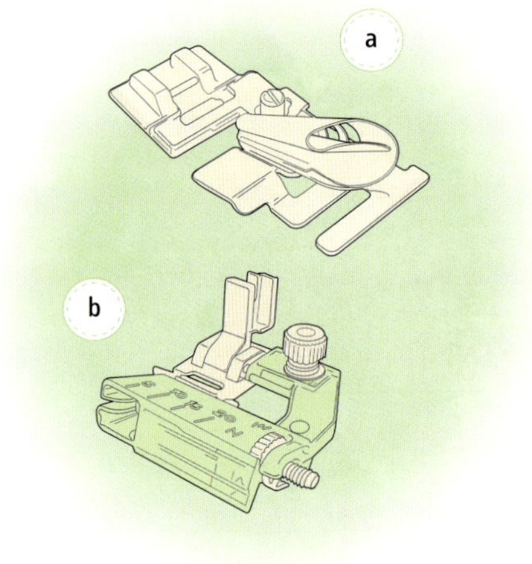

INSIDER-TIPP

Beim Nähen mit dem Einfassfuß können herkömmliche Geradstiche verwendet werden, oder Sie arbeiten kreativ mit Zickzack- oder Zierstichen. Prüfen Sie, ob die Öffnung des Nähfußes groß genug für breite Stiche **(c)** ist.

Der Einfassfuß (auch Schrägbandeinfasser genannt) wird zum Vernähen von Schrägband an Stoffkanten eingesetzt. Damit erübrigen sich die einzelnen Arbeitsschritte des Faltens und Umnähens. Die Einführungshülse des Nähfußes erfasst das Schrägband, die mittlere Öffnung die Stoffkante. Dieser Nähfuß kann doppelt gefalztes Schrägband in verschiedenen Breiten von 6 mm bis zu 1,3 cm verarbeiten, einfach gefalztes bis zu einer Breite von 2,5 cm.

Der traditionelle Metallfuß hat eine konische Schnecke mit Einführungshülsen auf der rechten Seite **(a)**. Jede Führungshülse ist für unterschiedlich breite Schrägbänder bestimmt, die der Nadel am nächsten liegende für eine Breite von 6 mm sowie weitere für 8 mm, 1 cm, 1,1 cm und 1,3 cm. Die besonders große Öffnung für einfach gefalztes Schrägband faltet gleichzeitig die Kanten. Der Nähfuß hat eine Justierschraube zum Verstellen der Schneckenposition, die ein Nähen nah oder mit Abstand zur Kante ermöglicht. Erhältlich sind ebenso durchsichtige Einfassfüße aus Plastik, die das Vernähen von breiteren Schrägbändern ermöglichen. Diese haben eine Justierschraube, um die Öffnung zu verbreitern, sowie eine zweite Schraube zum Anpassen des Abstands zur Nadel **(b)**.

Fransenfuß

AUF EINEN BLICK

- Fertigt Fransen mit Schlingenstichen
- Kann zum Markieren von Details eingesetzt werden
- Nadelgröße und -typ dem Nähfaden anpassen
- Zur Verwendung mit Universalnäh- oder Zierstichfäden

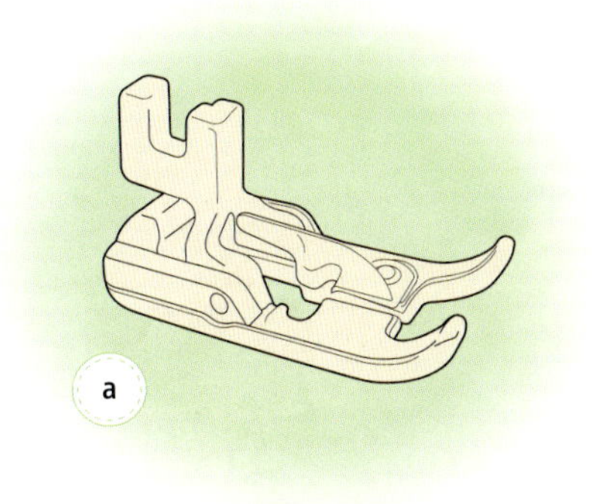

INSIDER-TIPP

Achten Sie bei der Stichauswahl auf ausreichend Abstand zum mittleren Metallsteg, sonst bricht die Nadel. Überprüfen Sie die Nadelbewegungen zunächst durch Drehen des Handrads.

Der Fransenfuß ähnelt dem Schmalkantenfuß, auch er hat einen festen Mittelsteg zwischen den Zehen. Der Steg des Fransenfußes ist jedoch höher und liegt näher an der Nadel **(a)**. Die Zickzackstiche werden über den Steg geformt und sitzen als lockere Schlingen auf dem Stoff **(b)**. Diese Schlingen können ein dekoratives Element sein. Aufgeschnitten bilden sie Fransen. Fransen können Kantenabschlüsse verschönern, auf Applikationen genäht oder zur Betonung von Nähten eingesetzt werden. Länge und Breite der Stiche sind variabel, so können sie in unterschiedlicher Größe und Dichte gefertigt werden. Probieren Sie auch Effektgarne, wie Viskosenähfäden mit Farbverlauf oder Metallicfäden, aus.

Hilfreich ist der Fransenfuß ebenso beim Markieren, beispielsweise an Abnähern oder Knopflöchern. Das ist besonders empfehlenswert bei Stoffen, die durch einen Trickmarker oder Schneiderkreide Schaden nehmen könnten. Verwenden Sie einen Seidennähfaden, die Fäden lassen sich dann mühelos wieder entfernen.

Zierbänder und Plattstickerei

Die Plattstickerei ist eine dekorative Technik zum Übersticken von Ziergarnen oder -bändern mit einem breiten Stich. Damit können hübsche Effekte an Säumen oder Ärmelabschlüssen erzielt werden, Plattstickerei kommt jedoch auch als reine Sticktechnik gut zur Geltung.

WERKZEUGE

- Bandannähfuß
- Nadeleinfädelhilfe
- Stickgarn oder feines Garn
- Transparentnähfaden
- Trickmarker oder Schneiderkreide
- Maßband
- Handnähnadel

1 Den geplanten Verlauf des Musters auf dem Stoff vorzeichnen. Er kann gerade oder gerundet sein oder eine bestimmte Form haben.

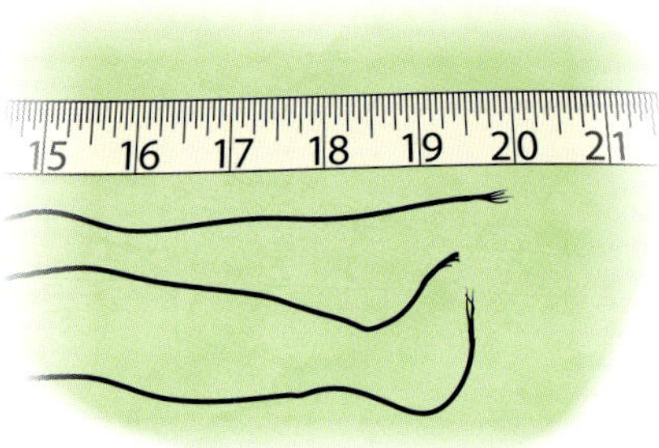

2 Zierband für alle Führungsöffnungen des Nähfußes, die genutzt werden sollen, in gewünschter Länge zuschneiden. Vorher anhand des vorgezeichneten Musters die benötigte Länge messen und das Band sicherheitshalber ein wenig länger zuschneiden, als voraussichtlich benötigt wird.

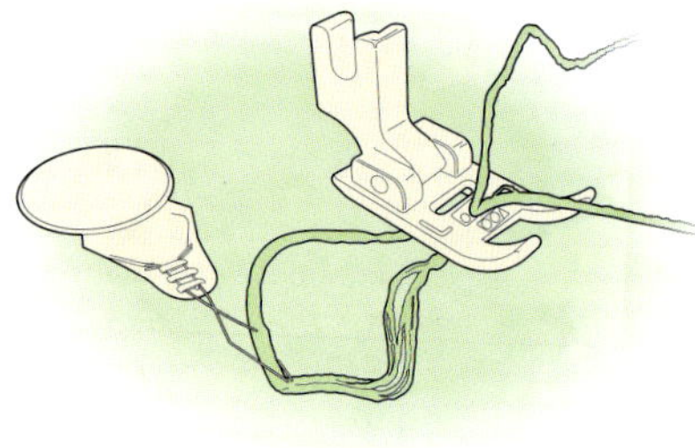

3 Stickgarn in den Nähfuß – eventuell mithilfe der Nadeleinfädelhilfe – einfädeln. Sollen nicht alle Führungen des Nähfußes genutzt werden, verwenden Sie die der Mitte am nächsten gelegenen.

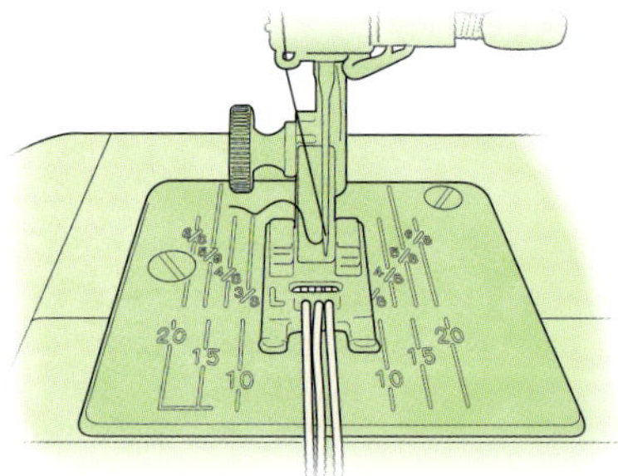

4 Bandannähfuß in die Maschine einsetzen und Nähfaden einfädeln.

5 Dreistufigen Zickzackstich mit Stichlänge 2,5 mm wählen.

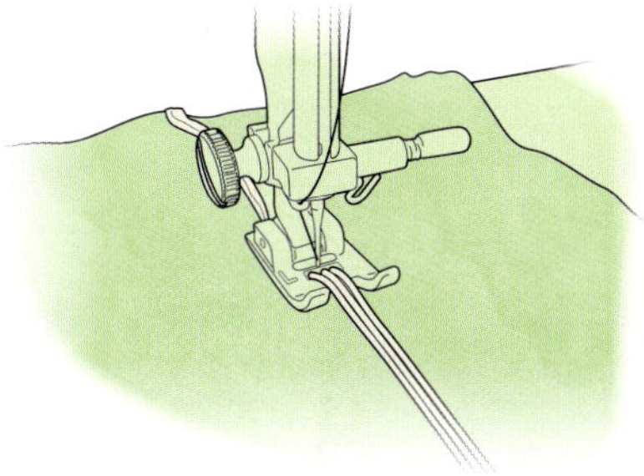

6 Bänder nach vorn legen, Nähfuß auf das vorgezeichnete Muster absenken und zu nähen beginnen.

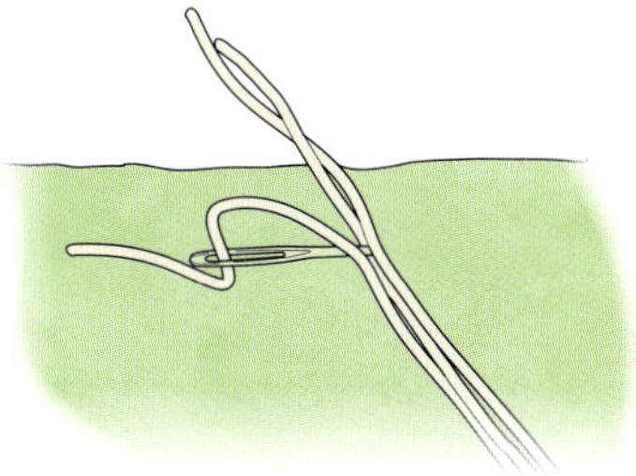

7 Nach Fertigstellung mit Handnähnadel und Einfädelhilfe Stickgarn und Fäden zur linken Stoffseite ziehen und verknoten.

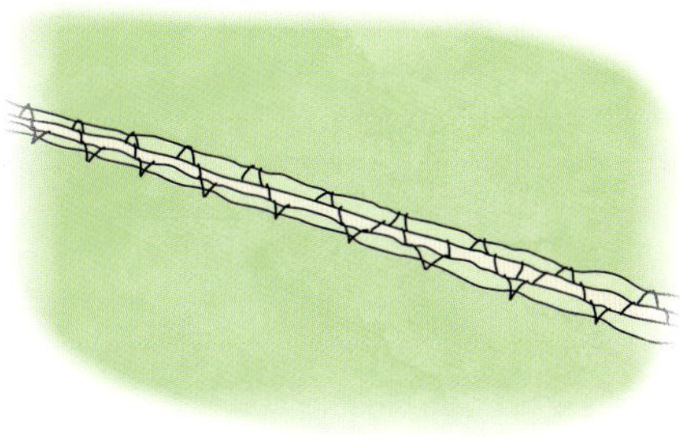

INSIDER-TIPP

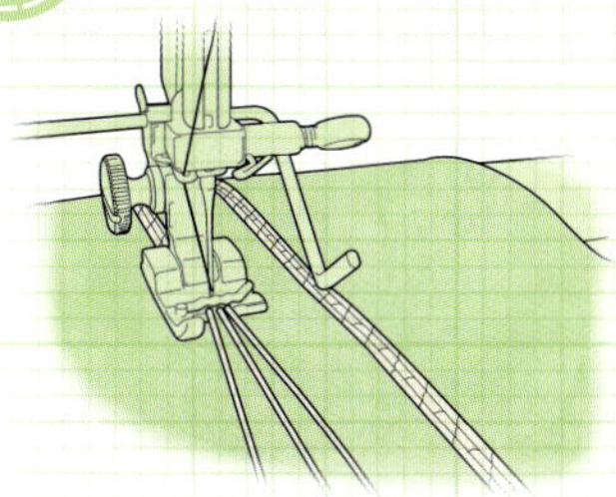

- Bei mehreren Plattstickreihen erleichtert ein Kantenführungslineal das Nähen in gleichmäßigen Abständen.

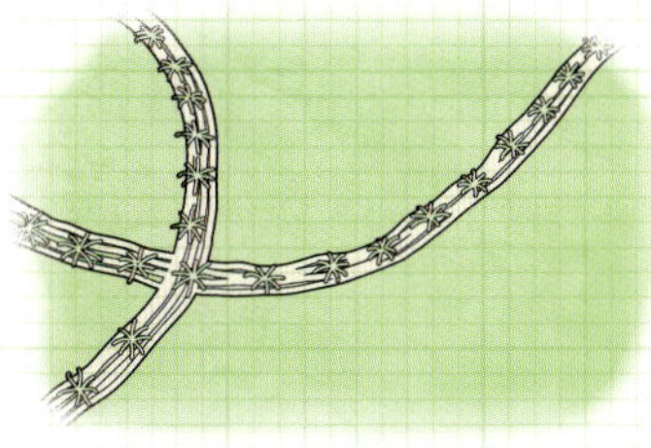

- Besonders raffiniert wirkt ein dekorativer Zierstich in einer Kontrastfarbe. Verwenden Sie Multicolor-Fäden mit Farbverlauf, Metallic- oder Viskosestickfäden als Oberfaden und Universalnähfaden als Unterfaden. Achten Sie darauf, den Nadeltyp auf den Faden abzustimmen.

Biesen

Mit einem Biesenfuß gelingt das Nähen perfekter Biesen garantiert. Biesen setzen hübsche Akzente an Säumen, Ausschnitten und Ärmeln, aber auch bei Wohnaccessoires, wie Kissen oder Vorhängen.

WERKZEUGE

- Biesenfuß
- Zwei Spulen mit Universalnähfaden
- Zwillingsnadel
- Trickmarker oder Schneiderkreide
- Quiltlineal
- Schere oder Fadenknipser

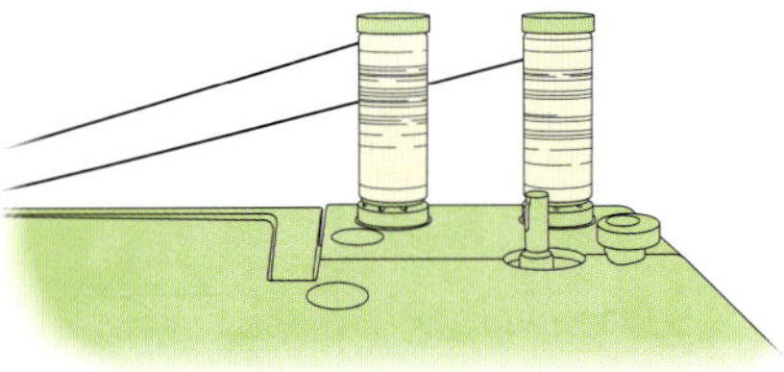

1 Zwillingsnadel und zwei Garnspulen in die Maschine einsetzen, alternativ eine zweite Unterfadenspule verwenden.

2 Biesenfuß einsetzen und Geradstich mit Stichlänge 2,5 mm wählen.

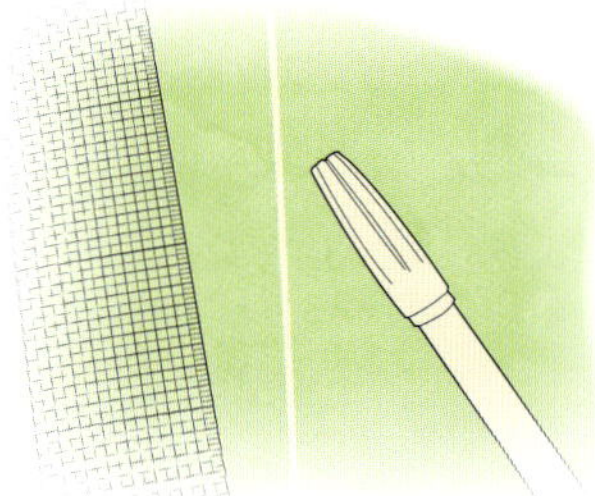

3 Die erste Biesenreihe mit einem Quiltlineal sowie Trickmarker oder Schneiderkreide vorzeichnen.

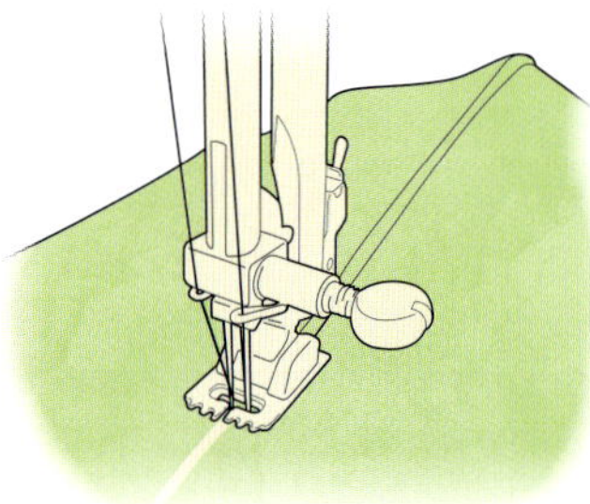

4 Die erste Biese nähen und mit Rückstichen sichern. Fadenenden abschneiden.

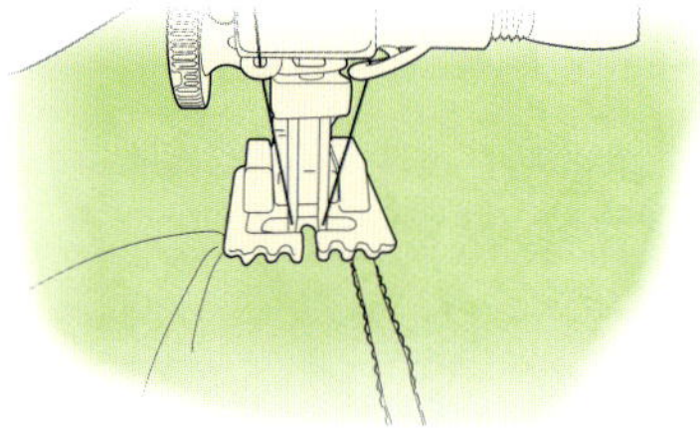

5 Die fertiggestellte Biese in eine danebenliegende Rinne des Nähfußes führen und die nächste Biese nähen. Wiederholen Sie die Arbeitsschritte für alle weiteren Biesen.

INSIDER-TIPP

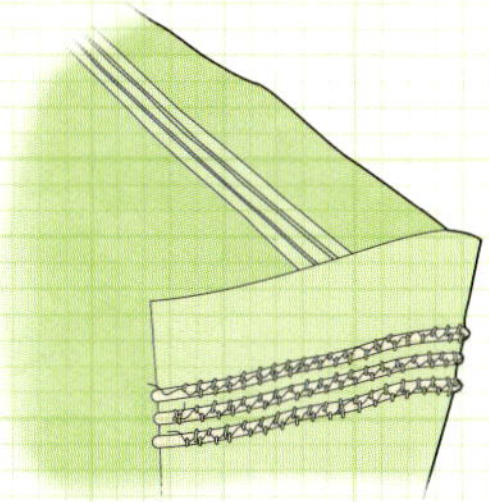

- Mit Kordeln genähte Biesen wirken plastisch und strukturiert. Kordel unter den Stoff legen und Biesen wie gewohnt nähen. Die Kordel verbleibt in der Biese.
- Für Biesen auf Kleidungsstücken sollten zuerst die Biesen genäht und dann der Stoff zugeschnitten werden, so hat der Zuschnitt auch nach dem Nähen der Biesen die korrekten Maße.
- Verwenden Sie eine zum Stoff passende Zwillingsnadel. Für Strickwaren eine Stretchnadel einsetzen, für gewebte Stoffe eine Universalnadel. Zwillingsnadeln mit großem Nadelabstand sind ideal für dicke Stoffe, ein geringer Nadelabstand ist beim Nähen feiner Stoffe empfehlenswert.

Paspeln und Keder

Paspeln und Keder nähen

Paspeln und Keder sind ein dekoratives Detail bei Kissen, können aber ebenso als gestalterisches Element bei Hals- oder Ärmelabschlüssen eingesetzt werden. In einer Naht eingefasste Paspeln oder Keder betonen die Schnittführung.

WERKZEUGE

- Paspel- oder Kederfuß, passend zur Größe des Bandes
- Kordel oder Stickgarn
- Schrägband
- Universalnähfaden
- Stecknadeln

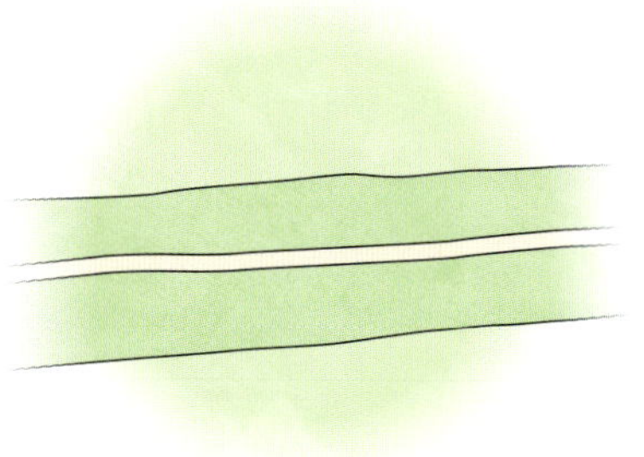

1 Die Kordel mittig auf der linken Stoffseite des Schrägbandes platzieren.

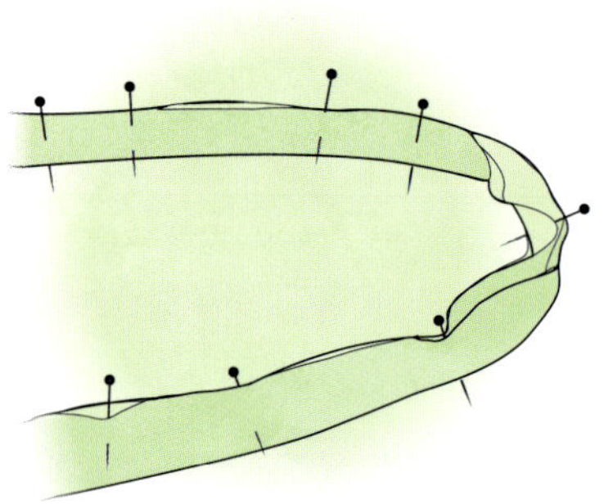

2 Schrägband links auf links zur Hälfte falten, um die Kordel einzuschließen. Achten Sie darauf, dass die Kanten bündig aufeinander liegen. Feststecken.

3 Nähfaden einfädeln und den Paspel- oder Kederfuß in die Maschine einsetzen.

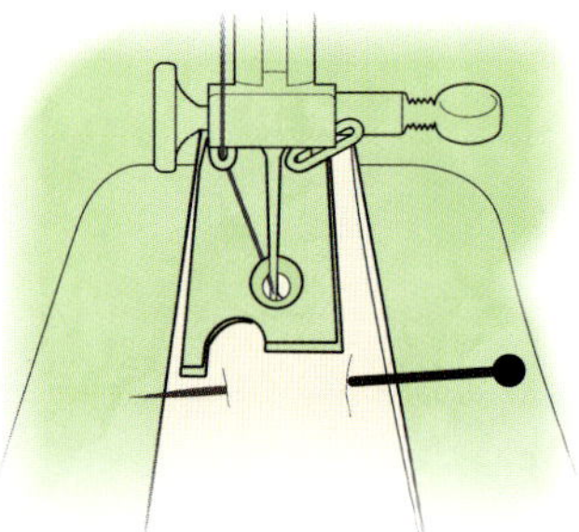

4 Geradstich mit Stichlänge 2,5 mm wählen. Kordel in die Führung einlegen und zu nähen beginnen, Nahtanfang und -ende mit Rückstichen sichern. Die Stiche sollten knapp rechts von der Kordel gefertigt werden.

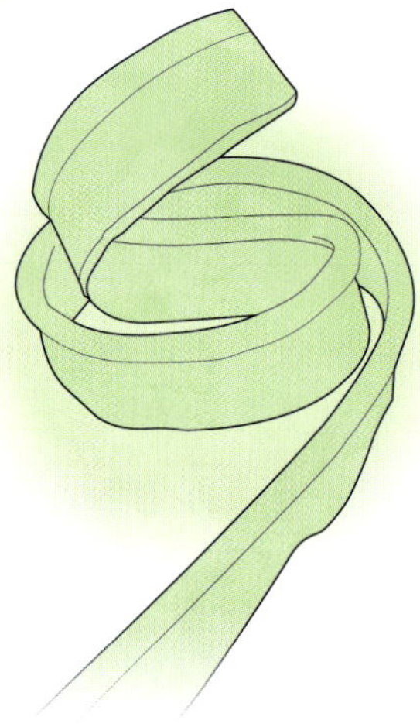

INSIDER-TIPP

Steht kein Paspelfuß zur Verfügung, können Paspeln und Keder auch mit dem Reißverschlussfuß genäht werden. Dafür den Nähfuß rechts der Kordel platzieren und dicht entlang der Kordel nähen.

Annähen von Paspeln und Kedern

Mit Paspeln und Kedern lassen sich hübsche Akzente setzen – nicht nur bei Wohnaccessoires, sondern auch bei Kleidungsstücken. Mit dem entsprechenden Nähfuß lassen sich Paspeln und Keder mühelos annähen.

WERKZEUGE

- Paspel- oder Kederfuß, passend zur Größe von Paspel oder Keder
- Vorgefertigte oder selbst genähte Paspel oder Keder
- Universalnähfaden
- Stecknadeln
- Bügeleisen und Bügelbrett

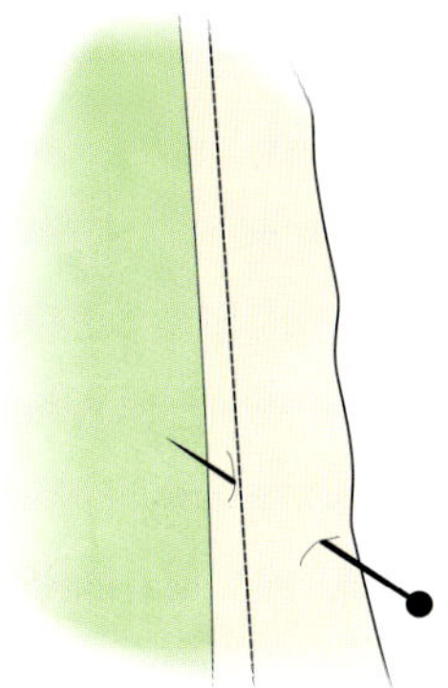

1 Die Paspel rechts auf rechts auf das Stoffteil legen. Kantenbündig ausrichten und feststecken.

2 Paspel- oder Kederfuß in die Maschine einsetzen.

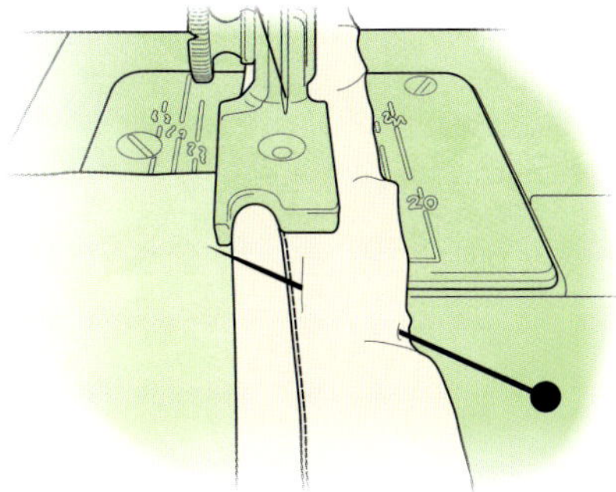

3 Die Kordel an der Nähfußrille ausrichten und den Nähfuß absenken. Entlang der Kordel absteppen.

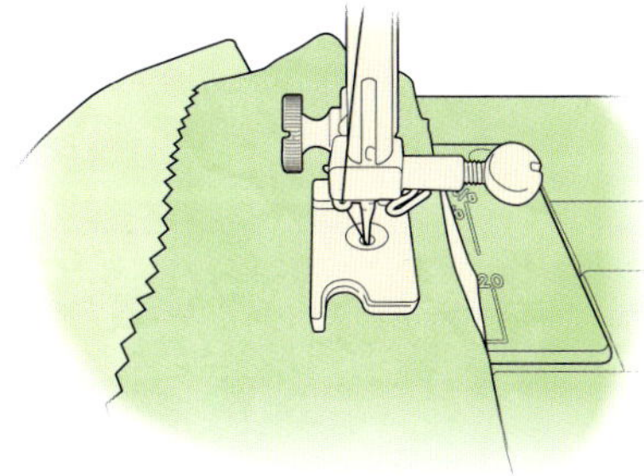

4 Den Beleg rechts auf rechts auf die Paspel legen und feststecken.

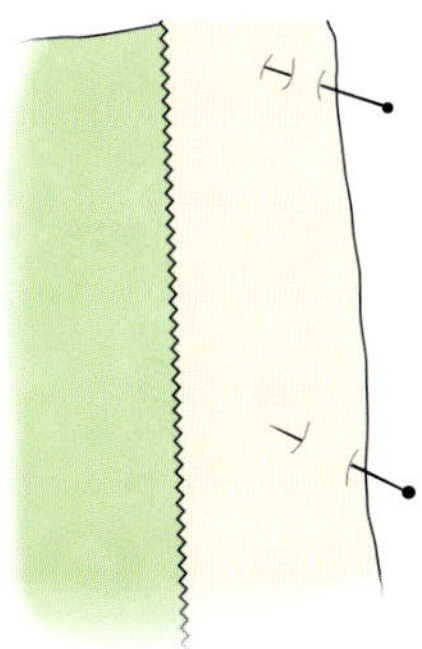

5 Die Kordel erneut an der Nähfußrille ausrichten, Nähfuß absenken und durch alle Stofflagen nähen. Wenden und bügeln. Eventuell absteppen oder knappkantig steppen.

Verzierungen aufnähen

Zierbänder und Pailletten

Flache und schmale Zierelemente, wie Bänder, Borten oder Paillettenbänder, können ohne großen Aufwand mit der Nähmaschine und einem Gerad-, Zickzack- oder Zierstich aufgenäht werden.

WERKZEUGE

- Pailletten- und Zierbandfuß
- Trickmarker oder Schneiderkreide
- Quiltlineal

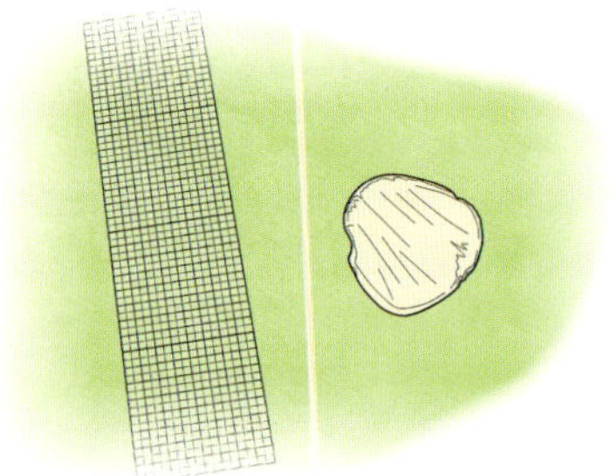

1 Mithilfe des Quiltlineals und Trickmarkers die gewünschte Position des Zierbandes auf dem Stoff vorzeichnen.

2 Pailletten- und Zierbandfuß in die Maschine einsetzen, Nähfaden einfädeln.

3 Zierband in die Führung an der Nähfußvorderseite einlegen und den Nähfuß mit der Justierschraube so ausrichten, dass das Zierband auf der vorgezeichneten Linie und unter der Nadel liegt.

4 Gerad-, Zickzack- oder Zierstich wählen, Nähfuß absenken und mittig auf dem Zierband nähen.

INSIDER-TIPP

Auch mit einem Zierstichfuß lassen sich gute Ergebnisse erzielen, das transparente Plastik garantiert einen freien Blick und die Rille auf der Unterseite bietet ausreichend Platz für Zierbänder. Ein Zierstichfuß kann auch dann verwendet werden, wenn das Zierband zu breit für den Pailletten- und Zierbandfuß ist.

Breite Zierbänder

Knappkantig abgesteppt kommen breite Bänder oft gut zur Geltung. Mühelos und akkurat gelingt das mit einem Blindstichfuß.

WERKZEUGE

- Blindstichfuß
- Trickmarker oder Schneiderkreide
- Transparent-, Universal- oder Effektnähfaden
- Quiltlineal
- Stecknadeln

1 Mithilfe des Quiltlineals, Trickmarkers oder der Schneiderkreide die gewünschte Position des Zierbandes auf dem Stoff vorzeichnen.

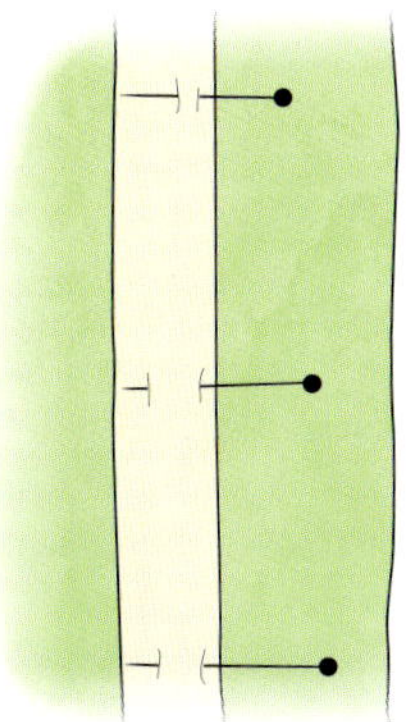

2 Zierband feststecken und den Gerad-, Zickzack- oder einen anderen Stich wählen.

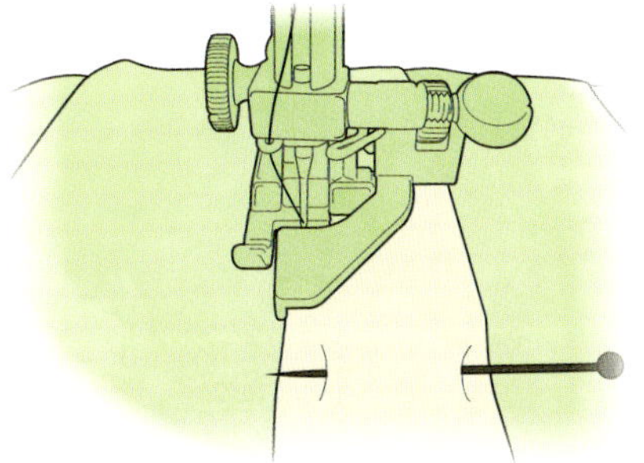

3 Blindstichfuß in die Maschine einsetzen. Den Steg des Nähfußes durch Drehen der Justierschraube eng an der linken Zierbandkante ausrichten. Die linke Zierbandseite mit der Nadel in mittiger Position annähen.

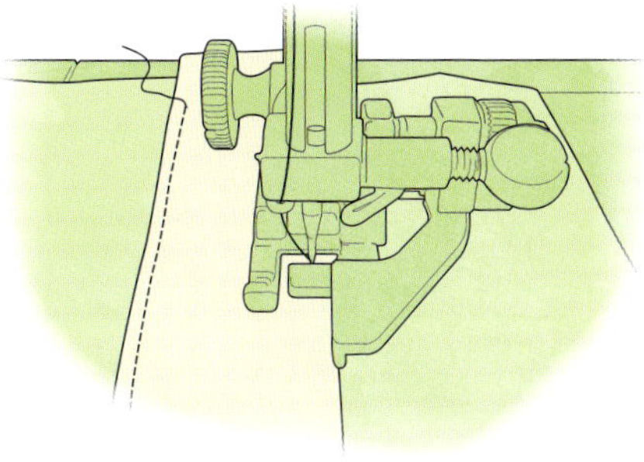

4 Den Steg des Nähfußes nun an der rechten Zierbandkante ausrichten und entlang der rechten Bandseite nähen.

Nähen mit dem Perlenfuß

Zierbänder mit Perlen

Perlenschnüre und Bänder bedeuteten oftmals zusätzliche Arbeit, da sie von Hand aufgenäht oder geklebt werden mussten. Mit einem Perlenfuß ist das Aufnähen jedoch einfach und ideal zum Nähen von Brautmoden oder festlicher Kleidung.

WERKZEUGE

- Perlenfuß
- Trickmarker oder Schneiderkreide
- Quiltlineal
- Transparenter oder farblich abgestimmter Universalnähfaden

1 Mithilfe des Quiltlineals, Trickmarkers oder der Schneiderkreide die gewünschte Position der Verzierung auf dem Stoff vorzeichnen.

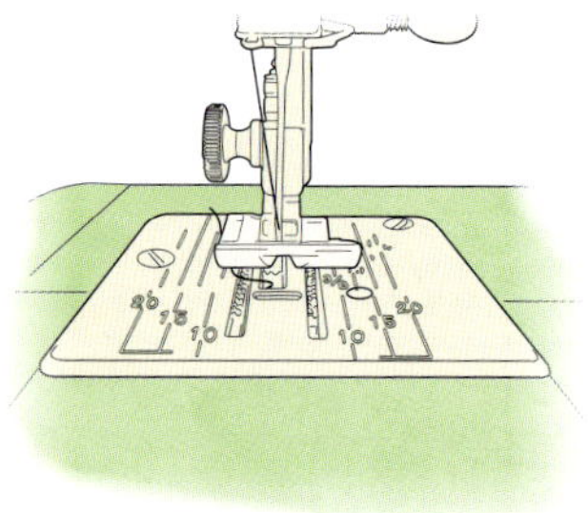

2 Perlenfuß in die Maschine einsetzen und einen breiten Zickzackstich mit Stichlänge 3 mm wählen.

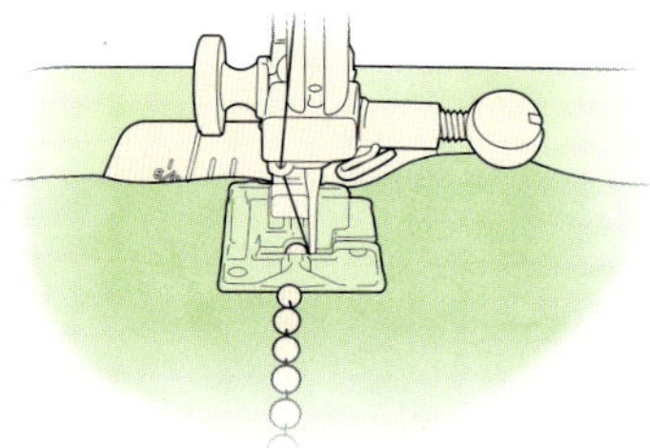

3 Stoff unter den Nähfuß legen, die vorgezeichnete Linie liegt unter der Rille des Nähfußes. Perle in der Nähfußöffnung platzieren, Nähfuß absenken.

4 Durch Drehen des Handrads einige Nadelstiche ausführen. Vergewissern Sie sich, dass die Nadel keine Perle berührt. Stichbreite entsprechend anpassen.

5 Die Verzierung annähen und mit Rückstichen an Nahtanfang und -ende sichern.

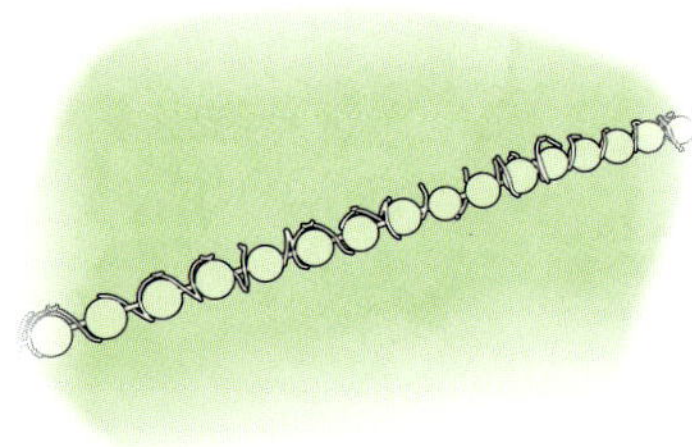

INSIDER-TIPP

Achten Sie auf die richtige Größe des Perlenfußes. Die Perlen sollten zwar mühelos durch die Öffnung gleiten, jedoch auch nicht zu viel Freiraum haben, da sie sich sonst verschieben und mit der Nadel in Kontakt kommen könnten.

Garne übersticken

Der Perlenfuß ist ideal zum Übersticken von dickeren Garnen und Kordeln mit der Plattstickerei-Technik.

WERKZEUGE

- Perlenfuß
- Trickmarker oder Schneiderkreide
- Quiltlineal
- Transparenter, farblich abgestimmter oder konstrastierender Nähfaden

1 Mithilfe des Quiltlineals, Trickmarkers oder der Schneiderkreide die gewünschte Position der Verzierung auf dem Stoff vorzeichnen.

2 Perlenfuß in die Maschine einsetzen und einen breiten Zickzackstich mit Stichlänge 3 mm wählen.

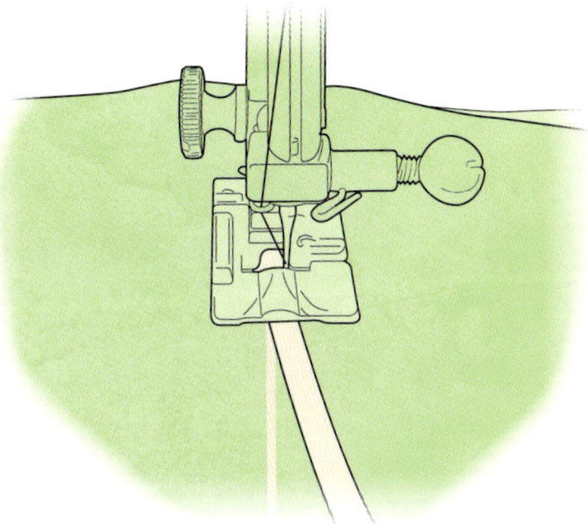

3 Stoff unter den Nähfuß schieben, die vorgezeichnete Linie liegt unter der Rille des Nähfußes. Kordel oder Garn in der Nähfußöffnung platzieren, Nähfuß absenken und benötigte Stichbreite einstellen.

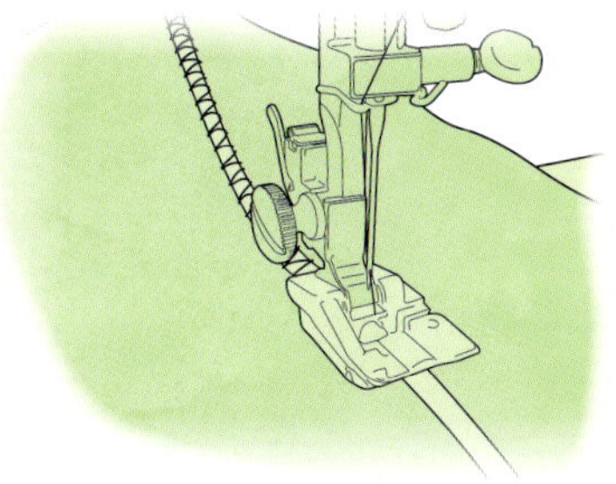

4 Die Verzierung annähen und mit Rückstichen sichern.

INSIDER-TIPP

Steht kein Perlenfuß zur Verfügung, kann auch ein Paspel- oder Zierstichfuß verwendet werden.

Spitzenbänder

Je nach Art des Spitzenbandes stehen unterschiedliche Techniken zum Aufnähen zur Verfügung. Bänder mit beidseitigen Spitzenkanten können aufgesteppt, Bänder mit nur einer Spitzenkante in eine Naht eingefasst oder als Kantenabschluss bei Säumen, Halsabschlüssen und Ärmeln eingesetzt werden.

WERKZEUGE

- Pailletten- und Zierbandfuß
- Trickmarker oder Schneiderkreide
- Quiltlineal
- Farblich abgestimmter oder transparenter Nähfaden

1 Mithilfe des Quiltlineals, Trickmarkers oder der Schneiderkreide die gewünschte Position des Spitzenbandes auf dem Stoff vorzeichnen.

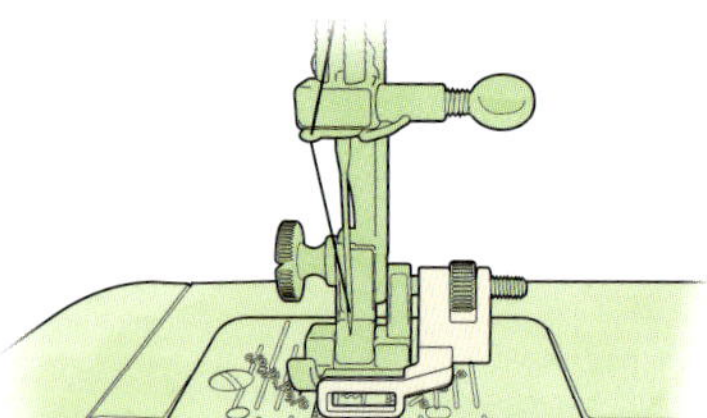

2 Pailletten- und Zierbandfuß in die Maschine einsetzen, Nähfaden einfädeln.

3 Das Spitzenband in die Öffnung an der Nähfußvorderseite einführen, mithilfe der Justierschraube die Öffnung so ausrichten, dass das Spitzenband auf der vorgezeichneten Linie und unter der Nadel liegt.

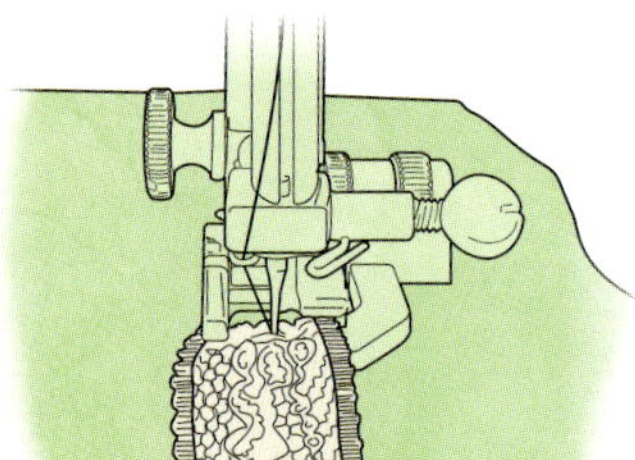

4 Ist das Spitzenband zu breit für die Öffnung, schieben Sie es über die Öffnung und unter den Nähfuß.

5 Gerad-, Zickzack oder Zierstich wählen, Nähfuß absenken und das Spitzenband mittig festnähen.

INSIDER-TIPP

Spitzenbänder werden rechts auf rechts auf die Stoffkanten genäht, anschließend umgeklappt und flach gebügelt. Sie sind auch zum Einfassen zwischen zwei Stoffen, Besatz oder Futter geeignet.

Schrägband selbst herstellen

Schrägband bildet einen sauberen und ordentlichen Kantenabschluss. Es wird für Rocksäume oder Halsabschlüsse verwendet, aber auch für Lätzchen, Decken oder Tischsets. Sie können vorgefertigtes Schrägband kaufen oder aus beliebigen Stoffen selbst herstellen.

WERKZEUGE

- 0,5 m Stoff, ca. 114 cm breit, zur Herstellung von ca. 8 m doppelt gefalztem Schrägband mit einer Breite von 1,3 cm
- Trickmarker oder Schneiderkreide
- Quiltlineal
- Stecknadeln
- Bügeleisen und Bügelbrett
- Schere oder Rollschneider, Schneideunterlage und Quiltlineal
- Schrägbandformer, 2,5 cm breit

1 Stoffkante im 45-Grad-Winkel entlang des schrägen Fadenlaufs zu einem Dreieck umklappen. Mit der Schere oder einem Rollschneider, Schneideunterlage und Lineal entlang der Faltkante aufschneiden.

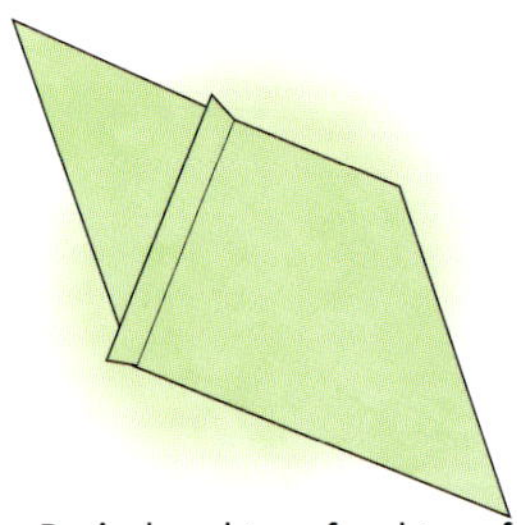

2 Das Dreieck rechts auf rechts auf das andere Stoffteil auflegen und feststecken. Mit einer Nahtzugabe von 2,5 cm vernähen. Nahtzugaben auf 6 mm zurückschneiden und auseinanderbügeln.

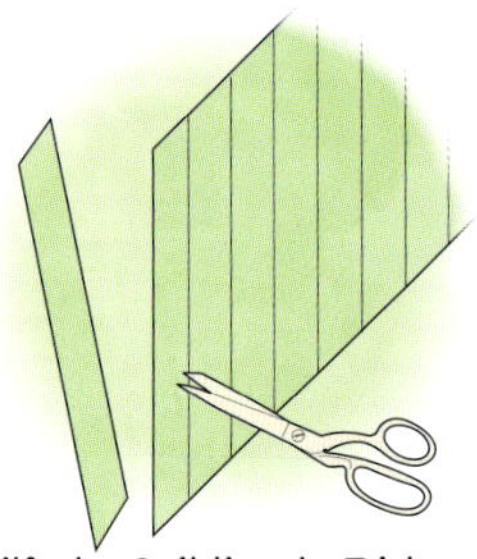

3 Mithilfe des Quiltlineals, Trickmarkers oder der Schneiderkreide parallel zum schrägen Fadenlauf Streifen im Abstand von 5 cm einzeichnen. An den vorgezeichneten Linien schneiden.

4 Zwei Stoffstreifen im rechten Winkel rechts auf rechts legen. Dabei stehen die Enden jeweils 6 mm über.

5 Feststecken und mit einer Nahtzugabe von 6 mm vernähen. Arbeitsschritte so oft wiederholen, bis ein langes Schrägband fertiggestellt ist. Nahtzugaben auseinanderbügeln.

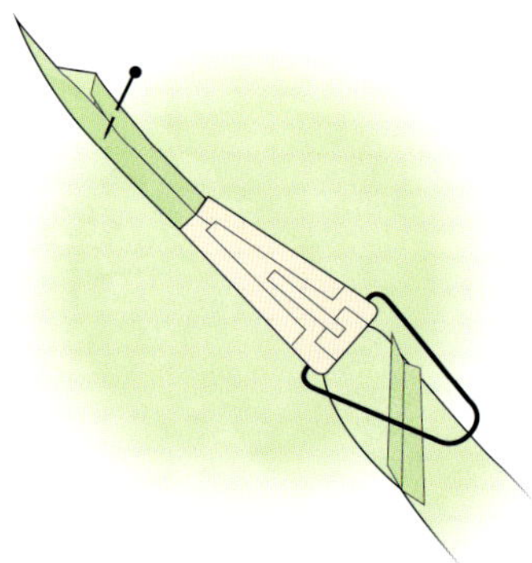

6 Das Schrägband mit der linken Seite nach oben in die breite Öffnung des Schrägbandformers einführen.

7 Band mithilfe einer Stecknadel zum schmalen Ende des Schrägbandformers durchziehen. Eine Kante auf dem Bügelbrett feststecken, so haben Sie die Hände frei und das Band kann nicht verrutschen.

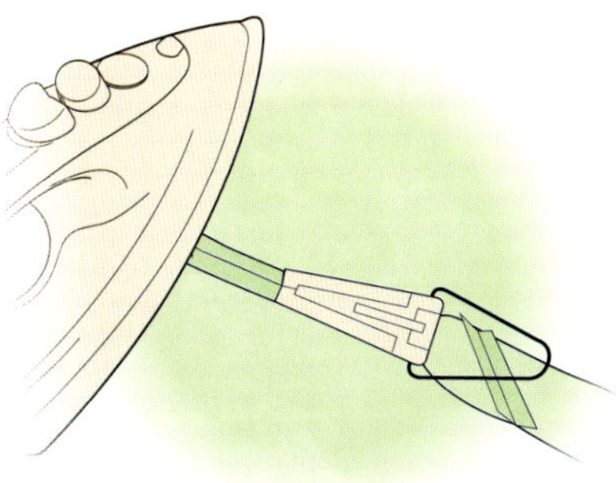

8 Vorsichtig am Griff des Schrägbandformers ziehen, die Streifen werden automatisch zur Mitte hin gefaltet. Den gefalteten Streifen beim Austreten aus dem Schrägbandformer bügeln.

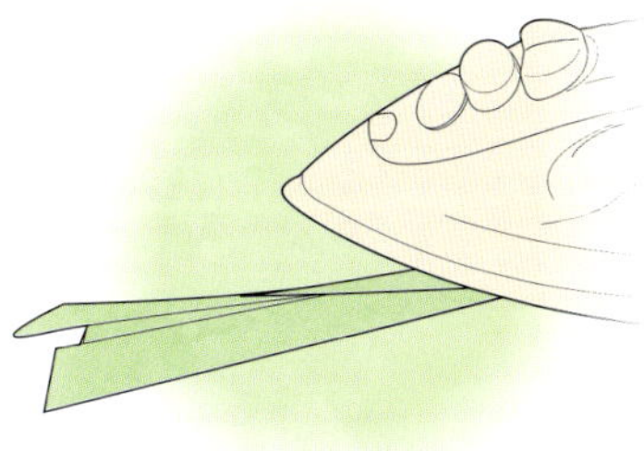

9 Den gefalteten Stoffstreifen auch von rechts bügeln. Nun links auf links zur Hälfte falten, eine Seite sollte dabei etwas breiter sein. Nochmals bügeln.

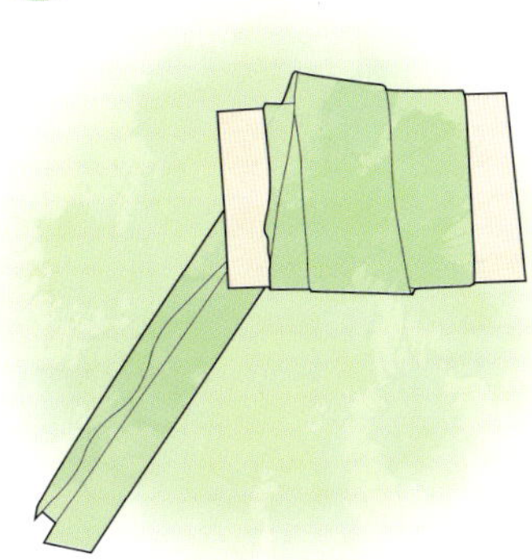

INSIDER-TIPP

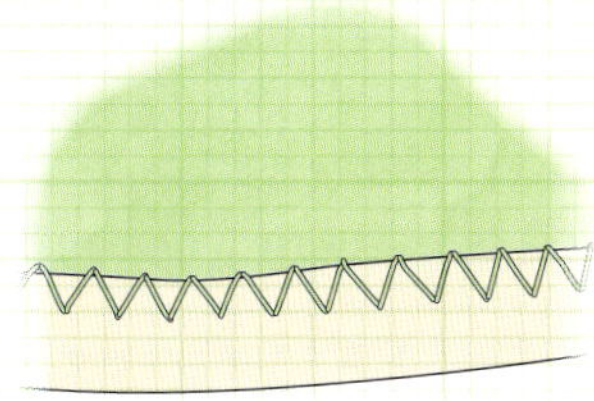

Schrägbandformer sind in unterschiedlichen Größen von 6 mm bis 5 cm Breite erhältlich. Damit können nur einfach gefalzte Schrägbänder gefertigt werden. Beachten Sie, dass ein doppelt gefalztes Schrägband nur halb so breit ausfällt.

Schrägbandeinfassung

Vorgefalztes Schrägband annähen

Wird Schrägband mit einem Allzwecknähfuß angenäht, erfordert dies mehrere Arbeitsschritte – vom Nähen, Falten, Bügeln und Feststecken bis zum erneuten Nähen. Mit einem Einfassfuß lässt sich Schrägband in nur einem Arbeitsschritt aufnähen.

WERKZEUGE

- Einfassfuß
- Vorgefertigtes oder selbst hergestelltes, doppelt gefalztes Schrägband
- Farblich passender Nähfaden

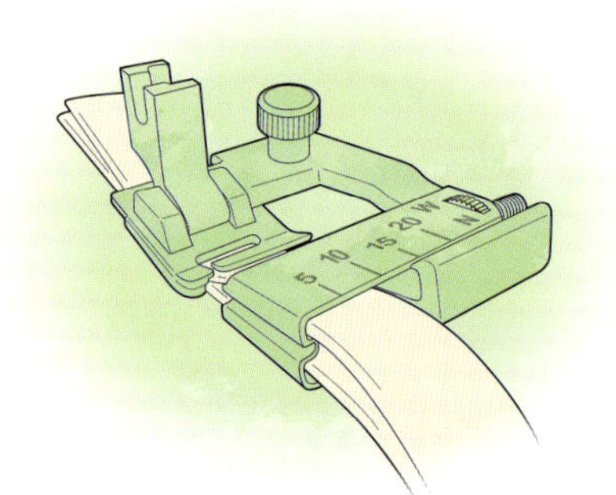

1 Das Schrägband in die Schnecke des Einfassfußes schieben. Nehmen Sie bei Bedarf eine Stecknadel zuhilfe.

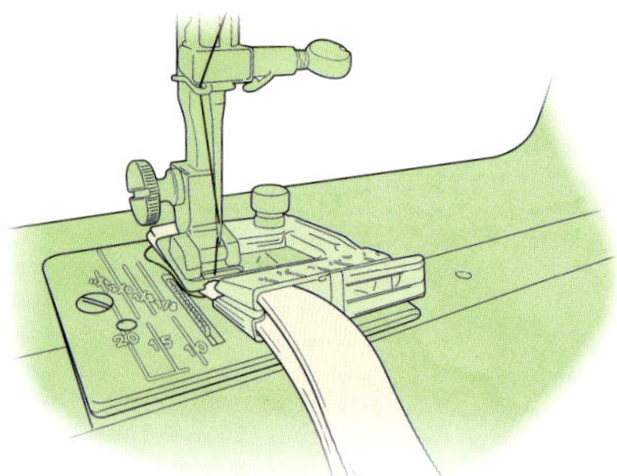

2 Einfassfuß in die Maschine einsetzen und Geradstich mit Stichlänge 2,5 mm wählen.

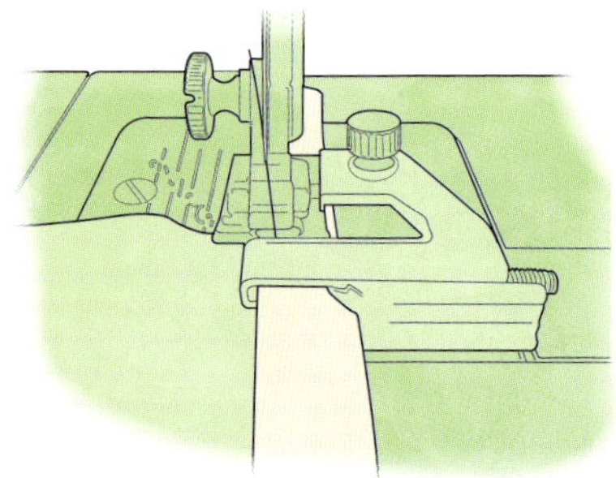

3 Stoffkante in die Hauptöffnung einlegen und mithilfe der Justierschraube das Schrägband so ausrichten, dass die Nadel knapp rechts an der Faltkante einsticht.

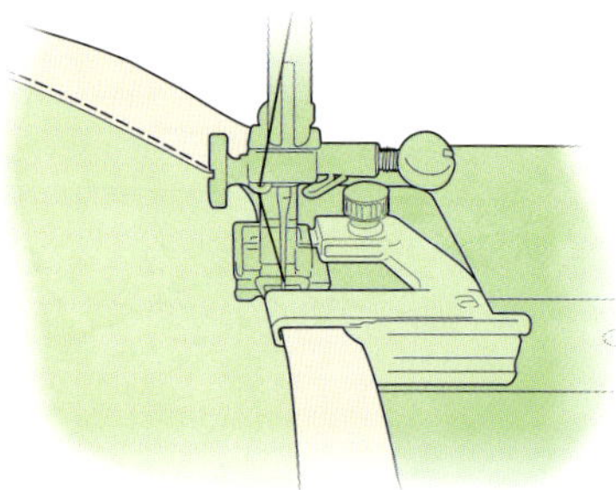

4 Nähfuß absenken und zu nähen beginnen. Nahtanfang und -ende mit Rückstichen sichern.

INSIDER-TIPP

- Der Einfassfuß ist auch zum Annähen von Elastikeinfassband auf Stoffkanten geeignet.
- Sie können einen Zierstich zum Annähen des Schrägbandes wählen oder auch Zickzack- oder Stickstiche ausprobieren.

Ungefalztes Schrägband annähen

WERKZEUGE

- Einfassfuß mit Schnecke
- Flaches, langes Schrägband
- Farblich passender Universalnähfaden

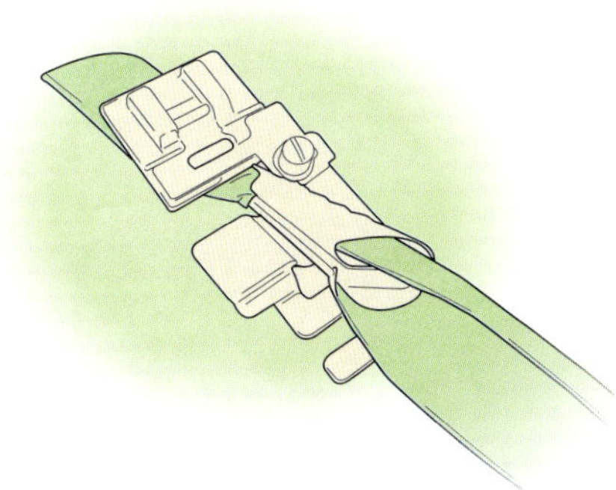

1 Das Schrägband in die größere Öffnung der Schnecke einführen und den Nähfuß in die Maschine einsetzen.

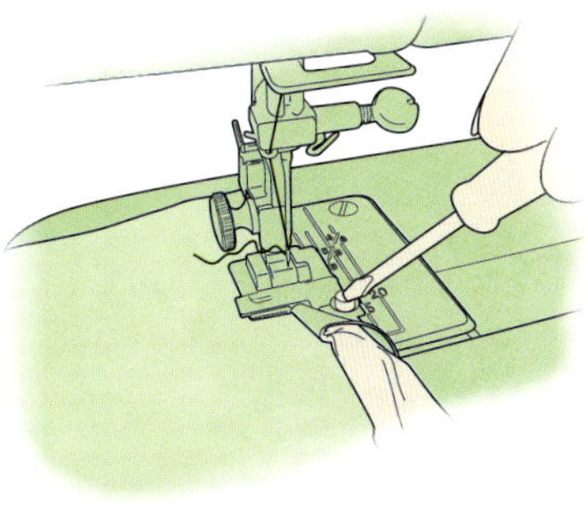

2 Stoffkante in die Hauptöffnung einlegen und das Schrägband mithilfe der Justierschraube so ausrichten, dass die Nadel nah an der rechten Faltkante einsticht.

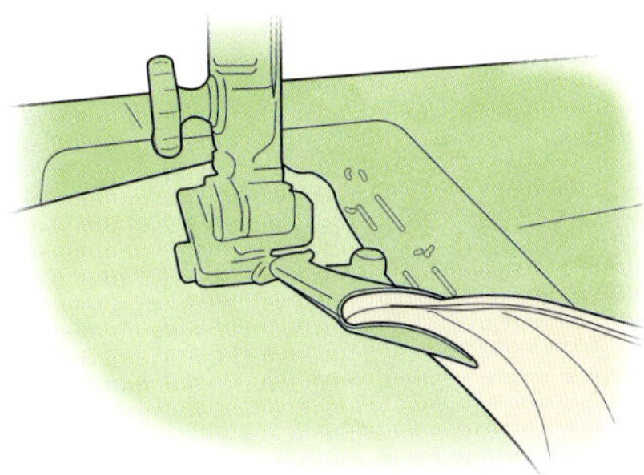

3 Nähfuß absenken und zu nähen beginnen. Nahtanfang und -ende mit Rückstichen sichern.

INSIDER-TIPP

Diese Technik ist optimal zum Einfassen von Nahtzugaben geeignet.

Fransen und Fadenmarkierungen

Fransen

Mit dem Fransenfuß lassen sich lockere Schlingenstiche fertigen, die als dekorative oder Applikationsstiche sowie zur Herstellung von Fransen verwendet werden können. Sie können mit einem Universalnäh-, Zierstich-, Metallic- oder Stickfaden nähen.

WERKZEUGE

- Fransenfuß
- Allzweckfuß
- Trickmarker oder Schneiderkreide
- Schere
- Nahttrenner

1 Faden einfädeln, Oberfadenspannung lockern und auf 0 bis 1 einstellen.

2 Fransenfuß in die Maschine einsetzen und einen breiten Zickzackstich mit Stichlänge 0,5 mm wählen.

3 Auf dem Stoff eine Nahtlinie oder ein Motiv mit Trickmarker oder Schneiderkreide vorzeichnen.

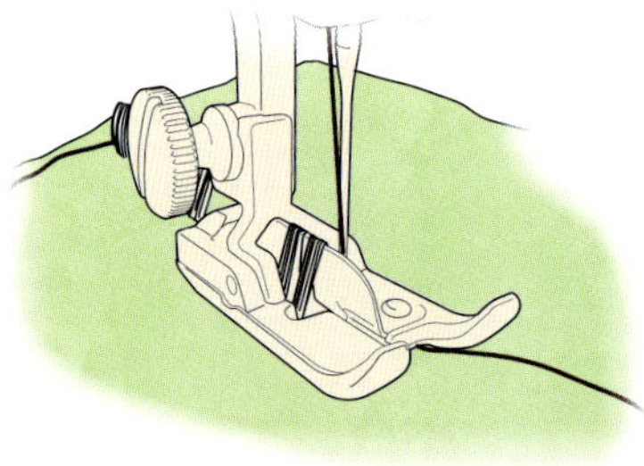

4 Nähfuß absenken und zu nähen beginnen. Nahtanfang und -ende mit Rückstichen sichern.

5 Zum Fertigen von Fransen den Allzwecknähfuß einsetzen, Geradstich mit Stichlänge 2,5 mm und Fadenspannung 4 wählen. Schlaufen entlang der Schlaufenkante festnähen.

6 Auf der linken Stoffseite die Schlaufen entlang des Geradstichs aufschneiden.

7 Auf der rechten Stoffseite die Fransen mit dem Nahttrenner vorsichtig auflockern.

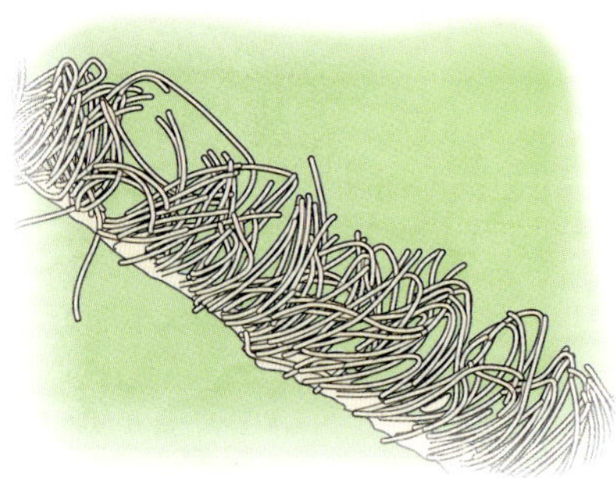

Fadenmarkierungen

Fadenmarkierungen werden bei Abnähern, aufgesetzten Taschen und beim Annähen von Knöpfen verwendet.

WERKZEUGE

- Fransenfuß
- Seidennähfaden in Kontrastfarbe
- Schere

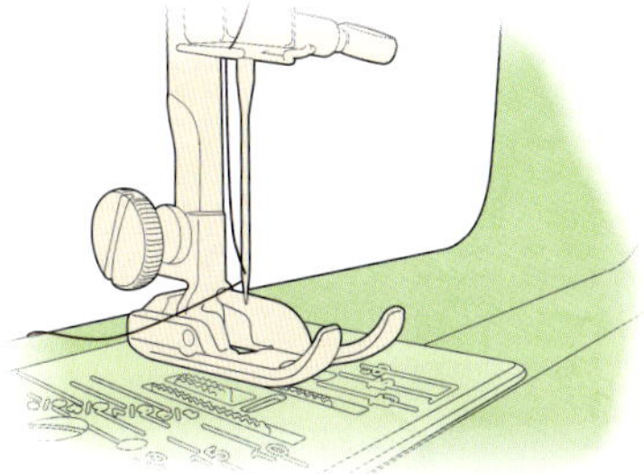

1 Fransenfuß in die Maschine einsetzen, Seidennähfaden einfädeln, Fadenspannung lockern und auf 1 einstellen.

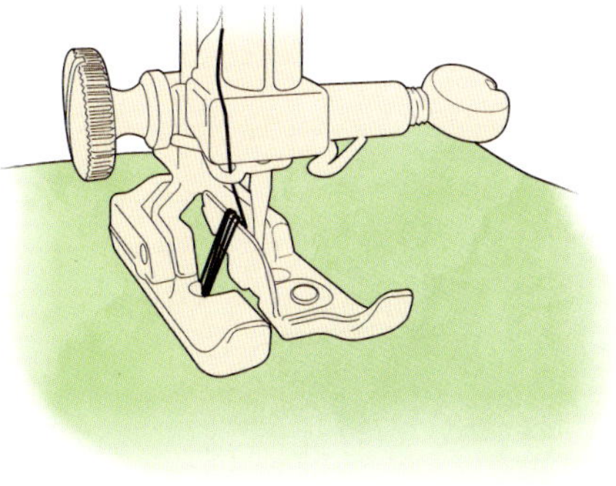

2 Breitesten Zickzackstich mit Stichlänge 0,5 mm wählen. Vier bis fünf Stiche durch beide Stofflagen nähen.

3 Die Stofflagen vorsichtig auseinanderklappen und die Fäden zwischen den Stofflagen aufschneiden.

INSIDER-TIPP

Den Stoff vorsichtig aus dem Nähfuß entfernen und sanft zurückziehen, damit die Schlingen vom Steg des Nähfußes gleiten können.

Register

Danksagung

Die Arbeit an diesem Buch gemeinsam mit dem Team bei RotoVision hat sehr viel Freude gemacht. Mein Dank gilt Cath Senker und Jane Roe, die den Text redigiert und darauf geachtet haben, dass meine Erklärungen und Anleitungen logisch und nachvollziehbar sind. Danke an Emily Portnoi, die für die künstlerische Gestaltung dieses Buches verantwortlich war und es so ansprechend gestaltet hat. Ein ganz besonderes Dankeschön an Sherry Heck für die wunderbaren Fotos und dass sie mir so viel über Fotografie und das richtige Licht beigebracht hat. Und nicht zuletzt danke ich Isheeta Mustafi, die mich mit der Idee zu diesem Buch inspirierte. Ein derartiges Projekt war schon immer mein Traum. Ihre Geduld, während ich Einblick in die Abläufe der Buchproduktion gewonnen habe, war Gold wert!

Mein Dank gilt auch allen, die im Laufe der Jahre meine Nähkurse besucht haben. Ich habe eine Menge von meinen Schülern gelernt, da ihre Fragen mich praktisch dazu brachten, neue Wege zu finden und die Dinge zu erklären. Im Verlauf meiner Arbeit an diesem Buch zeigte ich meinen Schülern die verschiedenen Nähfüße und konnte ihre Begeisterung beim Meistern neuer Techniken miterleben.

Ein Dankeschön geht ebenso an meine Familie für ihr Verständnis, dass ich während der Recherchen wochenlang beschäftigt war. Ganz besonders möchte ich Vince für seine Geduld und Unterstützung danken, und dass er immer zugehört hat, wenn ich mal wieder stundenlang über mein neuestes Nähzubehör redete. Und schließlich möchte ich meiner Mutter danken, die mir meine erste Nähmaschine kaufte, als ich gerade in der vierten Klasse war und die mir immer wieder sagte, dass ich alles erreichen könne, was ich mir vornehme und erträume. Dieses Buch ist dir gewidmet.